新中国的海洋政策与法律制度

Study on the Ocean Policy and Legal System of New China

金永明 著

知识产权出版社
全国百佳图书出版单位
—北京—

图书在版编目（CIP）数据

新中国的海洋政策与法律制度／金永明著. -- 北京：
知识产权出版社，2020.5
ISBN 978-7-5130-6845-1

I. ①新… II. ①金… III. ①海洋法—研究—中国
IV. ①D993.5

中国版本图书馆 CIP 数据核字（2020）第 050104 号

责任编辑：薛迎春   责任校对：谷　洋
责任印制：刘译文

新中国的海洋政策与法律制度

金永明　著

出版发行：知识产权出版社 有限责任公司		网　　址：http：//www.ipph.cn	
社　　址：北京市海淀区气象路 50 号院		邮　　编：100081	
责编电话：010-82000860 转 8724		责编邮箱：471451342@qq.com	
发行电话：010-82000860 转 8101/8102		发行传真：010-82000893/82005070/82000270	
印　　刷：三河市国英印务有限公司		经　　销：各大网上书店、新华书店及相关专业书店	
开　　本：710mm×1000mm　1/16		印　　张：14	
版　　次：2020 年 5 月第 1 版		印　　次：2020 年 5 月第 1 次印刷	
字　　数：220 千字		定　　价：68.00 元	
ISBN 978-7-5130-6845-1			

目　录

导　　言

在新中国成立 70 周年之际，系统地回顾我国在海洋政策和法律制度上的理论和实践，对于我国加快建设海洋强国，维护国家主权、安全和发展利益具有重大的意义。

新中国的海洋政策与法律制度的构筑和完善，不仅是作为《联合国海洋法公约》缔约国应履行的义务，也是将国际海洋规则融入国内法的必然要求，使国内法符合国际海洋法的原则和制度，更是国际社会针对国际法治的呼声和要求，以实现"依法治海"的目标，为建设海洋强国提供法制保障。

中国在将国际海洋规则融入国内法的进程中，采用了转换的方式，即通过立法的方式将国际海洋法的原则和制度融入国内法，并成为国内法的组成部分，构成中国海洋法律体系。

同时，中国在将国际海洋规则融入国内法的过程中，应以国际海洋法的原则和制度为基础，尤其应符合现代海洋法体系的核心《联合国海洋法公约》的原则和制度。为此，本书首先在概述《联合国海洋法公约》体系的发展历程、基本特征、重要原则等内容的基础上，阐述我国在海洋领域的政策与制度；其次，指出我国海洋具体实践尤其是立法中的成就和存在的问题；再次，提出我国在加快建设海洋强国进程中面临的重大挑战；最后，分析我国进一步参与国际海洋规则制定的作用，提出完善中国海洋法律制度的若干对策建议。

第一章　国际海洋规则的成形与发展历程

在新中国成立 70 周年之际，回顾联合国在海洋领域的立法与发展进程，对于我们正确地认识和理解海洋秩序和海洋制度，处理现今的海洋问题和争议有一定的借鉴及启示意义。

联合国在海洋领域的主要贡献在于组织和编纂海洋法，标志为制定了"日内瓦海洋法公约"及《联合国海洋法公约》，构筑了狭义的现代国际海洋法体系。尤其是《联合国海洋法公约》的制定和实施对于建立海洋法律秩序，便利国际交通和促进海洋的和平用途，海洋资源的公平而有效的利用，海洋生物资源的养护以及研究、保护和保全海洋环境等，发挥了不可替代的重大作用。[1]《联合国海洋法公约》因其内容的丰富性和重要性，被称为"海洋宪章"，并成为综合规范海洋的普遍性法律文件。但随着《联合国海洋法公约》的实施，特别是各国对海洋空间及资源需求的日益增长，以及海洋科技的发展，《联合国海洋法公约》中一些未曾预见并存在模糊规范的问题也不断涌现，对海洋法制度提出了新的挑战，进而产生不断丰富和完善的必要性。

一、联合国编纂海洋法的历程及成就

依据《联合国宪章》规定，联合国之主要机关之一大会具有发动研究，并作成建议，以促进政治上之国际合作，并提倡国际法之逐渐发展与编纂的职权。[2] 所以，海洋领域的国际法（即国际海洋法）的

〔1〕　参见《联合国海洋法公约》前言。
〔2〕　参见《联合国宪章》第 7 条第 1 款，第 13 条第 1 款。

发展与编纂任务自然地成了联合国大会的职权。[1]

海洋法的编纂是指国际上将有关海洋方面的原则、规则和规章、制度按其性质与类别制定公约（条约），以便各国依照国际法上条约的生效程序采取措施对其发生效力，以确定各种不同海域的法律制度并调整各国在利用和开发海洋方面的权利和义务。[2]

联合国对海洋法的编纂主要是通过会议讨论和审议并缔结条约完成的。重要的四次会议为：国际联盟于 1930 年召开的海牙国际法编纂会议以及联合国主持召开的三次海洋法会议。

（一）海牙国际法编纂会议

1930 年 3 月 13 日至 4 月 12 日，国际联盟召开的国际法编纂会议在海牙举行，领海成为会议讨论的三大问题之一。由于各国对领海的宽度和毗连区的建立存在不同意见，会议在海洋法编纂方面成效甚微，但其是国际法史上，包括海洋法史上由各国政府参加的第一次较大规模的会议。同时，与会代表提出的"关于领海的法律地位"草案，为其后编纂海洋法打下了初步的基础，其是对海洋法编纂的第一次尝试。[3]

（二）第一次联合国海洋法会议

第一次联合国海洋法会议于 1958 年 2 月 24 日在日内瓦召开，于

---

〔1〕 1947 年联合国大会决定成立国际法委员会，具体负责"促进国际法的逐渐发展与编纂"。而国际法的编纂又被称为法典化。国际法委员会可将自认为合适的事项予以法典化，研究后的条约草案提交联合国大会，大会如认为合适，可举办联合国外交会议，或联合国大会可审议条约草案。国际法委员会在法典化方面已取得了一定的成就。例如，1958 年"日内瓦海洋法四公约"，1961 年《减少无国籍状态公约》、《维也纳外交关系公约》，1963 年《维也纳领事关系公约》，1969 年《维也纳条约法公约》、《联合国特别使团公约》，1973 年《关于防止和惩处侵害应受国际保护人员包括外交代表的罪行的公约》，1978 年《关于国家在条约方面的继承的维也纳公约》，1983 年《关于国家对国家财产、档案和债务的继承的维也纳公约》，1986 年《关于国家和国际组织间或国际组织相互间条约法的维也纳公约》，1998 年《国际刑事法院规约》，等等。
〔2〕 参见魏敏主编：《海洋法》，法律出版社 1987 年版，第 12 页。
〔3〕 参见魏敏主编：《海洋法》，法律出版社 1987 年版，第 13—15 页；周忠海：《国际海洋法》，中国政法大学出版社 1987 年版，第 2 页，第 6 页。

4月27日结束。会议成果为制定了四个公约（《领海及毗连区公约》《公海公约》《捕鱼与养护公海生物资源公约》《大陆架公约》，简称"日内瓦海洋法四公约"）和一项关于强制解决这些公约可能产生的争端的任意签字议定书。[1] 这些内容构成1958年"日内瓦海洋法公约"体系。

但由于当时不少亚非国家还没有获得独立而未能参加会议，所以，"日内瓦海洋法四公约"根本不能如实反映广大发展中国家的合理要求，而某些条款仅有利于少数海洋大国。例如，《大陆架公约》第1条在规定大陆架的定义时使用了两个标准：200米等深线或超过此限度而上覆水域的深度容许开采其自然资源的海底区域的海床和底土（即可开采标准）。对于可开采标准，大陆架究竟能延伸到何处为止，不仅可以有不同的解释，而且取决于沿海国的海洋技术力量。这样的规定明显有利于少数海洋大国，而不利于发展中国家。而"日内瓦海洋法四公约"最大的缺陷为，未能就领海宽度问题达成一致意见。

（三）第二次联合国海洋法会议

第二次联合国海洋法会议于1960年3月17日至4月17日在日内瓦召开，目的是解决领海宽度和捕鱼区界限问题。但因各国对领海的宽度存在重大分歧，对捕鱼区的界限问题也存在激烈的争论，所以，该次会议无果而终，同时，其与第一次联合国海洋法会议间隔时间太短、会期又短，因此，无法统一各国意见并达成协议也就可想而知。

（四）第三次联合国海洋法会议

为解决前两次会议中的未决事项，尤其是领海宽度、大陆架的可开发标准的修改问题，同时，鉴于海洋资源勘探和开发技术的发展，发达国家开采海底资源逐渐深入，为此，以马耳他为代表的发展中国家提出了制定国际海底制度的建议，加速了第三次联合国海洋法会议

---

[1] "日内瓦海洋法四公约"及其议定书的生效日期分别为：《公海公约》和《关于强制解决争端的任意签字议定书》，1962年9月30日；《大陆架公约》，1964年6月10日；《领海及毗连区公约》，1964年9月10日；《捕鱼及养护公海生物资源公约》，1966年3月20日。参见魏敏主编：《海洋法》，法律出版社1987年版，第17页。

的召开[1]。

第三次联合国海洋法会议于 1973 年 12 月 3 日在纽约开幕,到 1982 年 12 月 10 日《联合国海洋法公约》签字,持续了九年,共举行 11 期 16 次会议。会议成果为制定了《联合国海洋法公约》(1994 年 11 月 16 日生效,以下简称《公约》)。《公约》包括前言、17 个部分,计 320 条,以及 9 个附件组成,共计 446 条。这些内容构成《公约》体系的基本内容[2]。

关于《公约》体系与"日内瓦海洋法公约"的关系问题,《公约》第 311 条第 1 款规定,"在各缔约国间,本公约应优于 1958 年 4 月 29 日的日内瓦海洋法公约"。

二、《公约》体系的基本特征及其完善

如上所述,《公约》是综合规范海洋的普遍性法律文件。这种普遍性的标志之一为批准加入《公约》的国家数量众多,现今《公约》的成员/缔约方为 168 个(包括欧盟)。[3] 而《公约》的普遍性是由《公约》的内容和特征决定的。

(一)《公约》的基本特征

《公约》的特征主要体现在以下六个方面:第一,确立了领海宽度的最大范围,例如,《公约》第 3 条规定,国家可以将领海宽度确

---

[1] 1967 年 8 月 17 日,马耳他驻联合国大使帕多提议在第 22 届联大会议议程中补充一项议题,即"关于专为和平目的保留目前国内管辖范围外海洋下海床洋底及为人类利益而使用其资源的宣言和条约"的议题,并附有一项解释性备忘录。为此,联大通过了第 2340 号决议(1967 年 12 月 18 日),成立了由 35 个成员国组成的研究各国管辖范围以外海床洋底和平使用特设委员会,启动了联合国国际海底制度研究进程。在 1970 年的第 25 届联大会议上,通过了第 2750 号决议。该决议由三部分组成,即第 2750A 号决议,第 2750B 号决议和第 2750C 号决议。其中第 2750C 号决议决定于 1973 年召开第三次联合国海洋法会议以全面研究海洋法的多方面问题。以上内容,参见金永明著:《国际海底制度研究》,新华出版社 2006 年版,第 7—23 页。

[2] 例如,《联合国海洋法公约》第 318 条规定:"各附件为本公约的组成部分,除另有明文规定外,凡提到本公约或其一个部分也就包括提到与其有关的附件。"

[3] "United Nations Convention on the Law of the Sea", UN, https://www.un.org/depts/los/reference_ files/status2018.pdf, Jan. 21, 2019.

定为最大 12 海里的界限。

第二，根据海域的不同地位细化了海域范围。《公约》将海域分为内水、领海、毗连区、群岛水域、专属经济区/大陆架、公海、国际海底区域等不同海域，从而改变了传统意义上的领海以外即公海的二元论观点。[1]

第三，修改了大陆架制度的标准或范围并创设了大陆架界限委员会。如上所述，《大陆架公约》第 1 条规定了 200 米水深标准或可开采标准。而依据《公约》第 76 条第 1 款规定，《公约》对大陆架范围采用了自然延伸标准或 200 海里距离标准，从而极大地扩展了沿海国对大陆架的管辖范围。同时，《公约》为限制沿海国的大陆架范围作出了制约性规定，即大陆架外部界限制度。其内容主要表现在三个方面：一是在界限距离方面的限制；二是在界限设定程序方面的限制；三是在开发非生物资源上的制约。[2] 此外，为切实遵循外大陆架制度，《公约》设立了大陆架界限委员会。[3]

第四，建立了专属经济区制度。主要内容为：（1）关于专属经济区的范围。根据《公约》第 55 条、第 57 条的规定，专属经济区是领海以外并邻接领海的一个区域，从测算领海宽度的基线量起，不应超过 200 海里。（2）关于专属经济区的划界。这主要规定在《公约》第74 条中。从其内容可以看出，专属经济区的划界既没有言及等距离原则或中间线原则，也没有言及公平原则，只是强调了有关国家应根据协议划界且划界结果公平的重要性。（3）国家在专属经济区内的权利。包括两个方面：一是沿海国在专属经济区内的权利；二是其他国家在专属经济区内的权利。[4]（4）关于专属经济区内的权利和管辖权归属冲突的预备性规定。例如，《公约》第 59 条。

第五，创设了国际海底区域制度并设置了专职机构。即《公约》建立了以"人类共同继承财产"（the common heritage of mankind）原

---

[1] 例如，《公海公约》第 1 条规定，"公海"一词是指不包括领海或内水在内的全部海域。

[2] 参见《联合国海洋法公约》第 76 条第 2—7 款，《联合国海洋法公约》第 76 条第 8 款和《联合国海洋法公约》附件二（大陆架界限委员会），《联合国海洋法公约》第 82 条。

[3] 例如，《联合国海洋法公约》附件二第 1 条规定，"按照第 76 条的规定，应依本附件以下各条成立一个 200 海里以外大陆架界限委员会"。

[4] 参见《联合国海洋法公约》第 56 条，第 58 条。

则为基础的国际海底区域制度（简称"区域"制度）。例如，《公约》第 136 条规定，"区域"及其资源是人类的共同继承财产。当然，人类共同继承财产原则在"区域"内的法律地位的确立，是与"区域"应适用无主物、共有物和公海自由原则斗争的产物，是第三世界尤其是七十七国集团在第三次联合国海洋法会议中广泛团结合作的结果或产物。

另外，应指出的是，《公约》还设置了管理"区域"内活动的机构——国际海底管理局（简称"管理局"）。例如，《公约》第 157 条第 1 款规定，管理局是缔约国按照本部分组织和控制"区域"内活动，特别是管理"区域"资源的组织。同时，《公约》确立了开发国际海底资源的平行开发制，例如，《公约》第 153 条第 2 款。

第六，创设了争端解决制度并设立了国际海洋法法庭。《公约》为解决海洋争端不仅规定了解决争端的方法，而且建立了解决争端的程序和机构——国际海洋法法庭，克服了"日内瓦海洋法四公约"中不规定争端解决机制而只在附属议定书中规定争端解决机制的弊端。[1] 具体内容主要规定在《公约》的第 15 部分（争端的解决）及附件六（《国际海洋法法庭规约》）和附件七（《仲裁》）。

（二）《公约》体系的发展与完善

《公约》不仅具有上述特点，也存在一些缺陷。例如，针对专属经济区内的剩余性权利归属不明，岛屿制度概念尤其是其法律要件过于模糊，专属经济区和大陆架的划界原则缺乏可操作性，国际海底区域资源开发制度对少数工业大国照顾过多等，因而在国家实践中出现了对立和分歧，所以仍有修改和完善《公约》的必要，但不可否认的是，其依然是综合规范海洋问题的法典，各国必须遵守。

另外，在《公约》制定后，为修正其缺陷，包括完善深海探矿的规范、满足《公约》普遍性要求，联合国大会于 1994 年 7 月 28 日通过了《关于执行 1982 年 12 月 10 日〈联合国海洋法公约〉第十一部分的协定》（1996 年 7 月 28 日生效，简称《第十一部分执行协定》），迄今批准的国

---

〔1〕《关于强制解决争端的任意签字议定书》不是"日内瓦海洋法四公约"的组成部分，因为其第 5 条规定，"本议定书对于所有为联合国海洋法会议所通过任一海洋法公约缔约国的国家，开放签字，并于必要时须按照签字国宪法的要求予以批准"。

家为 150 个；同时，为解决公海生物资源被过度捕捞的问题，联合国大
会于 1995 年 8 月 4 日通过了《执行 1982 年 12 月 10 日〈联合国海洋法公
约〉有关养护和管理跨界鱼类种群和高度洄游鱼类种群之规定的协定》
（2001 年 12 月 11 日生效，简称《跨界鱼类执行协定》），迄今批准的国
家为 89 个。[1] 这样就进一步地完善了《公约》的体系。

对于《公约》与上述两个执行协定之间的关系问题，可分为两个
方面。第一，《公约》（第十一部分）与《第十一部分执行协定》之间
的关系。《第十一部分执行协定》第 2 条规定，"本协定和第十一部分
的规定应作为单一文书来解释和适用；本协定和第十一部分如有任何
不一致的情况，应以本协定的规定为准"。可见，《第十一部分执行协
定》是修改《公约》第十一部分的规定，并优先于《公约》适用。

第二，《公约》与《跨界鱼类执行协定》之间的关系。《跨界鱼类
执行协定》第 4 条规定，"本协定的任何规定均不应妨害《公约》所
规定的国家权利、管辖权和义务；本协定应参照《公约》的内容并以
符合《公约》的方式予以解释和适用"。第 2 条规定，"本协定的目标
是通过有效执行《公约》有关规定以确保跨界鱼类种群和高度洄游鱼
类种群的长期养护和可持续利用"。可见，《跨界鱼类执行协定》是协
助执行《公约》规范的制度，起补充的作用。[2]

总之，1982 年通过、1994 年生效的《公约》现已成为国际社会综
合规范海洋问题、海洋事务的条约，受到各国的普遍遵守。不可否认
的是，《公约》尽管得到了一定的发展和完善，仍存在一些问题，也
面临一些挑战。

三、《公约》体系的基本内容与重要原则

（一）《公约》体系的基本内容

从《公约》体系的发展历程，我们可以将其内容与制度构建归纳

---

〔1〕 "United Nations Convention on the Law of the Sea", UN, https：//www.un.org/depts/los/reference_files/status2018.pdf, Jan. 21, 2019.
〔2〕 关于条约之规定可否分离、条约因缔结后订条约而默示终止或停止施行内容，参见《维也纳条约法公约》第 44 条、第 59 条。

为如下方面:

第一,基础性、一般性和原则性的内容。它们体现在《公约》的前言和第一部分(序言:用语和适用范围),第十六部分(一般规定)和第十七部分(最后条款),附件一(高度洄游鱼类)和附件九(国际组织的参加)。

第二,各种海域(含水域和大陆架等)的管理制度。它们体现在《公约》的第二部分(领海和毗连区),第五部分(专属经济区),第六部分(大陆架)和附件二(大陆架界限委员会),第七部分(公海),第十一部分("区域"),附件三(探矿、勘探和开发的基本条件)和附件四(企业部章程)以及《第十一部分执行协定》和《跨界鱼类执行协定》。

第三,海洋的功能性制度。例如,《公约》第三部分(用于国际航行的海峡),第十二部分(海洋环境的保护和保全),第十三部分(海洋科学研究),第十四部分(海洋技术的发展和转让)。

第四,海洋的特殊性制度。例如,《公约》第四部分(群岛国),第八部分(岛屿制度),第九部分(闭海或半闭海),第十部分(内陆国出入海洋的权利和过境自由)。

第五,海洋的争端解决制度。例如,《公约》第十五部分(争端的解决),附件五(调解)和附件六(国际海洋法法庭规约),附件七(仲裁)和附件八(特别仲裁)。

当然,如《公约》的发展阶段一样,依据《公约》创设的三大组织机构(大陆架界限委员会、国际海底管理局、国际海洋法法庭)在理论和实践上的发展成果,也构成《公约》体系的重要组成部分。[1]

(二)《公约》体系的若干重要原则

从《公约》的前言可以看出,制定《公约》的目的是在妥为顾及所有国家主权的情形下,为海洋建立一种法律秩序,以促进海洋的和

---

[1] 《联合国海洋法公约》创设的三大组织机构在理论和实践上的发展及挑战,参见金永明:《论海洋法的发展与挑战》,载《南洋问题研究》2015年第3期,第1—10页;《联合国海洋法公约》创设的三大组织机构的功能和制度,参见金永明:《联合国海洋法公约组织机构特质研究》,载《东方法学》2011年第1期,第22—34页。

平用途，公平和有效地利用海洋资源，并保护海洋生物资源和海洋环境。笔者认为，《公约》体系主要蕴含以下原则。

（1）陆地支配海洋的原则。陆地支配海洋的概念尽管在《公约》体系中没有直接明确的规范和定义，但体现其原则的条款众多，例如，第3条、第5条、第13条、第33条第2款、第47条、第48条、第57条、第76条第1款和第5款、第121条第2—3款。一般认为，陆地支配海洋的原则始于北海大陆架案（1969年），并在1978年的爱琴海大陆架案和2009年的黑海划界案中得到确认。例如，在北海大陆架案中，国际法院指出，沿海国对大陆架的权利，在法律上附属于邻接沿海国大陆架的领土主权并直接来源于主权；大陆架是适用"陆地支配海洋原则"的法律概念。[1] 在爱琴海大陆架案中，国际法院指出，沿海国在国际法上当然拥有在大陆架上的勘探和开发资源的权利，这种权利是沿海国对陆地主权的专属性的表现，即在法律上沿海国在大陆架上的权利是沿海国领土主权的延伸，且其是自动的附属物。[2]

（2）公海自由尤其是航行和飞越自由的原则。在《公约》体系中关于公海自由包括航行和飞越自由的内容，已由1958年"日内瓦海洋法公约"体系《公海公约》中的四种形式发展为六种自由。[3] 从它们针对公海自由的内容可以看出，其区别和特征主要体现在以下三个方面。

第一，在公海自由的内容和种类上的变化。如上所述，公海自由已由四项自由发展为六项自由，例如，《公海公约》第2条和《公约》第87条。

第二，国家在行使《公约》体系中具体的四项自由时受到一定的限制，体现了《公约》在海域上由"二元"（领海以外即公海）向"多元"（领海、群岛水域、专属经济区/大陆架、公海）的发展和对保护利益的多样化要求。[4] 例如，依据《公约》第56条第1款规定，

---

[1] See ICJ Reports, 1969, p. 51, para. 96.
[2] See ICJ Reports, 1978, pp. 3–83. 同时，参见［日］尾崎重义：《爱琴海大陆架案》，载［日］波多野里望、尾崎重义编：《国际法院判决与意见（第二卷）（1964—1993年）》，国际书院1996年版，第129页、第146页。
[3] 例如，《公海公约》第2条，《联合国海洋法公约》第87条。
[4] 例如，《公海公约》第1条，《联合国海洋法公约》第86条。

沿海国在专属经济区内有对人工岛屿、设施和结构的建造和利用，以及海洋科学研究的管辖权，且这种管辖权是专属的（《公约》第60条第2款和第246条第2款）。[1]

第三，无论在《公海公约》还是在《公约》体系中，国家在行使公海自由时应"适当照顾""适当顾及"其他国家行使公海自由的利益。[2] 例如，《大陆架公约》第1条和第2条关于大陆架的范围，以及沿海国为勘探和开采自然资源的目的，对大陆架行使主权权利的规定，不仅突破了领海以外即公海的二元论结构，而且打破了传统性的海洋自由绝对论的思想。

这种现象在《公约》体系中特别明显，例如，在《公约》体系中创设的专属经济区和国际海底区域制度。换言之，公海自由原则经历了从"自由放任"（绝对自由）到"适当顾及"（相对自由）的阶段。而这种变化和发展，也受到国际法院判决的影响。[3] 所以，"适当顾及"要求所有国家在行使公海自由时，要意识和考虑到其他国家使用公海自由的利益，并避免有干扰其他国家行使公海自由的

──────────

〔1〕 对于海洋科学研究，在《联合国海洋法公约》第240条不仅规定了内容，也规定了原则；对海洋科学研究的间接性定义，则体现在《联合国海洋法公约》第246条第2款中。而在《大陆架公约》第5条中，根据海洋科学研究的性质将其分为两类：第一，单为科学目的进行的基础海洋研究，即纯海洋科学研究；第二，以勘探和开发大陆架资源为经济目的的具有实用性的海洋科学研究。同时，对两类不同性质的海洋科学研究的要求也不同。对于纯海洋科学研究，要求以公开发表结果为目的才能以公海自由原则进行海洋科学研究；而对于实用性的海洋科学研究，应得到沿海国的同意。此外，对大陆架的物理或生物特征进行纯科学研究，沿海国在通常情形下不应拒绝同意；而对于进行实用性海洋科学研究的申请，沿海国是否同意则有很大的自由决定权。参见〔日〕山本草二：《与专属经济区与大陆架的海洋科学研究有关的国内法制比较研究》，载日本国际问题研究所编：《各国国内法制应对在专属经济区与大陆架海洋科学研究的调查报告（2000年）》，第2—3页。

〔2〕 在《联合国海洋法公约》体系中涉及"适当顾及"包括"合理顾及""特别顾及"内容的条款为：第27条第4款，第56条第2款，第58条第3款，第87条第2款和第147—149条。

〔3〕 例如，国际法院在1974年"渔业管辖案"的判决中指出，随着渔业活动范围的增大，国际海洋法的发展结果是，曾经在公海对海洋生物资源的自由放任措施，被通过对他国权利及为万人需要保存而应采取适当措施义务的承认所替换。参见〔日〕坂元茂树：《区域渔业管理机构功能扩大对国际法发展的影响：从渔业规制到海洋管理》，载〔日〕柳井俊二、村濑信也编：《国际法的实践》，信山社2015年版，第459页。

活动；各国要避免对他国使用公海造成不利影响的行为的任何
可能。[1]

实际上，海洋法的发展史就是沿海国的权益和使用国的权利、公
海自由尤其是航行和飞越自由权利的协调和平衡的历史，或者说，海
洋法的历史就是沿海国家主张的管辖权和其他国家主张的海洋自由，
沿海国的利益和国际社会的一般利益相互对立和调整的历史。[2]

（3）距离原则。如上所述，《公约》体系规定了各种海洋空间与
区域划分的法律制度，其主要原则是陆地支配海洋原则和距离原则。
其中，陆地支配海洋的原则起主导作用，而距离原则起辅助的作用，
同时距离原则可以根据相关条约内容的修改而变化。在《公约》中主
要通过适用距离原则来确定的海洋空间与区域有：领海、毗连区、专
属经济区和大陆架包括外大陆架。[3]

笔者认为，《公约》成员国确定海洋空间和区域范围涉及以下三
种模式：第一，需要国家宣布或声明界限的海域，例如，领海、群岛
水域和专属经济区。第二，不需要国家宣布或声明界限的区域，例如，
200海里内的大陆架。[4] 第三，需要声明界限并且受到相关国际机构
建议与监督的区域，例如，200海里以外的大陆架。其中，沿海国200
海里以外的大陆架界限涉及大陆架界限委员会的建议问题。此外，国
际海底管理局在依据"区域"制度（平行开发制）以监督和确定国际
海底勘探和开发的矿区上具有职权。[5]

（4）公平原则（衡平原则）。在《公约》体系中，涉及"公平原
则"有关内容的条款为第59条、第74条第1款和第83条第1款，以
及第82条第4款、第140条第2款。其主要包括三个方面的内容：第
一，第59条涉及专属经济区内未归属权利的争议问题，尤其是与专属

---

[1] 参见 [美] 路易斯·B. 宋恩等：《海洋法精要》（第2版），傅崐成等译，上海交通
大学出版社2014年版，第17页。

[2] 参见 [日] 水上千之：《海洋自由的形成（1）》，载《广岛法学》2014年第1期，第
1—2页。

[3] 例如，《联合国海洋法公约》第3条，第33条第2款，第57条，第76条的第1款和
第4—5款。

[4] 《联合国海洋法公约》第77条第3款规定："沿海国对大陆架的权利并不取决于有效
或象征的占领或任何明文公告。"

[5] 例如，《联合国海洋法公约》第76条第8款，第153条。

经济区立法宗旨无关的安全问题产生的争议。例如，专属经济区内的军事活动问题，需要在公平的基础上参照一切有关情况加以解决。此问题有待《公约》体系今后的理论和国家实践发展确定。第二，第74条和第83条涉及专属经济区和大陆架划界的"公平解决"问题，在国际司法实践中已得到发展，并确立了实现公平解决的划界范式（即"三阶段划界方法"）[1]。第三，对于第82条和第140条涉及的国际海底管理局应"公平分享""公平分配"200海里以外的大陆架上的非生物资源的财政或其他经济利益，则是国际海底管理局今后应研究和审议的重要问题。

（5）人类共同财产继承原则。如上所述，在《公约》的第十一部分确立了以人类共同继承财产原则为基础的国际海底区域制度。例如，《公约》第136条规定，"区域"及其资源是人类的共同继承财产。人类共同继承财产原则在《公约》中的确立，不仅体现了维护和实施"区域"海洋秩序实现共同管理、共同发展、共同获益的本质性要求，而且成为"不可损抑"之重要原则，所以，加强对海洋的综合管理包括通过设立国际海底管理局管理和分配"区域"内的行为和利益具有重大的理论创新和实践意义[2]。

在《公约》体系中，除上述各种原则外，还存在诸如和平利用海洋原则、船旗国管辖原则和普遍性管辖原则，以及合作原则与和平解决争端原则等内容。这些内容将择机在他处阐述，在此不再展开论述。

四、《公约》生效实施以来的发展与挑战

由于《公约》是一揽子交易的结果，是折中与调和的产物，不可

---

〔1〕 所谓的"三阶段划界方法"，首先，划定临时的等距离线或中间线；其次，为实现公平结果考虑相关情况，并探讨是否有必要调整临时的等距离线或中间线；最后，对海岸线的长度和所分配海域面积的比例进行校验，判定是否带来不公平的结果以便修正。See ICJ Reports, 2009, pp. 101 – 103, paras. 115 – 122.

〔2〕 例如，《联合国海洋法公约》第154条和第311条第6款，以及第156条、第157条第1款、第140条第2款。

避免地存在多个问题和缺陷。[1] 尤其是《公约》设立的组织机构（大陆架界限委员会、国际海底管理局、国际海洋法法庭）自《公约》生效后运作以来，虽然获得了发展，但也遇到了一些问题，面临未曾考虑和审议的一些挑战。

（一）与大陆架界限委员会有关的发展与挑战

一般认为，于 1997 年成立的大陆架界限委员会，是专司执行统一解释《公约》有关大陆架外部划界规定，作为各缔约国在划定大陆架外部界限的主要依据，以统一处理《公约》有关大陆架外部界限规定之方法相当复杂，且具很高的科学性及技术性问题的专职机构。[2] 同时，沿海国在大陆架界限委员会所提建议基础上划定的大陆架外部界限具有确定性及拘束力。[3]

大陆架界限委员会为履行上述职权，对如何运作该制度作出了规范并不断地加以完善，包括制定了《委员会的工作方式》（1997 年 2月），《联合国大陆架界限委员会议事规则》（1998 年 9 月），《大陆架界限委员会科学和技术准则》（1999 年 5 月 13 日），《大陆架界限委员会内部行为守则》（2005 年 9 月），《大陆架界限委员会议事规则》（2008 年 4 月 17 日）等，从而具备了可启动大陆架外部界限划界案审议工作的条件。

依据《公约》附件二第 4 条的规定，按照第 76 条划定 200 海里以外大陆架外部界限的沿海国，应在本公约对该国生效后十年内提出详细的科学和技术资料，以便委员会审议。但由于提交划界申请案的高度复杂性和高难度性，在《公约》的第 11 次缔约国会议（2001 年）上通过了延长申请期限的决议，即凡是在 1999 年 5 月 13 日以前正式批准或加入《公约》的国家，都可以从这一天开始起算法定的十年提

---

〔1〕 关于《联合国海洋法公约》的整体性内容，参见丁铎：《条约解释视阈下的联合国海洋法公约整体性问题探析——兼评菲律宾南海仲裁案》，载吴士存主编：《南海评论 2》，世界知识出版社 2018 年版，第 65—77 页。

〔2〕 参见傅崐成：《海洋管理的法律问题》，文笙书局 2003 年版，第 218 页。

〔3〕 例如，《联合国海洋法公约》第 76 条第 8 款规定："从测算领海宽度的基线量起 200海里以外大陆架界限的情况应由沿海国提交附件二在公平地区代表制基础上成立的大陆架界限委员会。委员会应就有关划定大陆架外部界限的事项向沿海国提出建议，沿海国在这些建议的基础上划定的大陆架界限应有确定性和拘束力。"

交期限。为此，自 2001 年 12 月 20 日俄罗斯联邦向委员会提交首份国家大陆架外部界限划界案以来，至 2009 年 5 月 13 日委员会已收到了 50 份国家划界申请案。[1]

　　尽管在《公约》的第 11 次缔约国会议上作出了提交划界案延迟的决议，但对于众多的发展中国家来说，在申请划界案中提交大陆架的调查数据和情报依然是很重的负担，所以，在《公约》的第 18 次缔约国会议（2008 年）上又通过了缓和条件的决议，即只要在 2009 年 5 月 13 日前提交包含未完成数据的初步信息，即可被视为履行了相应的义务。换言之，使用延迟申请制度的国家，只要提交显示 200 海里以外大陆架界限的初步信息，并说明准备的状况和有关申请日期的计划，向联合国秘书长提交这些材料即被认为完成了应履行的义务。[2]

　　迄今，向大陆架界限委员会提交的外大陆架划界案有 81 个，其中 26 个已提供了建议案；[3] 而向大陆架界限委员会提交初步信息的国家有 54 个。[4] 从这些国家提交的外大陆架划界案的内容和模式可以看出，它们既有单独划界案，也有联合划界案；既有部分划界案，也有整体划界案。同时，大陆架界限委员会仅审议提交的资料和数据，并形成了对有争议的区域不予审议且提出建议的惯例。[5] 从其数量也可

---

〔1〕　划界申请案数据，可参见联合国官网，http：//www. un. org/Depts/los/clcs_ new/commission_ submission. html，最后访问日期：2009 年 5 月 14 日。

〔2〕　Decision regarding the workload of the Commission on the Continental Shelf and the ability of States，particularly developing States，to fulfill the requirements of article 4 of annex II to the United Nations Convention on the Law of the Sea，as well as the decision contained in SPLOS/72，SPLOS/183.

〔3〕　"Submissions，through the Secretary-General of the United Nations，to the Commission on the Limits of the Continental Shelf，Pursuant to Article 76，Paragraph 8，of the United Nations Convention on the Law of the Sea of 10 December 1982"，UN，https：//www. un. org/Depts/los/clcs_ new/commission_ submissions. htm，Jan. 21，2019.

〔4〕　"Submissions，through the Secretary-General of the United Nations，to the Commission on the Limits of the Continental Shelf，Pursuant to Article 76，Paragraph 8，of the United Nations Convention on the Law of the Sea of 10 December 1982"，UN，https：//www. un. org/Depts/los/clcs_ new/commission_ submissions. htm，Jan. 21，2019.

〔5〕　关于沿海国提交外大陆架划界案及大陆架界限委员会的建议内容，参见高健军译、张海文审校：《200 海里外大陆架外部界限的划定——划界案的执行摘要和大陆架界限委员会的建议摘要》，海洋出版社 2014 年版。

以看出，大陆架界限委员会审议外大陆架划界案的工作量还是很大的，任务还是很艰巨的。[1]

同时，沿海国是否依据大陆架界限委员会的建议划定外大陆架以及如何评议这些外大陆架的界限，存在不确定性，因为《公约》并未作出相关审查程序方面的规定。此外，对于沿海国划定的外大陆架超出大陆架界限委员会建议范围时如何处理，《公约》也不存在相关的程序性规定。[2] 这些均是大陆架界限委员会面临的挑战。

（二）与国际海底管理局有关的发展与挑战

依据《公约》最后文件附件一中的决议一（《关于国际海底管理局和国际海洋法法庭筹备委员会的建立》）设立了执行"区域"资源勘探和开发制度的机构——国际海底管理局筹备委员会。其在1983—1994年间的主要工作，体现在两个方面：第一，解决了七个先驱投资者的登记问题，标志为1986年达成了"阿鲁沙谅解"，解决了法国、日本、苏联和印度四个先驱投资者达成的关于解决申请区域重叠和进行矿区分配的谅解。第二，通过关于执行附件一中的决议二（《关于对多金属结核开辟活动的预备性投资》）的声明。筹备委员会以"阿鲁沙谅解"为基础，经过反复而紧张的磋商，于1986年通过了《关于执行决议二的声明》。其最大特点为规定了申请登记的时间和程序，推进了先驱投资者登记制度，有利于实施《公约》体制内的"区域"资源开发制度。[3]

国际海底管理局在国际海底制度上的新发展，主要体现在以下方面：第一，于2000年7月的第6届会议上通过了《"区域"内多金属

---

〔1〕 在第三次联合国海洋法会议期间的1978年预备性讨论中，预计33个国家将涉及外大陆架，而在2009年的研究中发现将有70个国家涉及外大陆架，且这些国家的近80%属于发展中国家。鉴于外大陆架问题的复杂性和困难性，2001年设立了信托基金，此基金由缔约国任意出资，以支付大陆架界限委员会的参加费用，并确保外大陆架制度的实施。参见〔日〕佐藤地：《联合国海洋法公约与日本——为开放签署30周年而作并以两个新制度的发展为中心》，载《国际法外交杂志》第112卷第2期（2013年），第89—91页。

〔2〕 参见〔日〕古贺卫：《大陆架界限委员会的活动与功能——国际机构对海洋法的发展》，载《国际法外交杂志》第112卷第2期（2013年），第46—47页。

〔3〕 参见金永明：《海洋问题专论》（第一卷），海洋出版社2011年版，第220—222页。

结核探矿和勘探规章》。第二，在 2010 年 5 月的大会上通过了《"区域"内多金属硫化物探矿和勘探规章》。第三，于 2012 年通过了《"区域"内富钴铁锰结壳探矿和勘探规章》。这三个规章均是根据各种矿产资源的赋存条件和资源分布情况，以及针对各种矿产资源的勘探活动对环境可能带来的影响和对技术条件的需求等作出的不同规定，应该说这些规章的制定为"区域"内资源的探矿和勘探活动规定了一套系统的程序和规则，使"区域"内的活动更为具体和细化。在 2013 年国际海底管理局的第 19 届会议上，审议通过了《"区域"内多金属结核探矿和勘探规章》的修正案。[1]

此外，国际海底管理局于 2010 年 5 月 11 日向国际海洋法法庭的海底争端分庭提出了咨询意见的申请，要求其对进行国际海底活动的自然人或行为体提供保证的国家责任和义务予以明确。[2] 2011 年 2 月 1 日海底争端分庭出具了咨询意见，认为保证国应采取预防性的方法，确保由合同者履行环境影响评估义务，以及保护和保全环境的义务。[3] 这是国际海底管理局依据《公约》利用咨询意见制度的第一个案件。

国际海底管理局授予的第一批多金属结核勘探合同于 2016 年到期。按照合同规定，这些合同将进入商业开发阶段，而如何评估它们的工作计划以及延期这些合同，如何制定这些资源的开发规章，以及如何分配"区域"内资源的收益，则是国际海底管理局面临的重大问题。此外，在国际海域区域还发现了其他资源，例如，生物基因资源，而如何制定相关的规章，如何协调与《生物多样性公约》之间的关系，也是国际海底管理局面临的挑战。

---

〔1〕　参见国家海洋局海洋发展战略研究所课题组编：《中国海洋发展研究报告（2014）》，海洋出版社 2014 年版，第 21—24 页。

〔2〕　例如，《联合国海洋法公约》第 191 条规定："海底争端分庭经大会或理事会请求，应对它们活动范围内发生的法律问题提出咨询意见。"

〔3〕　Responsibilities and Obligations of States Sponsoring Persons and Entities with Respect to Activities in the Area（Request for Advisory Opinion submitted to the Seabed Disputes Chamber）（Case No. 17），Advisory Opinion of 1 February 2011，Seabed Dispute Chamber of International Tribunal for the Law of the Sea. See https：//www. itlos. org/fileadmin/itlos/documents/cases/case_ no_ 17/17_ adv_ op_ 010211_ en. pdf，Apr. 27，2015.

（三） 与国际海洋法法庭有关的发展与挑战

关于《公约》的海洋争端解决制度，根据《公约》相关规定，要求各国以和平方法解决争端，尊重各国协议所规定的自行选择的和平方法解决争端，并根据国家的主权平等原则，赋予各国自由选择争端解决方法的权利。[1] 而对于《公约》的解释或适用的争端，任何国家可以在签署、批准或加入《公约》时，或在其后任何时间，有自由用书面的方式选择一个或一个以上的方法，即依靠国际海洋法法庭、国际法院、仲裁法庭和特别仲裁法庭解决。如果争端各方未接受同一程序以解决这项争端，除各方另有协议外，争端仅可提交《公约》附件七所规定的仲裁。同时，缔约国具有对第298条所列举的争端以书面声明作出对于一类或一类以上争端不接受自己选择的法院或法庭强制管辖权的权利。[2]

国际海洋法法庭自1996年成立以来，不仅依据《国际法院规约》及其规则制定了《国际海洋法法庭规则》，而且迄今已受理了25个案件。[3] 在这些案件中，既有船只/船员"迅速释放"和"临时措施"的案件，也有国际海底管理局请求发表咨询意见的案件（2010—2011年），以及海洋划界案（2009—2012年孟加拉和缅甸海洋划界案）和包括请求咨询意见在内的其他案件。这些变化不仅体现了国际海洋法法庭快速审判的优势和特点，而且其所受理的案件类型也出现了多样化的趋势，即国际海洋法法庭的重要性日益提升。[4]

同时，迄今已有53个国家依据《公约》第287条的规定作出了程序的选择声明；包括中国在内的38个国家已依据《公约》第298条规定作出了排除《公约》第十五部分适用选择性例外的书面声明。[5] 例如，中国于2006年8月25日依据《公约》第298条规定，向联合国

---

[1] 例如，《联合国海洋法公约》第279条，第280条，第282条等。

[2] 参见《联合国海洋法公约》第287条，第298条。

[3] See "Cases", ITLOS, http://www.itlos.org/en/cases/, Jan. 21, 2019.

[4] 参见国家海洋局海洋发展战略研究所课题组编：《中国海洋发展研究报告（2014）》，海洋出版社2014年版，第24—26页。

[5] "Settlement of Disputes Mechanism", UN, https://www.un.org/depts/los/settlement_of_disputes/choice_procedure.htm, Jan. 21, 2019.

秘书长提交了书面声明，即对于《公约》涉及的海洋划界、领土主权、军事活动和法律执行活动的争端等，中国政府不接受《公约》第十五部分第二节规定的任何国际司法或仲裁管辖，而采取由相关国家通过政治方法协商解决的立场。

对于菲律宾针对南海问题提起的强制仲裁案，法庭或仲裁庭不仅要考虑菲方提起仲裁的前提条件是否满足，也要考虑所提事项是否属于《公约》的解释或适用的争端，更要考虑菲方所提事项是否属于中国已排除的事项，即可受理性和管辖权问题，以及如果作出裁决，裁定的可执行性及效果等问题[1]。所以，国际海洋法法庭或仲裁庭面临如何处理此案的严峻挑战，以确保其权威性、独立性和合理性。对此，国际社会将严重关注，关注的焦点主要为仲裁庭对菲律宾提起的事项是否具有可受理性和管辖权等方面[2]。

（四）岛屿制度的有关问题与挑战

自日本政府于 2008 年 11 月 12 日向大陆架界限委员会提交包含冲之鸟为基点主张的外大陆架划界案以来，针对岛屿制度的对立显性化[3]。日本提交的以冲之鸟为基点主张专属经济区和大陆架的外大陆架划界案，是日本片面理解岛屿制度内涵所采取的措施，自然遭到了包括中国和韩国在内的国家的反对[4]。最后，大陆架界限委员会未对

---

〔1〕 外交部受权发表中国政府关于菲律宾所提南海仲裁案管辖权问题的立场文件，内容参见《中国政府就菲律宾所提南海仲裁案发表管辖权问题立场文件解读》，载中国政府网，http://www.gov.cn/xinwen/2014-12/07/content_2787666.htm，最后访问日期：2014 年 12 月 8 日。
〔2〕 有关仲裁庭是否具有可受理性和管辖权方面的内容，参见高圣惕：《论中菲南海仲裁案的管辖权及可受理性问题》，载《中国海洋法学评论》2015 年第 1 期，第 64—165 页。
〔3〕 日本外大陆架划界案内容，参见金永明：《日本外大陆架划界申请案内涵与中国的立场》，载《中国海洋法学评论》2009 年第 1 期，第 28—39 页。
〔4〕 中国常驻联合国代表团于 2009 年 2 月 6 日向联合国秘书长提交了针对日本冲之鸟的书面声明，载联合国官网，http://www.un.org/Deps/los/clcs_new/submission_files/jpn08/chn_6feb09_c.pdf，最后访问日期：2009 年 3 月 12 日。韩国于 2009 年 2 月 27 日针对冲之鸟问题向联合国秘书长提出了与我国政府声明内容相同的书面声明，载联合国官网，http://www.org.un/Deps/los/clcs_new/submission_files/jpn08/kor_27feb09.pdf，最后访问日期：2009 年 3 月 12 日。

日本与冲之鸟有关的外大陆架界限提出建议（2012 年 4 月 19 日）。[1]

实际上，从岛屿制度的条款结构看，《公约》第 121 条第 1 款至第 3 款都是关于岛屿制度的规定。具体来说，第 1 款是指广义的岛屿，即《公约》规定了广义的岛屿概念，其缺陷是仅从自然属性规定了岛屿的概念，而用该款判断岛屿是否拥有专属经济区和大陆架的利益就比较困难，因为这种岛屿概念规定存在严重的不完整性，它没有考虑其他诸如社会和经济等方面的属性。第 2 款是狭义岛屿的规定，即具有与陆地领土相同地位的岛屿可以主张相应的海域权利方面的规定。第 3 款是关于岩礁的规定，它不是从岩礁的概念直接出发作出的规定，而是从岩礁效力的角度作出的规定。换言之，能维持人类居住或其本身的经济生活的岩礁与岛屿一样，可以主张专属经济区和大陆架，即岩礁有可以主张专属经济区和大陆架的岩礁与不能主张专属经济区和大陆架的岩礁两种。从对第 121 条的整体理解看，第 3 款是对第 2 款的制约，也就是说，并不是所有的岩礁都与第 2 款的岛屿一样可以主张专属经济区和大陆架。从第 121 条第 3 款可以看出，岩礁是狭义岛屿以外的一种，从广义的岛屿来看，这种岩礁也应符合岛屿的要件。

可见，《公约》第 121 条中的第 1 款至第 3 款各具不同的特点。即通过对岛屿的自然属性（广义的岛屿）、岛屿的社会和经济属性（狭义的岛屿）以及对广义的岛屿概念内不具有社会和经济属性的那部分岛屿的属性（岩礁）等方面的规定，实现了对岛屿制度的定义。所以，对第 121 条各款的理解不能单一地解释和适用，应从该条三款整体含义出发理解。即由《公约》所确立的岛屿制度的立法宗旨是，《公约》第 121 条的三款均是关于岛屿制度的规定，是整体性的规范，而岩礁只是岛屿的一种特例，其也应符合岛屿的要件。

从上文可以看出，包括岩礁在内的岛屿应符合一定的法律要件，才能主张专属经济区和大陆架的利益。这些要件重点体现在自然属性

---

〔1〕 大陆架界限委员会仅对日本主张的 74 万平方公里外大陆架内的 31 万平方公里作出了建议。对于中国和韩国反对的与冲之鸟有关的部分未提出建议，因为存在着不同的意见，所以大陆架界限委员会没有审议相关区域。但这并不表示对该区域要求的建议的否定，而仅是作为保留作出的决定，今后仍有作出建议的可能。参见〔日〕古贺卫：《大陆架界限委员会的活动与功能——国际机构对海洋法的发展》，载《国际法外交杂志》第 112 卷第 2 期（2013 年），第 42 页。

和社会及经济属性等方面，而从《公约》第 121 条的规定来看，确定岛屿和岩礁的法律要件的规定似乎不够具体，即确定岛屿和岩礁的法律要件的内涵并不清晰，所以存在不同的观点和对立的实践。

在无法修改《公约》岛屿制度，国际社会又未能对岛屿和岩礁地位形成统一共识的情形下，应该严格地解释岛屿制度内岩礁的法律要件，避免扩大解释，进而造成对公海制度和国际海底区域制度的损害。[1] 这样做不仅符合《公约》制定岛屿制度的初衷和宗旨，也符合《公约》第 300 条缔约国诚意履行义务、避免滥用权利所要求的内容。而对岩礁的严格解释，主要体现在以下方面：第一，在自然属性方面，岩礁是岛屿的一种特别形态，其必须是自然形成的陆地区域，这种自然形成的陆地区域强调构成材料和形成过程的自然属性。第二，在社会属性方面，岩礁必须在相当长时期内能维持人类居住，而不是短期内的维持人类居住。第三，在经济属性方面，岩礁维持本身经济生活所需资源应限于岩礁本身所产，而不应包括其领海内及外地输入的资源，否则会造成扩大化的趋势，甚至出现滥用该权利的行为。同时，开发岩礁本身资源必须符合经济开发原则和保护海洋环境的原则。因为一些国家为能使岩礁符合"经济生活"的要件，一定会试图开发岩礁本身的资源，而不注重一般性的经济开发原则，并污染海洋环境，违反缔约国保护和保全海洋环境的义务。[2]

（五）有关剩余性权利的问题与挑战

在《公约》中，针对剩余性权利归属未明的代表性问题为专属经济区内的军事活动（军事测量活动、谍报侦察活动、联合军事演习）争议问题。这里以中美两国针对专属经济区内军事活动的自由使用与事先同意之间的对立和分歧为例。

由于《公约》未对军事活动问题作出明确的规范，所以即使从海洋和平利用、海洋科学研究的角度进行分析，也存在不同的理解和认

---

〔1〕　从修改《联合国海洋法公约》制度的规定看，修正案需以协商一致方式达成协议进行，即使有采用简化程序修正《联合国海洋法公约》的提议，实质性地修改完善《联合国海洋法公约》是相当困难的。参见《联合国海洋法公约》第 312 条，第 313 条。

〔2〕　关于岛屿与岩礁的法律要件分析内容，参见金永明：《岛屿与岩礁的法律要件论析——以冲之鸟问题为研究视角》，载《政治与法律》2010 年第 12 期，第 99—106 页。

识,进而在国家实践中出现不同甚至对立的做法。换言之,军事活动问题无法在《公约》框架内解决。[1] 鉴于军事活动问题的高度敏感性和现实必要性,所以,只能依据《公约》第 58 条第 3 款,并结合第59 条的原则精神和立法宗旨,根据特定活动的状况加以判断。[2]

中美两国如果不能在《公约》规范的制度框架下解决该问题,则只能通过双边协商包括缔结相关协议予以处理,所以,中美两国特别应遵守两国军事部门已经缔结的《重大军事行动相互通报机制》(2014 年 10—11 月) 和《海空相遇安全行为准则》(2014 年 11 月)制度,以规范中美两国军事部门海空安全行为,确保专属经济区内军事活动规范有序,进而共同维护海洋的航行自由和安全。[3] 实际上,美国主张航行自由包括南海航行自由政策由来已久,重要的代表性政策文件为:《美国关于大陆架的底土和海床的自然资源的政策的第2667 号总统公告》(简称"杜鲁门公告",1945 年 9 月 28 日),1995 年5 月 10 日美国政府发表的《关于南沙群岛和南中国海的政策声明》,2012 年 8 月 3 日美国政府"关于南海问题的声明",以及 2014 年 12 月5 日美国国务院发表的《海洋界限:中国在南海的海洋主张》。[4]

----

〔1〕 中美针对专属经济区内军事活动争议内容,参见金永明:《中美专属经济区内军事活动争议的海洋法剖析》,载《太平洋学报》2011 年第 11 期,第 74—81 页。

〔2〕《联合国海洋法公约》第 58 条第 3 款规定:"各国在专属经济区内根据本公约行使其权利和履行其义务时,应适当顾及沿海国的权利和义务,并应遵守沿海国按照本公约的规定和其他国际法规则所制定的与本部分不相抵触的法律和规章。"《联合国海洋法公约》第59 条规定:"在本公约未将在专属经济区内的权利或管辖权归属于沿海国或其他国家而沿海国和任何其他一国或数国之间的利益发生冲突的情形下,这种冲突应在公平的基础上参照一切有关情况,考虑所涉利益分别对有关各方和整个国际社会的重要性,加以解决。"

〔3〕 中美两军《重大军事行动相互通报制度》内容,参见美国国防部官网,http://www.defense.gov/pubs/141112_ MemorandumOfUnderstandingOnNotication. pdf,最后访问日期:2015 年 2 月 10 日。中美两军《海空相遇安全行为准则》内容,参见美国国防部官网,http://www. defense. gov/pubs/141112 _ MemorandumOfUnderstandingRegardingRules. pdf,最后访问日期:2015 年 2 月 10 日。

〔4〕 例如,《杜鲁门公告》指出,大陆架上的水域作为公海的性质以及公海自由和无碍航行的权利不受任何影响。参见北京大学法律系国际法教研室编:《海洋法资料汇编》,人民出版社 1974 年版,第 386—387 页。《关于南沙群岛和南中国海的政策声明》内容,参见吴士存主编:《南海问题文献汇编》,海南出版社 2001 年版,第 377—378 页。美国南海问题声明内容,参见 http://www. state. gov/r/pa/prs/ps/2012/08/196022. htm,最后访问日期:2012 年 8 月 8 日。美国国务院《海洋界限:中国在南海的海洋主张》内容,参见http://www. state. gov/e/oes/ocns/opa/c16065. htm,最后访问日期:2015 年 1 月 8 日。

此外，也可针对专属经济区内军事活动问题制定新的诸如执行协定那样的规范，为完善《公约》制度作出努力。这方面的内容可以借鉴国际社会已经存在的成果。例如，日本海洋政策研究财团于 2005 年 9 月制定的《关于在专属经济区水域航行与上空飞越的行动指针》，2013 年 10 月制定的《亚太专属经济区内互信和安全构筑原则》的文件，以推动新的针对专属经济区内军事活动问题磋商和协定进程，并为进一步完善《公约》体系作出贡献。[1] 而能否在国际社会制定一部《公约》体系下的针对专属经济区内军事活动问题的统一性文件，则是一个重大挑战。

（六）《公约》未曾预料或未明确规范的问题与挑战

对于海域划界问题尤其是专属经济区和大陆架划界问题，如上所述，《公约》仅在第 74 条和第 83 条规定了公平解决的结果，但它们未就划界的方法、标准等规定明确的内容，而为实现公平解决的目的，只能通过国际社会的实践尤其是国际判例的实践予以发展和确立。在迄今的国际判例实践中，已形成了实现公平解决的范式，那就是考虑各种不同海域的具体情况予以综合判断。具体包括以下方面：第一，划定临时的等距离线或中间线；第二，为实现公平结果考虑相关情况，并探讨是否有必要调整临时的等距离线或中间线；第三，对海岸线的长度和所分配海域面积的比例进行校验，判定是否带来不公平的结果以便修正。[2]

此外，在《公约》通过后，针对保护海洋生物多样性问题的讨论日趋活跃。而在《公约》的审议过程中，并未对海洋生物多样性问题

---

[1] 参见日本海洋政策研究财团编：《海洋白皮书：日本的动向，世界的动向》（2006 年），2006 年 3 月，第 195—197 页；Ocean Policy Research Foundation Edition：*Principles for Building Confidence and Security in the Exclusive Economic Zones of the ASIA-PACIFIC*，30th October 2013，pp. 1 –12.

[2] 参见 ［日］田中则夫：《联合国海洋法公约的成果与课题——基于公约通过 30 周年的时点》，载《国际法外交杂志》第 112 卷第 2 期（2013 年），第 17 页。Also see Mariko Kawano，"International Courts and Tribunals and the Development of the Rules and Methods Concerning Maritime Delimitation"，*kokusaiho Gaiko Zassi*，Vol. 112，No. 3，2013，p. 14.

予以充分关注和讨论,即使在《公约》中也没有海洋生物多样性的用语,[1] 更没有对被认为对保全海洋生物多样性有用的方法如海洋保护区作出规定。同时,《生物多样性公约》于 1992 年 6 月通过,而如何协调这两个条约之间的关系,不仅是保全海洋生物多样性和可持续发展这些国际社会关注的共同事项,也是《公约》面临的挑战。[2]

至于在公海包括国际海底区域内出现的海洋基因资源问题,其调查、开采和研究等活动应适用什么样的国际法,也已成为国际社会关注的焦点。其争议的焦点在于应适用国际海底区域制度基础上的人类共同继承财产原则,还是应适用公海的海洋科学研究的自由原则。

总之,为保全包含海洋基因在内的海洋生物多样性养护和可持续利用问题,应考虑的具体内容包括如何分配利益,如何制定包括海洋保护区在内的区域管理规则和环境影响评估制度,以及能力建设和海洋技术转移等方面。[3] 这些均是《公约》无法回避及应完善的问题。

---

[1] 例如,《联合国海洋法公约》第 194 条第 5 款规定,"按照本部分(第 12 部分)采取的措施,应包括为保护和保全稀有或脆弱的生态系统,以及衰竭、受威胁或有灭绝危险的物种和其他形式的海洋生物的生存环境,而有必要的措施"。

[2] 参见 [日] 田中则夫:《联合国海洋法公约的成果与课题——基于公约通过 30 周年的时点》,载《国际法外交杂志》第 112 卷第 2 期(2013 年),第 20—21 页。

[3] 参见 [日] 佐藤地:《联合国海洋法公约与日本——为开放签署 30 周年而作并以两个新制度的发展为中心》,载《国际法外交杂志》第 112 卷第 2 期(2013 年),第 102 页。

第二章　新中国在海洋政策与法制上的成就

经过 70 余年的发展，特别是改革开放 40 多年来，中国在海洋法制与政策上取得了很大的成就，为中国海洋事业的发展提供了制度性保障。为此，有必要系统地梳理新中国成立以来我国在海洋政策与法制建设上的成就与贡献。

一、新中国在海洋法制上的成就

笔者将新中国成立 70 年来，我国在海洋法领域的发展，大致分为以下四个阶段。

（一）海洋法制的萌芽阶段（1949—1978 年）

新中国在此阶段制定的海洋法规，主要有：1954 年《海港管理暂行条例》、1955 年《关于渤海、黄海及东海机轮拖网渔业禁渔区的命令》、1958 年《进出口船舶联合检查通则》、1964 年《外国籍非军用船舶通过琼州海峡管理规则》、1974 年《防止沿海水域污染暂行规定》、1977 年《中国国境卫生检疫条例实施规则》等。

我国在此阶段的海洋立法不仅数量有限，而且立法层次较低，没有一部法律。其中最重要的是 1958 年《中国政府关于领海的声明》。尽管声明只是宣布了领海的宽度与一些基本原则，仅是立法性的声明，未作任何具体的规定，也没有公布领海基线的基点，但由于它第一次宣布了我国领海宽度为 12 海里，对于维护我国的国防安全和海洋权益，仍具有十分重要的历史意义。[1]

（二）海洋法制的发展阶段（1979—1990 年）

改革开放后，新中国在该阶段的海洋立法情况大有改观，不仅海洋法规的数量大增，而且立法层次也有所提高。主要体现在以下方面：

（1）海洋资源利用方面。主要制定了 1979 年《渔政管理工作暂行条例》和《关于对在我沿海进行石油勘探的外国籍工程船舶、船员及随船人员的管理办法》、1980 年《关于划定南海区和福建沿海机动渔船底拖网禁渔区线的意见》和《渔港监督管理规则（试行）》、1981 年《关于东、黄海水产资源保护的几项暂行规定》、1982 年《对外合作开采海洋石油资源条例》、1986 年《渔业法》。

（2）航行安全方面。主要为：1979 年《国际航行船舶试行电讯卫生检疫规定和对外国籍船舶管理规定》、1983 年《海上交通安全法》。后者适用于在我国沿海水域航行、停泊和作业的一切船舶、设施和人员以及船舶、设施的所有人、经营人；而中国港务监督机构是对沿海水域的交通安全实施统一监督管理的主管机关。同时，该法规定了船舶检验和登记，船舶、设施上的人员，航行、停泊和作业，安全保障，危险货物运输，海难救助，打捞清除，交通事故的调查处理等方面的管理措施和制度，以及违反该法必须承担的法律责任。[2]

（3）海洋环境保护方面。主要为：1982 年《海洋环境保护法》、1983 年《防止船舶污染海域管理条例》、1983 年《海洋石油勘探开发环境保护管理条例》、1985 年《海洋倾废管理条例》、1989 年《防止拆船污染环境管理条例》、1990 年《防止陆源污染物污染损害海洋环境管理条例》和《防止海岸工程建设项目污染损害海洋环境管理条例》等，初步形成了我国海洋环境保护法律体系。

---

[1]《中华人民共和国政府关于领海的声明》第 1 条指出，"中华人民共和国政府宣布，中华人民共和国的领海宽度为 12 海里。这项规定适用于中华人民共和国的一切领土，包括中国大陆及其沿海岛屿，和同大陆及其沿海岛屿隔有公海的台湾及其周围各岛、澎湖列岛、东沙群岛、西沙群岛、中沙群岛、南沙群岛以及其他属于中国的岛屿"。
[2]《海上交通安全法》第 9—10 条、第 26 条、第 42—43 条和第 44—47 条。

（三）海洋法制的成形阶段（1991—2009 年）

新中国在该阶段的海洋立法特征为，随着《联合国海洋法公约》的生效（1994 年 11 月 16 日）和我国《全国人大常委会关于批准〈联合国海洋法公约〉的决定》（1996 年 5 月 15 日）以及其对我国的生效（1996 年 6 月 7 日），我国根据国际习惯、《联合国海洋法公约》规范和其他海洋制度制定和修改了大批相关海洋法律法规，从而建立了我国海洋法律体系的基本框架，即新中国的海洋法体系基本成形。主要为：

（1）制定海洋基本法制方面。我国于 1992 年制定了《领海及毗连区法》、1998 年制定了《专属经济区和大陆架法》。这两部法律确立了我国的领海制度，毗连区、专属经济区和大陆架的宽度及其具体的划界原则，从而形成了我国海洋法制的基本框架，为制定其他具体法律规范提供了基础。

（2）完善海洋基本法制的基础方面。为具体落实《领海及毗连区法》规定的领海范围，完善领海法，我国政府根据《领海及毗连区法》的有关规定，于 1996 年 5 月 15 日发表了《中国政府关于中国领海基线的声明》，宣布了中国大陆领海的部分基线和西沙群岛的领海基线。上述大陆领海的部分基线和西沙群岛领海基线为各相邻基点之间的直线连线。同时，该声明还规定，中国政府将再行宣布中国其余领海基线。

（3）制定海洋其他部门法制方面。具体表现在以下方面：

第一，在海域使用上，我国于 2001 年 10 月 27 日通过并公布了《海域使用管理法》。中国海域使用制度的建立，对规范海域使用秩序，保护用海人的合法权益，促进海洋的综合管理提供了必要的法律手段。它是中国在海域使用管理方面的重大举措，是确立中国海域使用法律制度的依据，其目的为加强海域使用管理，维护中国海域所有权和海域使用权人的合法权益，促进海域的合理开发和可持续利用。

第二，在渔业资源管理上，为加强对渔业资源的保护、增殖、开发和合理利用，发展人工养殖，保障渔业生产者的合法权益，促进渔业生产的发展，适应社会主义建设和人民生活的需要，对 1986 年 1 月 20 日通过的《渔业法》于 2000 年 10 月 31 日和 2004 年 8 月 28 日作了两次修正。《渔业法》第 2 条规定，"本法适用于在中华人民共和国的内水、滩涂、领海、专属经济区以及中华人民共和国管辖的一切其他海域从事养殖和捕捞水生动物、水生植物等渔业生产活动"。

第三，在海洋环境保护上，为保护和改善海洋环境，保护海洋资源，防治污染损害，维护生态平衡，保障人体健康，促进经济和社会的可持续发展，对 1982 年 8 月 23 日由全国人大常委会通过并公布的《海洋环境保护法》，于 1999 年 12 月 25 日、2013 年 12 月 28 日、2016 年 11 月 7 日作了三次修订。此外，为实施《海洋环境保护法》相关内容，国务院于 2007 年 9 月 25 日发布了《关于修改〈中华人民共和国防治海岸工程建设项目污染损害海洋环境管理条例〉的决定》，并制定了《防治海洋工程建设项目污染海洋环境管理条例》等配套规范。

第四，在海洋科学研究上，《涉外海洋科学研究管理规定》（1996 年 6 月 18 日通过，1996 年 10 月 1 日起施行）第 4 条规定，在中华人民共和国内海、领海内，外方（即国际组织、外国的组织和个人）进行海洋科学研究活动，应当采用与中方合作的方式；在中华人民共和国管辖的其他海域内，外方可以单独或者与中方合作进行海洋科学研究活动，此项活动须经国家海洋行政主管部门批准或者由国家海洋行政主管部门报请国务院批准，并遵守中华人民共和国的有关法律、法规；同时在第 5 条规定了受理书面申请的日期、审查的机构，及作出批准决定的时间等方面的内容。

第五，在海岛保护上，《中国海岛保护法》于 2009 年 12 月 26 日通过，自 2010 年 3 月 1 日起施行。该法的目的是为了保护海岛及其周边海域生态系统，合理开发利用海岛自然资源，维护国家海洋权益，促进经济社会可持续发展（第 1 条）。该法所称的海岛是指四面环水并在高潮时高于水面的自然形成的陆地区域，包括有居民海岛和无居民海岛（第 2 条）；并实行科学规划、保护优先、合理开发和永续利用的原则（第 3 条）。同时，依据该法第 22 条的规定，国家保护设置在海岛的军事设施，禁止破坏、危害军事设施的行为；国家保护依法设置在海岛的助航导航、测量、气象观测、海洋监测和地震监测等公益设施，禁止损毁或者擅自移动，妨碍其正常使用。对于无居民海岛，依据第 28 条的规定，未经批准利用的无居民海岛，应当维持现状；禁止采石、挖海砂、采伐林木以及进行生产、建设、旅游等活动。对于无居民海岛的开发利用涉及利用特殊用途海岛，或者确需填海连岛以及其他严重改变海岛自然地形、地貌的，由国务院批准（第 30 条）。当然，国家对领海基点所在海岛、国防用途海岛、海洋自然保护区内的海岛等具有特殊用途或者特殊保护价值的海岛，实行特殊保护（第 36 条）。这些内容构成保护海岛的核心。

（4）履行国际海洋规则方面。我国除根据国际社会的发展趋势，结合国内海洋形势，于 1996 年 5 月 15 日第八届全国人民代表大会常务委员会第 19 次会议决定批准《联合国海洋法公约》外，还补充完善了其他法律措施。主要为：

第一，2006 年 8 月 25 日，中国依据《联合国海洋法公约》第 298 条的规定，向联合国秘书长提交了书面声明，对于《联合国海洋法公约》第 298 条第 1 款（a）、（b）和（c）项所述的任何争端（涉及海洋划界、领土主权、军事活动等争端），中国政府不接受《联合国海洋法公约》第十五部分第二节规定的任何国际司法或仲裁管辖。换言之，我国与其他国家之间关于海洋问题的上述争端不适用裁判包括仲裁制度，将由相关国家通过政治协商解决上述争端，即通过政治方法优先协商解决国家之间的海洋争端问题。

第二，2009 年 5 月 11 日，我国常驻联合国代表团向联合国秘书长提交了《中国关于确定 200 海里以外大陆架外部界限的初步信息》（以下简称《初步信息》），内容涉及中国东海部分海域 200 海里以外大陆架外部界限。《初步信息》指出，中国在东海的大陆架自然延伸超过 200 海里，而且依据从大陆坡脚量起 60 海里确定的外部界限线点不能超过从测算领海宽度的基线量起 350 海里。中国提交《初步信息》的行为表明，我国已履行了《联合国海洋法公约》规定的义务和《联合国海洋法公约》缔约国大会的决议要求。

第三，针对日本冲之鸟的地位问题，中国常驻联合国代表团于 2009 年 2 月 6 日向联合国秘书长提交了针对日本冲之鸟的书面立场声明，指出：冲之鸟是岩礁不是岛屿，无法以其为基点主张大陆架和外大陆架，大陆架界限委员会无权审议以冲之鸟为基点的外大陆架相关资料。[1]

---

〔1〕　See http：//www. un. org/deps/los/clcs _ new/submission _ files/jpn08/chn _ 6feb09 _ c. pdf，Oct. 18，2018.

　　第四，针对马来西亚和越南联合外大陆架划界案（2009 年 5 月 6 日），以及越南单独外大陆架划界案（2009 年 5 月 7 日）内容，中国常驻联合国代表团于 2009 年 5 月 7 日向联合国秘书长提交了照会（No. CML/17/2009）。照会指出：中国对南海诸岛及其附近海域拥有无可争辩的主权，并对相关海域及其海床和底土享有主权权利和管辖权；中国政府的这一立场为国际社会所周知。为应对菲律宾外交部于 2011 年 4 月 4 日照会中国驻菲律宾大使馆，声称"菲律宾共和国拥有'卡拉延群岛'的主权和管辖权"，中国常驻联合国代表团于 2011 年 4 月 14 日再次照会联合国秘书长（No. CML/8/2011），强调"中国对南海诸岛及其附近海域拥有无可争辩的主权，并对相关海域及其海床和底土享有主权权利和管辖权；中国在南海的主权及相关权利和管辖权有着充分的历史和法律根据"〔1〕。上述立场和观点在 2016 年 7 月 12 日《中华人民共和国关于在南海的领土主权和海洋权益的声明》中被再次确认。〔2〕

　　第五，为合理管控南海问题，中国与东盟国家之间于 2002 年 11 月 4 日签署了《南海各方行为宣言》，并于 2011 年 7 月 20 日缔结了《落实〈南海各方行为宣言〉指导方针》，于 2016 年 7 月 25 日发布了中国和东盟国家外交部长《关于全面有效落实〈南海各方行为宣言〉的联合声明》。〔3〕同时，中国和东盟国家于 2013 年 8 月起启动"南海行为准则"的协商谈判制定工作。这些措施和文件的落实有力地稳定了南海问题的局势，产生了积极的效果。

　　此外，中国与越南于 2000 年 12 月 25 日签署了《中华人民共和国和越南社会主义共和国关于两国在北部湾领海、专属经济区和大陆架的划界协定》、《中华人民共和国政府和越南社会主义共和国政府北部湾渔业合作协定》（2004 年 6 月 30 日生效）；中国与日本于 1997 年 11 月 11 日签署了《中华人民共和国和日本国渔业协定》（2000 年 6 月 1 日生效）、中日两国外交部门发布的《中日关于东海问题的原则共识》

---

〔1〕　参见中国国际法学会：《南海仲裁案裁决之批判》，外文出版社 2018 年版，第 34 页。

〔2〕　参见中华人民共和国外交部边界与海洋事务司编：《中国应对南海仲裁案文件汇编》，世界知识出版社 2016 年版，第 86—90 页。

〔3〕　上述有关文件内容，参见中华人民共和国外交部边界与海洋事务司编：《中国周边海洋问题有关文件汇编》，世界知识出版社 2017 年版，第 69—94 页。

（2008 年 6 月 18 日），以及中国与韩国于 2000 年 8 月 3 日签署的《中华人民共和国政府和大韩民国政府渔业协定》（2001 年 6 月 30 日生效），并与韩国开展对黄海海域划界谈判等。上述成果、文件和行为均为有效缓和中国周边海洋环境和解决海洋争议发挥了应有的作用，体现了中国坚持通过和平方法尤其是政治方法解决争议、通过危机管控机制延缓争议的实际作用和效果。

（四）海洋法制的充实阶段（2010—2019 年）

在此阶段，除对《中国海洋环境保护法》进行两次修订（2013 年 12 月 28 日，2016 年 11 月 7 日）外，比较重要的内外法律措施主要包括以下方面。

第一，针对国际海洋法法庭海底争端分庭于 2011 年 2 月 1 日就"国家担保个人和实体在'区域'内活动的责任和义务问题"发表咨询意见事项，中国外交部条约法律司于 2010 年 8 月 18 日提交了《中国就"区域"内活动担保国责任与义务问题向国际海洋法法庭海底争端分庭提交书面意见》。该书面意见总体上被国际海底争端分庭的咨询意见所采纳，为国际海底区域制度的推进实施作出了贡献。[1]

第二，为应对日本"国有化"钓鱼岛三岛行为，中国政府发布了《中华人民共和国关于钓鱼岛及其附属岛屿领海基线的声明》[2]（2012 年 9 月 10 日）。该基线分为两组：第一组直线基线连接钓鱼岛、黄尾屿、南小岛、北小岛、南屿、北屿和飞屿；第二组是围绕赤尾屿划定的直线基线。同时，2012 年 12 月 14 日，中国政府向联合国秘书长提交了"东海部分大陆架外部界限划界案"，以补充中国常驻联合国代表团已于 2009 年 5 月 11 日向联合国秘书长提交的《中国关于确定 200 海里以外大陆架外部界限的初步信息》内容和完

---

〔1〕 参见《中国参与国际海洋法法庭"担保国责任咨询意见案"相关程序》，载中华人民共和国外交部条约法律司编：《中国国际法实践案例选编》，世界知识出版社 2018 年版，第 53—80 页。

〔2〕 《中国关于钓鱼岛及其附属岛屿领海基线的声明》内容，参见中国政府网，http://www.gov.cn/jrzg/2012－09/10/content_ 2221140.htm，最后访问日期：2018 年 10 月 18 日。

成职责。[1]

此外，为应对包括钓鱼岛周边海域在内的东海空域飞行安全，中国国防部依据国际惯例和国内法于2013年11月23日宣布了《中国关于划设东海防空区的声明》，并发布了《中国东海防空识别区航空器识别规则公告》，确保在该区域的主权和利益。[2]

第三，为切实改善中日关系，经过多年努力，中日两国政府代表于2014年11月7日就处理和改善两国关系达成了四点原则共识，即《中日处理和改善中日关系四点原则共识》。[3] 尽管中日双方经过多次外交磋商达成了上述四点原则共识，但针对其中的内容依然存在分歧和不同解读。此后，为维护东海海空安全，经过多年的协商包括在中日海洋事务高级别磋商会议上的谈判，中日两国于2018年5月9日签署了《中国国防部和日本防卫省之间的海空安全联络机制谅解备忘录》（2018年6月8日生效）及《中日政府之间的海上搜救合作协定》（2018年10月26日签署，2019年2月14日生效）。

第四，在国际海底区域资源开发方面，主要为《中华人民共和国深海海底区域资源勘探开发法》（2016年2月26日通过，2016年5月1日起施行）。为履行《公约》，缔约国须担保具有其国籍或其控制的自然人或法人依照《公约》开展"区域"内活动，明确担保国采取措施有效管控其担保的承包者在"区域"内活动的职责。作为缔约国所采取的具体措施，中国于2016年2月26日制定了上述法律，以实施

---

[1] 中国政府的"东海部分大陆架外部界限划界案"内容，参见联合国官网，http://www.un.org/depts/los/clcs_new/commission_files/submission_chn_63_2012.htm，最后访问日期：2018年10月18日。《中国关于确定200海里以外大陆架外部界限的初步信息》内容，参见联合国官网，http://www.un.org/depts/los/clcs_new/submissions_files/preliminary/chn2009premilinaryinformation_english.pdf，最后访问日期：2018年10月18日。

[2] 《中国关于划设东海防空区的声明》和《中国东海防空识别区航空器识别规则公告》内容，参见中国政府网，http://www.gov.cn/jrzg/2013-11/23/content_2533099（or 2533101）.htm，最后访问日期：2018年10月18日。

[3] 中日就处理和改善中日关系达成的四点原则共识内容，参见外交部官网，http://www.fmprc.gov.cn/mfa_chn/zyxw_602251/t1208349.shtml；or http://www.mofa.go.jp/mofaj/a_o/c_ml/cn/page4_000789.html，最后访问日期：2014年11月8日。

与履行《公约》的义务和要求。[1] 同时，依据该法制定的《深海海底区域资源勘探开发许可管理办法》（2017 年 4 月 27 日）、《深海海底区域资源勘探开发样品管理暂行办法》（2017 年 12 月 29 日）、《深海海底区域资源勘探开发资料管理暂行办法》（2017 年 12 月 29 日），进一步丰富和完善了国际海底区域制度在我国的实践。

第五，在极地事业方面，比较重要的规章为：国家海洋局于 2014 年 5 月 30 日发布的《南极考察活动行政许可管理规定》，国家海洋局于 2017 年 5 月 18 日发布的《南极考察活动环境影响评估管理规定》，国家海洋局于 2018 年 2 月 8 日发布的《南极活动环境保护管理规定》，国家海洋局于 2017 年 8 月 30 日发布的《北极考察活动行政许可管理规定》。从规章的内容可以看出，它们是对南极和北极的考察活动许可和环境保护方面的规定，这对于提高南极和北极科研活动的深入性、加强对极地资源的保护和利用，包括适用北极航道的可能性等来说显然是不够的，所以，进一步采取重要措施加快提升极地方面的法律位阶是十分必要的。

在南极事业方面，中国人大网于 2018 年 9 月 10 日公布的第十三届全国人大常委会立法规划（116 件）中，将立法项目分为三类。在其中的第一类项目（条件比较成熟，任期内拟提请审议的法律草案）中存在"南极活动与环境保护立法"的内容，由全国人大环资委提请审议或牵头起草。这对于如期制定保护南极科研活动和资源环境的法律有很大的保障和促进作用。

二、新中国在海洋政策上的成就

应该指出的是，新中国在海洋法制建设的过程中，尤其在海洋法制的成形和充实阶段，海洋政策的作用功不可没，具有不可替代性，在一定程度上我国的海洋政策与法制建设是密不可分的，甚至可以说是海洋政策推动了海洋法的制定与修改工作。

---

[1]《中华人民共和国深海海底区域资源勘探开发法》由 7 章、29 条组成。具体内容参见《中华人民共和国深海海底区域资源勘探开发法（含草案说明）》，中国法制出版社 2016 年版，第 2—12 页。

新中国的海洋政策表现形式多样，主要为党中央、国务院及相关部门文件，以及政府工作报告和国家领导人的讲话。在新中国 70 余年的发展历程中，尤其在改革开放后，随着中国海洋事业的发展壮大，海洋政策的内涵不断得到提升，由早期各涉海部门的政策和单一领域的政策逐步过渡到综合性、全面性的海洋政策，实现了海洋整体发展目标。

新中国成立早期的海洋政策着重于保卫国家安全，保障海上运输通道，防止帝国主义的海上侵略，并为祖国统一积蓄力量。因此，在新中国成立以后相当长的一段时间内，建设强大的海军，捍卫祖国统一、领土完整成为我国海洋政策的主导。

在为国防建设和国民经济建设服务的基本方针指导下，1964 年 7 月 22 日，经第二届全国人民代表大会常务委员会第 124 次会议批准成立了国家海洋局，并由海军代管，作为管理国家海洋事务的行政职能部门，主要职责为海洋调查及科研。国家海洋局的成立，为中国海洋事业的全面发展奠定了制度基础。

改革开放以来，国民经济和社会发展对海洋资源的需求日益紧迫，对中国海洋环境资源进行调查显得尤为重要。中国海洋政策也由早期的以海军建设为重点逐步过渡到服务于国民经济和社会发展领域。我国海洋政策不断丰富，涵盖海洋科技、海洋资源、海洋产业、极地及大洋考察等领域，实现了跨越式的发展。

笔者认为，新中国在海洋政策上的业绩突出表现在以下方面：

（一）制定中国综合海洋政策

第一，中国政府根据 1992 年联合国环境与发展大会的精神，制定了《中国 21 世纪议程》，确立了中国未来的可持续发展战略。为在海洋领域更好地贯彻《中国 21 世纪议程》精神，促进海洋的可持续开发利用，国家海洋局于 1996 年 5 月编制了《中国海洋 21 世纪议程》。[1] 当然，它是《中国 21 世纪议程》在海洋领域的深化和具体体现，因而也是《中国 21 世纪议程》的重要组成部分，它可作为海洋可持续开发利用的政策指南和行动方针。

---

〔1〕 参见国家海洋局编：《中国海洋 21 世纪议程》，海洋出版社 1996 年版，第 1—75 页。

第二，2008 年 2 月 7 日，中国国务院公布了《国家海洋事业发展规划纲要》。其从机遇与挑战，指导思想、基本原则、发展目标，海洋资源的可持续利用，海洋环境和生态保护，海洋经济的统筹协调，海洋公益服务，海洋执法与权益维护，国际海洋事务，海洋科技与教育，实施规划的措施十个方面，系统规划了我国 2006—2010 年发展海洋事业的目标，具有重要的指导意义。

第三，中国海洋强国战略目标的提出与发展。党的十八大报告首次完整提出了中国海洋强国战略目标。其指出，我国"应提高海洋资源开发能力，发展海洋经济，保护生态环境，坚决维护国家海洋权益，建设海洋强国"[1]。这些内容构成建设海洋强国重要和基本的内容。

同时，习近平总书记在主持中共中央政治局就建设海洋强国研究进行的第八次集体学习（2013 年 7 月 30 日）时强调了建设海洋强国的基本要求，中国海洋强国战略内容得到发展，即"四个转变"。具体为：要提高资源开发能力，着力推动海洋经济向质量效益型转变；要保护生态环境，着力推动海洋开发方式向循环利用型转变；要发展海洋科学技术，着力推动海洋科技向创新引领型转变；要维护国家海洋权益，着力推动海洋权益向统筹兼顾型转变。

对我国海洋强国战略的深化，体现在党的十九大报告中。其指出，我国"要坚持陆海统筹，加快建设海洋强国；要以'一带一路'建设为重点，形成陆海内外联动、东西双向互济的开放格局"[2]。党的十九大报告不仅提出了加快建设海洋强国的目标，而且突出了目标推进过程中应坚持的原则和重点以及方向。所以，中国海洋强国战略目标在党的十九大报告中得到深化，成为加快推进中国海洋强国战略的重要指导方针和政策选择。

第四，"一带一路"倡议的提出与丰富实践。中国国家主席习近平分别于 2013 年 9 月和 2013 年 10 月访问哈萨克斯坦和印度尼西亚时

---

〔1〕 胡锦涛：《坚定不移沿着中国特色社会主义道路前进 为全面建成小康社会而奋斗——在中国共产党第十八次全国代表大会上的报告》（2012 年 11 月 8 日），人民出版社 2012 年版，第 39—40 页。

〔2〕 习近平：《决胜全面建成小康社会 夺取新时代中国特色社会主义伟大胜利——在中国共产党第十九次全国代表大会上的报告》（2017 年 10 月 18 日），人民出版社 2017 年版，第 33—34 页。

的演讲中，提出了"共建丝绸之路经济带"和"21世纪海上丝绸之路"（简称"一带一路"）的倡议。[1]

"一带一路"倡议是在当前国际局势出现大变动大调整的背景下，依托我国改革开放以来取得的成就和经验，发挥中国的多重身份和作用，以使国际及区域的发展进一步融合和提升为目标，是我国改革开放的新发展新模式，即"一带一路"倡议是中国改革开放的升级版。"一带一路"倡议得到国际社会的积极响应并取得良好的实践效果，得益于我国党和政府对"一带一路"倡议的不断丰富和完善，包括国家领导人在重要场合的讲话，以及发布重要文件和平台的设立。

关于"一带一路"倡议的基本目标、合作领域、具体路径及实施效果等方面的文件，主要为：经国务院授权，由国家发展和改革委员会、外交部、商务部于2015年3月28日联合发布的《推进共建丝绸之路经济带和21世纪海上丝绸之路的愿景与行动》[2]；中国推进"一带一路"建设工作领导小组办公室于2017年5月10日发布的《共建"一带一路"：理念、实践和中国的贡献》[3]；国家发展和改革委员会、国家海洋局联合于2017年6月20日发布的《"一带一路"建设海上合作设想》[4]；中国推进"一带一路"建设工作领导小组办公室于2019年4月22日发布的《共建"一带一路"倡议：进展、贡献和展望》[5]。

对"一带一路"倡议深化的平台，主要为：亚洲基础设施投资银

---

[1] 中国国家主席习近平于2013年9月7日在哈萨克斯坦扎尔巴耶夫大学的演讲《弘扬人民友谊，共创美好未来》中提出的"共同建设丝绸之路经济带"内容，参见习近平著：《习近平谈"一带一路"》，中央文献出版社2018年版，第1—5页。中国国家主席习近平于2013年10月3日在印度尼西亚国会的演讲《携手建设中国—东盟命运共同体》中提出的"共同建设21世纪海上丝绸之路"内容，参见习近平著：《习近平谈"一带一路"》，中央文献出版社2018年版，第10—13页。

[2] 参见《经国务院授权 三部委联合发布推动共建"一带一路"的愿景与行动》，载中国政府网，http://www.gov.cn/xinwen/2015-03/28/content_2839723.htm，最后访问时间：2019年1月28日。

[3] 参见《共建"一带一路"：理念、实践与中国的贡献》，载中国网，http://www.china.com.cn/news/2017-05/11/content_40789833.htm，最后访问日期：2017年5月11日。

[4] 参见国家海洋局官网，http://www.soa.gov.cn/xw/hyyw_90/201706/t20170620_56591.html，最后访问日期：2017年6月21日。

[5] 参见《共建"一带一路"倡议：进展、贡献与展望》，载新华网，http://www.xinhuanet.com/world/2019-04/22/c_1124400071.htm，最后访问日期：2019年4月22日。

行、丝路基金、"一带一路"建设工作领导小组、"一带一路"国际合作高峰论坛、"一带一路"新闻合作联盟和"一带一路"智库合作联盟，以及中国国际进口博览会等。

"一带一路"倡议的深化和发展，在国内重要文件（如《政府工作报告》）中的规范和引领，也发挥了重要的固化和保障作用。例如，2015年《政府工作报告》指出，我国应推进丝绸之路经济带和21世纪海上丝绸之路建设，筹建亚洲基础设施投资银行，设立丝路基金；加快互联互通、大通关和国际物流大通道建设；构建中巴、孟中印缅等经济走廊。[1] 2016年《政府工作报告》指出，亚洲基础设施投资银行正式成立，丝路基金投入运营；"一带一路"建设成效显现，国际产能合作步伐加快，高铁、核电等中国装备"走出去"取得突破性进展；扎实推进"一带一路"建设，统筹国内区域开发开放与国际经济合作，共同打造陆上经济走廊和海上合作支点，推动互联互通、经贸合作、人文交流；构建沿线大通关合作机制，建设国际物流大通道；推进边境经济合作区、跨境经济合作区、境外经贸合作区建设；坚持共商、共建、共享，使"一带一路"成为和平友谊纽带、共同繁荣之路。[2]

除在中国政府的重要文件中规范"一带一路"倡议的进程和方向外，中国政府领导人在多个国际场合也进一步地深化和拓展"一带一路"的合作内容和行动方案，保障了"一带一路"的建设进程和成效。换言之，中国政府及其领导人在重要文件和内外场合对"一带一路"的诚意和有力阐释，不仅显示出中国对"一带一路"内容和理解的深化，而且逐步丰富的内涵与阐释得到了国际社会的理解和支持，具体表现在"一带一路"国际合作高峰论坛和第一届中国国际进口博览会取得的成果上，包括参加国家和国际组织代表的众多性及对"一带一路"内涵解释的发展性、引领性和全面性。[3] 例如，首届"一带一路"国际合作高峰论坛（2017年5月）有29个国家的元首和政府首脑出席论坛，140多个国家和80多个国际组织的1600多名代表参

---

〔1〕 李克强：《政府工作报告》，人民出版社2015年版，第9页、第20页。
〔2〕 李克强：《政府工作报告》，人民出版社2016年版，第5页、第30—31页。
〔3〕 金永明：《新时代中国海洋强国战略研究》，海洋出版社2018年版，第10—12页。

会，论坛形成了 5 大类、76 大项、279 项具体成果，这些成果已全部得到落实。[1]

（二）制定全国性海洋开发规划

第一，1995 年 5 月，国务院批准了《全国海洋开发规划》，目的是根据国家经济发展需要，结合海洋资源的实际情况，寻求人口、资源、环境之间以及经济、社会、生态之间的最佳协调形式；同时实现战略目标，即统筹安排海洋资源的开发利用和保护，协调和解决海洋开发中的矛盾与问题，以宏观指导和调控全国海洋开发活动，加速海洋开发进程，为实现国民经济建设的战略目标发挥作用。

第二，我国政府根据《海域使用管理法》和《海洋环境保护法》及有关法规和政策，于 2002 年制定了《全国海洋功能区划》。

第三，2003 年 5 月 9 日，国务院批准了《全国海洋经济发展规划纲要》，并要求各地结合实际，认真贯彻执行。该规划纲要是我国政府为促进海洋经济综合发展而制定的第一个具有宏观作用的指导性文件，它对于我国加快海洋资源的开发利用，促进沿海地区经济合理布局和产业结构调整，努力促使海洋经济各产业形成国民经济新的增长点，进而保持国民经济持续健康快速发展，实现全面建设小康社会目标具有重大意义。

为落实中国海洋强国战略和《中国国民经济和社会发展第十三个五年规划纲要》战略部署，国家发展改革委、国家海洋局联合于 2017 年 5 月 4 日印发了《全国海洋经济发展"十三五"规划》。该规划以当前中国海洋经济发展的问题与需求为导向，主动适应并引领海洋经济发展新常态，加快供给侧结构性改革，着力优化海洋经济区域布局，提升海洋产业结构和层次，扩大海洋经济领域开放合作，推动海洋经济由速度规模型向质量效益型转变。[2]

在海洋开发活动保障和基础方面，中国科技部、国土资源部、国

---

〔1〕 参见"一带一路"建设工作领导小组办公室于 2019 年 4 月 22 日发表的《共建"一带一路"倡议：进展、贡献与展望》报告，载新华网，http://www.xinhuanet.com/world/2019-04/22/c_ 1124400071.htm，最后访问日期：2019 年 4 月 22 日。

〔2〕 国家海洋局海洋发展战略研究所课题组编：《中国海洋发展研究报告（2018）》，海洋出版社 2018 年版，第 54 页。

家海洋局联合于 2017 年 5 月 8 日印发了《"十三五"海洋领域科技创新专项规划》，目的是进一步建设完善国家海洋科技创新体系，提升我国海洋科技创新能力。其在组织实施机制及模式、经费资助方式、监测评估考核评价机制、风险评估四个方面提出了具体保障措施。[1]

（三）对外宣传海洋事业

为介绍我国海洋事业的发展情况，阐述我国在海洋问题上的立场和态度，中国政府对外采用的主要形式是发布相关海洋政策白皮书。

第一，在中国海洋事业发展方面。中国政府在国际海洋年（1998年）发表了《中国海洋事业的发展》白皮书。其由"前言""海洋可持续发展战略""合理开发利用海洋资源""保护和保全海洋环境""发展海洋科学技术和教育""实施海洋综合管理""海洋事业的国际合作"等部分组成。这是首次颁布我国海洋事业成就与政策的报告，对于他国了解我国的海洋政策具有重要作用；同时，其全面、系统阐述了我国在海洋事业上的成就与发展过程中应遵循的基本政策和原则。

第二，在维护钓鱼岛主权方面。为维护中国在钓鱼岛主权上的权益，中国国务院新闻办于 2012 年 9 月发布了《钓鱼岛是中国的固有领土》白皮书。

白皮书由"前言""钓鱼岛是中国的固有领土""日本窃取钓鱼岛""美日私相授受非法无效""中国为维护钓鱼岛主权进行坚决斗争"，以及"结束语"组成。在内容上，其指出，钓鱼岛及其附属岛屿是中国领土不可分割的一部分；无论从历史、地理还是从法理的角度来看，钓鱼岛都是中国的固有领土，中国对其拥有无可争辩的主权；中国坚决反对和遏制日本采取任何方式侵犯中国对钓鱼岛的主权；中国强烈敦促日本尊重历史和国际法，立即停止一切损害中国领土主权的行为；中国政府捍卫国家领土主权的决心和意志是坚定不移的，有信心、有能力捍卫国家主权，维护领土完整。[2]

---

〔1〕 国家海洋局海洋发展战略研究所课题组编：《中国海洋发展研究报告（2018）》，海洋出版社 2018 年版，第 116—117 页。

〔2〕 中国国务院新闻办公室：《钓鱼岛是中国的固有领土》（2012 年 9 月），人民出版社 2012 年版，第 1—16 页。

第三，在维护南海诸岛权益方面。为维护中国在南海诸岛的主权和海洋权益，尤其是应对菲律宾单方面提起的南海仲裁案，中国国务院新闻办于 2016 年 7 月发布了《中国坚持通过谈判解决中国与菲律宾在南海的有关争议》白皮书。其由"引言""南海诸岛是中国固有领土""中菲南海有关争议的由来""中菲已就解决南海有关争议达成共识""菲律宾一再采取导致争议复杂化的行动""中国处理南海问题的政策"组成。该文件旨在还原中菲南海有关争议的事实真相，重申中国在南海问题上的一贯立场和政策，溯本正源，以正视听。其主要内容如下：

在历史上，中国人民自古以来在南海诸岛和相关海域生活和从事生产活动，中国最早发现、命名和开发利用南海诸岛及相关海域，最早并持续、和平、有效地对南海诸岛及相关海域行使主权和管辖，确立了对南海诸岛的主权和在南海的相关权益；中国对南海诸岛的主权在 20 世纪前未遭遇任何挑战。20 世纪 30 年代至 40 年代，法国和日本先后以武力非法侵占中国南沙群岛部分岛礁，对此，中国人民奋起抵抗，当时中国政府采取一系列措施，捍卫对南沙群岛的主权。

第二次世界大战结束后，中国收复南海诸岛并恢复行使主权，世界上许多国家都承认南海诸岛是中国领土；中菲南海有关争议的核心是菲律宾非法侵占中国南沙群岛部分岛礁而产生的领土问题，此外，随着国际海洋法制度的发展和运用，中菲在南海部分海域还出现了海洋划界争议。

而从历史和国际法看，菲律宾对南沙群岛部分岛礁的领土主张毫无根据。理由为：南沙群岛从来不是菲律宾领土的组成部分；"卡拉延群岛"（即中国南沙群岛部分岛礁）不是菲律宾发现的"无主地"；南沙群岛也不是所谓的"托管地"；"地理邻近"和"国家安全"都不是领土取得的国际法依据；菲律宾称，中国南沙群岛部分岛礁位于其专属经济区和大陆架范围内，因此有关岛礁属于菲律宾或构成菲律宾大陆架组成部分的主张与国际法原则（陆地统治海洋）尤其是《联合国海洋公约》的宗旨和目的背道而驰；菲律宾所谓的"有效控制"是建立在非法侵占基础上的，是非法无效的。中国就管控海上分歧以及推动海上务实合作等与菲律宾进行多次协商，双方就通过谈判解决南海有关争议，妥善管控有关分歧达成重要共识。

自 20 世纪 80 年代以来，菲律宾一再采取导致争议复杂化的行动，包括企图扩大对中国南沙群岛部分岛礁的侵占，扩大海洋侵权行动，企图染指中国黄岩岛领土主权，单方面提起南海仲裁案等，对此，中国一贯遵守《联合国宪章》的宗旨和原则，坚定维护和促进国际法治，尊重和践行国际法，在坚定维护中国在南海的领土主权和海洋权益的同时，坚持通过谈判协商解决争议，坚持通过规则机制管控分歧，坚持通过互利合作实现共赢，致力于把南海建设成为和平之海、友谊之海和合作之海。[1] 这是中国政府针对南海问题的一贯主张和态度。

第四，在极地事业方面。2011 年 5 月，中国发布了《中国极地考察"十二五"发展规划》，提出了"十二五"期间我国极地考察事业的四个发展目标、五大工作任务和四项保障措施。

四个发展目标：第一，深入开展极地战略研究，进一步加强政策法规与规划体系建设，指导中国极地考察工作沿着科学、有序的方向发展；第二，开展极地关键地区的环境综合考察，加强极地气候与环境变化监测，开辟极地科学技术的前沿领域研究，进一步加深对南北极地区的科学认知；第三，继续加强极地考察能力建设，促进高新技术应用，提升极地考察站的保障能力，建立中国极地科考船队，提升极地海洋考察能力，构建中国极地航空保障能力与安全应急体系，进一步增强中国极地考察的综合实力；第四，广泛参与国际极地事务，维护极地领域的国际法律制度，认真履行相应的国际义务，进一步提升中国在国际极地领域中的地位和影响力，更加有效地维护国家极地权益。

五大工作任务：第一，围绕国家需求，实施重点专项，包括南北极环境综合考察、新建极地科学考察破冰船；第二，全面提升极地科考和研究水平，更新极地观测技术手段，包括南北极科学研究、极地观测技术与研究；第三，强化基础平台，提升极地考察能力，包括极地考察站建设、国内基地建设、东南极大陆航空系统基础建设、极地考察交通运输体系建设、极地考察实时监控和应急指挥体系建设、极地后勤保障体系规范建设与基础技术研究、极地考察通信网络系统建

---

〔1〕 中国国务院新闻办公室：《中国坚持通过谈判解决中国与菲律宾在南海的有关争议》（2016 年 7 月），人民出版社 2016 年版，第 1—49 页。

设和极地科学考察信息共享平台建设等;第四,开展极地政策与软科学研究,推进依法行政;第五,加强国际合作,增强我国在极地领域的影响力。

为完成"十二五"期间极地考察工作任务,还提出了四项保障措施,包括加强组织领导,改革和完善管理体制及运行机制;建立规划的评估、监督机制;多渠道筹措资金,加大极地工作的投入;加强考察人才队伍建设,弘扬极地文化精神。[1]

2017年5月22日,中国国务院新闻办发布《中国的南极事业》白皮书,这是中国政府首次发布白皮书性质的南极事业发展报告,全面回顾了中国南极事业30多年来的发展成就。我国已经初步建成涵盖空基、岸基、海基、冰基、海床基的国家南极观测网和"一船四站一基地"的南极考察保障平台,基本满足南极考察活动的综合保障需求。中国在南极冰川学、空间科学、生物生态、气候变化科学等领域取得一批突破性成果,并推动南极科学研究由单一学科研究向跨学科综合研究发展,中国将坚定不移地走和平利用南极之路,坚决维护《南极条约》体系稳定,加大南极事业投入,提升参与南极全球治理的能力。

为了阐明中国在北极问题上的基本立场,阐释中国参与北极事务的政策目标、基本原则和主要政策主张,指导中国相关部门和机构开展北极活动和北极合作,推动有关各方更好参与北极治理,与国际社会一道共同维护和促进北极的和平、稳定和可持续发展,中国国务院新闻办于2018年1月发表了《中国的北极政策》白皮书。其由"前言""北极的形势与变化""中国与北极的关系""中国的北极政策目标和基本原则""中国参与北极事务的主要政策主张"和"结束语"组成。在北极问题上,中国将本着"尊重、合作、共赢、可持续"的原则,与有关各方一道,抓住北极发展的历史性机遇,积极应对北极变化带来的挑战,共同认识北极、保护北极、利用北极和参与治理北极,积极推动共建"一带一路"倡议涉北极合作,积极推动构建人类命运共同体,为北极的和平稳定和可持续发展作出贡献。[2]

---

〔1〕 国家海洋局海洋发展战略研究所课题组编:《中国海洋发展报告(2012)》,海洋出版社2012年版,第298—299页。

〔2〕 中国国务院新闻办公室:《中国的北极政策》(2018年1月),人民出版社2018年版,第1—22页。

三、新中国在海洋管理机构和改革方面的成就与任务

自 1964 年 7 月第二届全国人民代表大会第 124 次常委会审议批准设立国家海洋局以来，其经历了多次机构改革。在国家海洋局成立之初，国家海洋局的主要职责为统一管理海洋资源和海洋环境调查、资料收集整编和海洋公益服务，目的是把分散的、临时性的协作力量转化为一支稳定的海洋工作力量。

1983 年的机构改革明确国家海洋局为国务院管理全国海洋工作的职能部门，主要职责除负责协调全国海洋工作外，还包括组织、实施海洋调查、海洋科研、海洋管理和海洋公益服务等。

1998 年，国家海洋局的基本职能被调整为海洋立法、规划和管理三大项，主要职责扩展为海域使用管理、海洋环境保护、海洋科技、海洋国际合作、海洋防灾减灾及维护国家海洋权益等六个方面。

2008 年 7 月 10 日，国务院办公厅〔2008〕63 号文件印发了《国家海洋局主要职责、内设机构和人员编制规定》（"三定"方案）。其将国家海洋局的主要职责从 7 条拓展到 11 条，并在"职责调整"中授予国家海洋局"加强海洋战略研究和对海洋事务的综合协调"的任务。其新增加的职责是朝着实现海洋综合管理目标迈进的历史新起点，是中国海洋事业中的一个里程碑，对此后一段时期中国海洋事业健康快速发展具有重大意义。

在 2008 年的政府机构改革中，国家海洋局的基本职能和主要职责得到相应调整和加强，新增的职责包括海洋经济运行监测、评估及信息发布；海洋领域节能减排和应对气候变化；海岛生态保护和无居民海岛合法使用管理；海水利用和海洋可再生资源的研究、应用与管理；组织实施专项海洋环境安全保障体系的建设和日常运行的管理；在中国管辖海域实施定期维权巡航执法制度等。"加强海洋战略研究和对海洋事务的综合协调"的基本职责调整对于加强各项海洋开发利用活动的综合协调，促进海洋综合管理具有深远的意义。[1]

---

[1] 国家海洋局海洋发展战略研究所课题组编：《中国海洋发展报告（2012）》，海洋出版社 2012 年版，第 311—312 页。

此外，1998 年 10 月，经中央编制委员会办公室批准，国家海洋局设置中国海监总队（部委正厅级），参照国家公务员制度管理。根据国家海洋局印发的《关于印发中国海监总队主要职责内设机构和人员编制规定的通知》（国海人字〔2010〕359 号）的规定，中国海监总队的主要职能是代表国家海洋局建设和管理中国海监队伍，组织、指导、监督海洋行政执法，组织实施海洋维权执法。其主要职责包括负责拟定中国海监发展战略、规划和政策，制定并监督实施中国海监工作计划及规章制度；组织实施中国管辖海域维权巡航执法，协调、指挥重大海上执法行动；组织开展海洋行政执法，依法查处违法活动，负责编制海洋执法公报、专报和通报；负责中国海监业务体系建设；负责中国海监船舶、飞机、专用装备及陆岸设施等的能力建设和监督管理；组织开展中国海监队伍监督工作，承担中国海监队伍培训工作；承担国家海洋局应急管理相关工作，组织协调海上重大突发事件的应急响应行动等。

自 2006 年 7 月起，中国海监启动了东海定期维权巡航执法任务；至 2007 年 12 月，中国海监实现了对中国全部管辖海域的定期维权巡航，包括黄海、东海和南海等，在维护海洋权益道路上迈出了具有重要历史意义的一步。[1]

2013 年 3 月 10 日，第十二届全国人大审议通过《国务院机构改革和职能转变方案》，重新组建国家海洋局。《方案》指出，为推进海上统一执法，提高执法效能，将现国家海洋局及其中国海监、公安部边防海警、农业部中国渔政、海关总署海上缉私警察的队伍和职责整合，重新组建国家海洋局，以中国海警局名义开展海上维权执法，接受公安部业务指导。

为加强海洋事务的统筹规划和综合协调，设立高层次议事协调机构国家海洋委员会，负责研究制定国家海洋发展战略，统筹协调海洋重大事项。国家海洋委员会的具体工作由国家海洋局承担。

重组后的国家海洋局的主要职责包括：负责起草内海、领海、毗连区、专属经济区、大陆架及其他海域涉及海域使用等方面的法律法

---

〔1〕 国家海洋局海洋发展战略研究所课题组编：《中国海洋发展报告（2013）》，海洋出版社 2013 年版，第 59 页。

规；组织编制并监督实施海洋功能区划；拟定海岛保护及无居民海岛开发利用管理制度并监督实施；开展海洋生态环境保护工作；拟定海洋观测预报和海洋灾害警报制度并监督实施，参与重大海洋灾害应急处置；开展海洋领域国际交流与合作等。

根据国务院总体部署，按照深化行政体制改革、加快转变政府职能的要求，国务院于2013年6月印发了《国家海洋局主要职责内设机构和人员编制规定》。依据该"三定"规定，理顺了国家海洋局和其他主要涉海部门（国家发展改革委、外交部、国土资源部、环境保护部、科技部、交通运输部、农业部、水利部、公安部、工业和信息化部、国家旅游局、国家林业局、国家文物局和海关总署等）的职责分工。

依据2018年2月28日中国共产党第十九届中央委员会第三次全体会议通过的《中共中央关于深化党和国家机构改革的决定》，以及中共中央于2018年3月21日印发的《深化党和国家机构改革方案》，涉海机构改革方案主要内容包括以下方面：

第一，在深化党中央机构方面，不再设立中央维护海洋权益工作领导小组。为坚决维护国家主权和海洋权益，更好统筹外交外事与涉海部门的资源和力量，将维护海洋权益工作纳入中央外事工作全局中统一谋划、统一部署，不再设立中央维护海洋权益工作领导小组，有关职责交由中央外事工作委员会及其办公室承担，在中央外事工作委员会办公室内设维护海洋权益工作办公室。调整后，中央外事工作委员会及其办公室在维护海洋权益方面的主要指责是，组织协调和指导监督各有关方面落实党中央关于维护海洋权益的决策部署，收集汇总和分析研判涉及国家海洋权益的情报信息，协调应对紧急突发事态，组织研究维护海洋权益重大问题并提出对策建议等。

第二，在深化国务院机构改革方面，组建自然资源部。即为统一行使全民所有自然资源资产所有者职责，统一行使所有国土空间用途管制和生态保护修复职责，着力解决自然资源所有者不到位、空间规划重叠等问题，将国土资源部的职责，国家发展和改革委员会的组织编制主体功能区规划职责，住房和城乡建设部的城乡规划管理职责，水利部的水资源调查和确权登记管理职责，农业部的草原资源调查和确权登记管理职责，国家林业局的森林、湿地等资源调查和确权登记管理职责，国家海洋局的职责，国家测绘地理信息局的职责整合，组建自然资源部，作为国务院组成部门。自然资源部对外保留国家海洋局牌子。

自然资源部的主要职责是：对自然资源开发利用和保护进行监管，建立空间规划体系并监督实施，履行全民所有各类自然资源资产所有者职责，统一调查和确权登记，建立自然资源有偿使用制度，负责测绘和地质勘查行业管理等；不再保留国土资源部、国家海洋局、国家测绘地理信息局。

第三，在深化国务院机构改革方面，组建生态环境部。即为整合分散的生态环境保护职责，统一行使生态和城乡各类污染排放监管与行政执法职责，加强环境污染治理，保障国家生态安全，建设美丽中国，将环境保护部的职责，国家发展和改革委员会的应对气候变化和减排职责，国土资源部的监督防止地下水污染职责，水利部的编制水功能区划、排污口设置管理、流域水环境保护职责，农业部的监督指导农业面源污染治理职责，国家海洋局的海洋环境保护职责，国务院南水北调工程建设委员会办公室的南水北调工程项目区环境保护职责整合，组建生态环境部，作为国务院组成部门。生态环境部对外保留国家核安全局牌子。

生态环境部的主要职责是：拟定并组织实施生态环境政策、规划和标准，统一负责生态环境监测和执法工作，监督管理污染防治、核与辐射安全，组织开展中央环境保护督察等；不再保留环境保护部。

第四，在深化行政执法体制改革方面，整合组建生态环境保护综合执法队伍。整合环境保护和国土、农业、水利、海洋等部门相关污染防治和生态保护执法职责、队伍，统一实行生态环境保护执法；由生态环境部指导。

第五，在深化跨军地改革方面，将国家海洋局领导管理的海警队伍转隶武警部队。为贯彻落实党中央关于调整武警部队领导指挥体制的决定，按照"军是军、警是警、民是民"原则，将列武警部队序列、国务院部门领导管理的现役力量全部退出武警，将国家海洋局领导管理的海警队伍转隶武警部队，将武警部队担负民事属性任务的黄金、森林、水电部队整体移交国家相关职能部门并改编为非现役专业队伍，同时撤收武警部队海关执勤兵力，彻底理顺武警部队领导管理和指挥使用关系。此外，海警队伍转隶武警部队，按照先移交、后整编的方式，将国家海洋局（中国海警局）领导管理的海警队伍及相关职能全部划归武警部队。[1]

而依据《中共中央关于深化党和国家机构改革的决定》《深化党和国家机构改革方案》和第十三届全国人民代表大会第一次会议批准的《国务院机构改革方案》，自然资源部公布了《自然资源部职能配置、内设机构和人员编制规定》，生态环境部公布了《生态环境部职能配置、内设机构和人员编制规定》（2018年9月11日）。[2]

同时，为能使中国海警局依照《深化党和国家机构改革方案》和《武警部队改革实施方案》（2017年12月27日）的决策部署（海警部队整体划归中国人民武装警察部队领导指挥，调整组建中国人民武装警察部队海警总队，称中国海警局）统一履行海上维权执法职责，第十三届全国人民代表大会常务委员会第三次会议于2018年6月22日通过了《关于中国海警局行使海上维权执法职责的决定》（2018年7月1日起施行）。[3]

在上述决定中，对中国海警局维权执法的范围或任务，以及在执行任务时与其他有关行政机关之间的关系两个方面的内容进行了规定，从而使中国海警局职责在隶属中央军委领导及与其他行政机关执法之间的协调等方面得到了明确。其中，中国海警局与其他行政机关（例如，自然资源部、生态环境部、农业农村部、海关总署等）的执法协作机制需要在今后的法律规章中予以细化，包括修改现存有关海洋领域的法律规章，以适应国家机构改革新发展需要，更重要的是，为行使中国海警局在海洋维权执法上的职权，应尽快

---

〔1〕 《中共中央印发〈深化党和国家机构改革方案〉》，载新华网，http://www.xinhuanet.com/politics/2018-03/21/c_1122570517.htm，最后访问日期：2018年3月21日。

〔2〕 自然资源部"三定"规定内容，参见自然资源部官网，http://www.mnr.gov.cn/bbgk/sdfa/，最后访问日期：2018年9月11日；生态环境部"三定"规定内容，参见《生态环境部"三定"规定公布》，载中国环境网，http://www.cenews.com.cn/news/201809/t20180911_884728.html，最后访问日期：2018年9月12日。

〔3〕 全国人民代表大会常务委员会《关于中国海警局行使海上维权执法职权的决定》内容，参见中国人大网，http://www.npc.gov.cn/npc/xinwen/2018-06/22/content_2056585.htm，最后访问日期：2018年6月22日。

制定中国海警局组织法，以在较高层次的法律上进一步明确其职权和范围或任务。

不可否认，我国在海洋管理机构上的重要任务之一是，进一步明确涉海机构的具体职权和义务，而这些职权和义务需要用法律来固化，包括修改先前有关的法规，也包括补充制定新的法规，例如海洋基本法，以界定涉海机构尤其是国家海洋委员会的协调功能并发挥其统领的作用。

四、中国针对海洋问题的政策与立场

由于众多的主客观原因，包括长期以来我国海洋意识淡薄、海洋科技和海洋装备落后、海洋地理环境相对不利等因素，我国积累了较多的海洋问题，随着国际社会开发利用海洋及其资源的需求和力度加大，尤其是《联合国海洋法公约》的生效和实施，海洋问题尤其是南海问题和东海问题日益突出，危及海洋秩序和区域安全。

对于这些海洋问题，我国政府提出了具体的解决原则和方法，也取得了一定的成就，但也面临了一些困境和挑战。不可否认的是，在海洋事务发展的不同阶段，我国针对海洋的政策或主张也在不断丰富和发展。坚持协商谈判解决，"主权属我、搁置争议、共同开发"，"双轨思路"倡议（即有关争议由直接当事国通过友好协商谈判寻求和平解决，而南海的和平与稳定则由中国与东盟国家共同维护），制定规则、管控危机、资源共享、合作共赢，实现和平、友好、合作之海的愿望，并实现"和谐海洋"目标等。它们均是依据中国自身的国情和实际作出的政策选择，不仅深受文化的影响，而且具有深厚的文化要素，特别体现了和平性、包容性、合作性的文化意愿，是中国和合文化包括求同存异、以和为贵等思想在海洋政策中的运用和发展，完全符合国际社会及海洋秩序在内的发展进程，应该受到理解和尊重。换言之，我国海洋政策中蕴含的和平性、包容性和合作性原则，不仅是传统文化在海洋中的运用和发展，而且体现了中国文化在治理海洋中的地位与作用，有研究的价值。

本部分将对我国依据国情倡议的海洋政策的原则或方针进行初步考察，指出其合理性和可行性，以区别于从海洋文化和海洋软实力视角的分析，目的是让更多的人理解我国海洋政策的成因，以及文化要素在海洋中的地位与作用。[1]

（一）和平性：符合国际社会的原则和愿望

中国对于涉及国家重大利益的海洋问题，坚持优先通过和平的政治或外交方法包括与相关国家直接协商谈判的方法解决与其他国家之间的海洋争议，这种政策的和平性完全符合国际法的制度性要求和中国的国家实践，值得坚持。

利用和平方法解决国家间争议不仅是《联合国宪章》的规范性要求，例如，《联合国宪章》第 2 条第 3 款，第 33 条；也符合《联合国海洋法公约》的和平解决争议原则，例如，《联合国海洋法公约》第 279 条；[2] 亦符合区域性制度要求，例如，《南海各方行为宣言》第 4 条，以及其他双边文件要求，例如，中菲系列联合声明（共同宣言），中越系列联合声明，《中日政府联合声明》第 6 条和《中日和平友好条约》第 1 条第 2 款。[3]

利用和平方法尤其是政治方法解决国家间海洋争议也符合中国的理论和实践。例如，《全国人民代表大会常务委员会关于批准〈联合国海洋法公约〉的决定》（1996 年 5 月 15 日）第 2 条；[4]《专属经济

---

〔1〕 对于海洋文化的研究内容，可参见吴继陆：《论海洋文化研究的内容、定位及视角》，载《宁夏社会科学》2008 年第 4 期；对于海洋软实力的内容，可参见王琪、刘建山：《海洋软实力：概念界定与阐释》，载《济南大学学报》（社会科学版）2013 年第 2 期；对于海洋与历史、文化、意识等关系的内容，可参见杨文鹤、陈伯镛著：《海洋与近代中国》，海洋出版社 2014 年版。

〔2〕 例如，《联合国海洋法公约》第 279 条规定，各缔约国应按照《联合国宪章》第 2 条第 3 款以和平方法解决它们之间有关本公约的解释或适用的任何争端，并应为此目的以《联合国宪章》第 33 条第 1 款所指的方法求得解决。

〔3〕 《南海各方行为宣言》第 4 条规定，"有关各方承诺根据公认的国际法原则，包括 1982 年《联合国海洋法公约》，由直接有关的主权国家通过友好协商和谈判，以和平方式解决它们的领土和管辖权争议，而不诉诸武力或以武力相威胁"。《中日政府联合声明》第 6 条和《中日和平友好条约》第 1 条第 2 款规定，"两国政府确认，在相互关系中，用和平手段解决一切争端，而不诉诸武力和武力威胁"。

〔4〕 《全国人民代表大会常务委员会关于批准〈联合国海洋法公约〉的决定》第 2 条规定，"中华人民共和国将与海岸相向或相邻的国家，通过协商，在国际法基础上，按照公平原则划定各自海洋管辖权界限"。

区和大陆架法》第 2 条第 3 款;[1] 以及 2006 年 8 月 25 日中国依据
《联合国海洋法公约》第 298 条的规定向联合国秘书长提交的将包括领
土主权、海域划界、历史性所有权和其他执法活动等事项排除强制性
管辖的书面声明。同时，在过去 50 年中，中国经过努力，通过协商谈
判解决了与周边 12 个国家的陆地领土边界问题，签署了 29 个陆地边
界条约;[2] 与越南缔结了《中越北部湾划界协定》和《中越北部湾
渔业协定》（2004 年 6 月 30 日生效）。换言之，中国坚持优先利用
政治方法解决了多个与周边国家之间的领土争议，取得了一定的
成果。

（二）包容性：“搁置争议、共同开发”的合理性与艰难性

针对东海问题和南海问题，我国提出了“主权属我、搁置争议、
共同开发”的原则或方针，体现了对其他国家的主张予以尊重和理解
的立场，具有包容性的特征，特别蕴含“主权不可分割，资源可以分
享”理念和包容性的文化特质。

对于东海问题尤其是钓鱼岛问题，尽管“搁置争议”内容并未在
《中日政府联合声明》（1972 年 9 月 29 日）、《中日和平友好条约》
（1978 年 8 月 12 日）中显现，但《中日和平友好条约》换文（1978
年 10 月 23 日）后的 1978 年 10 月 25 日，时任中国政府副总理邓小平
在日本记者俱乐部上的有关回答内容，表明两国在实现中日邦交正常
化、中日和平友好条约的谈判中，存在约定不涉及钓鱼岛问题的事
实。[3] 换言之，中日两国领导人同意就钓鱼岛问题予以“搁置”。若

---

[1]《专属经济区和大陆架法》第 2 条第 3 款规定，“中华人民共和国与海岸相邻或者相向
国家关于专属经济区和大陆架的主张重叠的，在国际法的基础上按照公平原则以协议
划界”。

[2] 参见《外交部边海司欧阳玉靖就南海问题接受中外媒体采访实录》（2016 年 5 月 6
日），载外交部官网，http://www.fmprc.gov.cn/web/wjbxw_ 673019/t1361270. shtml，
最后访问日期：2016 年 5 月 8 日。

[3] 参见《邓小平与外国首脑及记者会谈录》编辑组：《邓小平与外国首脑及记者会谈
录》，台海出版社 2011 年版，第 315—320 页。邓小平在日本记者俱乐部指出：“这个
问题暂时搁置，放它十年也没有关系；我们这代人智慧不足，这个问题一谈，不会有
结果；下一代一定比我们更聪明，相信其时一定能找到双方均能接受的好办法。”参
见日本记者俱乐部：《面向未来友好关系》（1978 年 10 月 25 日），http://
www.jnpc.or.jp/files/opdf/117，最后访问日期：2014 年 8 月 12 日。

非如此，针对邓小平在日本记者俱乐部上的回答，日本政府可作出不同的回答，而其并未发表不同的意见，也没有提出反对的意见，这表明对于"搁置争议"日本政府是默认的。应注意的是，由于邓小平副总理在日本记者俱乐部上的回答，是在 1978 年 10 月 23 日中日两国互换《中日和平友好条约》批准文后举行的，所以针对钓鱼岛问题的回答内容，弥补了《中日和平友好条约》内容原则性、抽象性的缺陷，具有解释性的作用和效果，即针对钓鱼岛问题的回答内容，也具有一定的效力。因为《维也纳条约法公约》第 32 条第 2 款规定，对于条约的解释，条约之准备工作及缔约之情况，也可作为解释条约之补充资料[1]。

　　同时，《中日渔业协定》（1997 年 11 月 11 日签署，2000 年 6 月 1日生效）的第 1—3 条内容，将钓鱼岛周边海域作为争议海域处理，承认两国对钓鱼岛周边海域存在争议，体现了该《渔业协定》是以"搁置争议"共识为基础的产物。此后，日本政府也是以此"搁置争议"方针处理钓鱼岛问题的，具体表现为"不登岛、不调查及不开发、不处罚"。

　　2008 年 6 月 18 日中日两国外交部门发布的《中日关于东海问题的原则共识》中，也搁置了中日两国在东海的海域划界问题，蕴含共同开发的意识和理念。其指出，经过认真磋商，中日一致同意在实现划界前的过渡期间，在不损害双方法律立场的情况下进行合作，包括在春晓油气田的合作开发和在东海其他海域的共同开发。

　　对于南海尤其是南沙群岛争议问题，邓小平于 1984 年明确提出了"主权属我、搁置争议、共同开发"的解决方针。1986 年 6 月，邓小平在会见菲律宾副总统萨尔瓦多·劳雷尔时，指出南沙群岛属于中国，同时针对有关分歧表示，"这个问题可以先搁置一下，先放一放。过几年后，我们坐下来，平心静气地商讨一个可为各方接受的方式。我们不会让这个问题妨碍与菲律宾和其他国家的友好关系"。1988 年 4 月，邓小平在会见菲律宾总统科拉松·阿基诺时重申"对南沙群岛问题，中国最有发言权。南沙历史上就是中国领土，很长时间，国际上对此

〔1〕　关于钓鱼岛"搁置争议"内容，参见金永明：《中国维护东海权益的国际法分析》，载《上海大学学报》（社会科学版）2016 年第 4 期，第 5—7 页。

无异议";"从两国友好关系出发,这个问题可搁置一下,采取共同开发的办法"。此后,中国在处理南海有关争议及同南海周边国家发展双边关系问题上,一直贯彻了邓小平关于"主权属我、搁置争议、共同开发"的思想。[1]

此外,经过各方的努力,中国与东盟的一些国家依据"搁置争议、共同开发"的方针,取得了一定的成果。中国与越南缔结了《中越北部湾划界协定》《中越北部湾渔业协定》;2005 年 3 月 14 日,中国与菲律宾和越南签署了《在南中国海协议区联合海洋地震工作协议》;依据《南海各方行为宣言》(2002 年 11 月 4 日),中国与东盟国家于 2011 年 7 月 20 日就落实《南海各方行为宣言》指导方针达成共识;[2] 2011 年 10 月 11 日,中越两国缔结了《关于指导解决中国和越南海上问题基本原则协议》,2011 年 10 月 15 日《中越联合声明》发布,这些均为中国和东盟国家间利用和平方法解决南海争议问题提供了政治保障,具有借鉴和启示的作用及意义,体现了以和为贵的文化思想。

尽管"搁置争议、共同开发"具有国际法的理论基础,例如,《联合国海洋法公约》第 74 条第 3 款和第 83 条第 3 款,也符合国际社会的国家实践,[3] 但由于南海问题的复杂性和敏感性,"搁置争议、共同开发"的政策,并未得到切实的尊重和发展。其原因主要为:东盟一些国家既缺乏实施"搁置争议、共同开发"的政治意愿,难以启动,又无现实利益需要,因为东盟一些国家已经大力开发了南海的资源;加上南海尤其南沙争议涉及多方,特别是关于争议海域难以达成共识,存在实际操作上的困难。所以,"搁置争议、共同开发"的原

---

〔1〕 参见中华人民共和国国务院新闻办公室:《中国坚持通过谈判解决中国与菲律宾在南海的有关争议》白皮书(2016 年 7 月),人民出版社 2016 年 7 月版,第 25 页。

〔2〕 例如,《中国与东盟国家就落实〈南海各方行为宣言〉指导方针》指出:落实《南海各方行为宣言》应根据其条款,以循序渐进的方式进行;《南海各方行为宣言》各方将根据其精神,继续推动对话和协商;应在有关各方共识的基础上决定实施《南海各方行为宣言》的具体措施或活动,并迈向最终制定"南海行为准则"。

〔3〕 例如,《联合国海洋法公约》第 74 条第 3 款规定,在达成专属经济区界限的协议(该条第 1 款)以前,有关各国应基于谅解和合作的精神,尽一切努力作出实际性的临时安排,并在此过渡期间内,不危害或阻碍最后协议的达成。且这种安排应不妨碍最后界限的划定。

则或方针在南沙的实施依然存在困境。[1]

　　在这种情形下，应遵循"先易后难"的方针，重点应就海洋低敏感领域的合作予以突破，包括加强在海洋环保，海洋科学研究，海上航行和交通安全，搜寻与救助，打击跨国犯罪包括但不限于打击毒品走私、海盗和海上武装抢劫以及军火走私等方面的合作。这不仅符合《南海各方行为宣言》第 6 条的规定，也符合《联合国海洋法公约》第 123 条的规范性要求。换言之，尽管"搁置争议、共同开发"的原则具有合理性，但其在南海尤其在南沙群岛切实实施仍面临挑战和困境，所以，中国与东盟国家找寻能够被多方接受的可行方式仍是重要而艰巨的任务。南海区域的域外国家应尊重中国与东盟国家间的"双轨思路"政策，鼓励和促进中国与东盟国家间达成的共识，以提升政治互信，为解决南海问题作出贡献。这也是中国文化包容性的应有之义。

（三）合作性：构筑海洋合作平台以实现多赢目标

　　由于海洋自身的复杂性和综合性，海洋的治理和海洋问题的解决，需要多方采取合作的态度，才能合理地处置海洋问题，并实现可持续利用海洋及其资源的目标。例如，《联合国海洋法公约》前言指出，"本公约缔约各国，意识到各海洋区域的种种问题都是彼此密切相关的，有必要作为一个整体来加以考虑"。同时，合作处理海洋问题也是《联合国海洋法公约》规范的要求，体现在多个条款内，例如，《联合国海洋法公约》第 100 条、第 108 条、第 117 条、第 118 条、第 123 条、第 197 条、第 242 条、第 266 条、第 270 条、第 273 条、第 287 条。当然，合作原则也符合《联合国宪章》的要求，例如，《联合国宪章》第 1 条、第 2 条、第 11 条、第 49 条。同时，"各国依照宪章彼此合作之义务"的原则，也得到联合国大会于 1970 年 10 月 24 日通过的《关于各国依联合国宪章建立友好关系及合作之国际法原则之宣言》决议确认。换言之，合作处理海洋问题是包括《联合国宪章》《联合国海洋法公约》在内的国际法的原则，必须尊重和执行。这也

---

〔1〕　参见金永明：《中国南海断续线的性质及线内水域的法律地位》，载《中国法学》2012 年第 6 期，第 46 页。

是中国和合文化的必然要求。

而为切实实施合作原则，必须提供或创设具体的路径或平台，在这方面中国提供了很好的公共服务平台，以增进合作的潜能和功效。例如，通过设立亚洲基础设施投资银行、海上丝绸之路基金、中国—东盟投资合作基金等平台，推进"一带一路"倡议并加强与区域国家发展战略对接，实现合作共赢目标。

中国设立这些平台的主要目的，是为了将海洋包括东海和南海建设成为"和平、友好、合作"之海，并实现和谐海洋目标。我国在2009年提出了构建"和谐海洋"的倡议，体现了对发展海洋的新认识、新要求，标志着我国对海洋秩序和海洋法发展的新贡献。因为"和谐海洋"倡议是结合国内外海洋形势发展、符合时代发展需要的产物，以共同合作维护海洋持久和平与安全。和谐海洋的内容为：坚持联合国主导，建立公正合理的海洋；坚持平等协商，建设自由有序的海洋；坚持标本兼治，建设和平安宁的海洋；坚持交流合作，建设和谐共处的海洋；坚持敬海爱海，建设天人合一的海洋。即通过对"和谐海洋"的目标、原则、方向、路径、态度等的规范和界定，体现人类开发利用海洋空间及其资源的美好愿望，合作处理海洋问题的根本趋势和必然要求，以实现人类利用海洋的多赢目标、人类与海洋的和谐共处目标。

（四）一贯性：坚持国家主权平等原则处置海洋问题

中国针对海洋政策的上述立场与态度，不仅是一贯的，而且是长期的，具有连续性的特征。即中国处理海洋问题的政策始终蕴含文化之若干要素：和平性、包容性和合作性，体现了以和为贵、和合文化的思想和精髓。

即使在2013年1月22日菲律宾单方面提起南海仲裁案，南海仲裁案仲裁庭无视中国政府始终拒绝仲裁的立场，执意推进仲裁，于2016年7月12日作出所谓的最终裁决之时，中国政府在一系列文件或声明中依然坚持与有关国家通过协商谈判方法解决南海争议的立场，体现了应对重大海洋争议问题政策的一致性和一贯性。

例如，中国外交部受权发表的《中国政府关于菲律宾所提南海仲裁案管辖权问题的立场文件》（2014年12月7日）指出，菲律宾单方面提起仲裁的做法，不会改变中国对南海诸岛及其附近海域拥有主权的历史和事实，不会动摇中国维护主权和海洋权益的决心和意志，不会影响中国通过直接谈判解决有关争议以及与本地区国家共同维护南海和平稳定的政策和立场。[1]

《中国外交部关于应菲律宾共和国请求建立的南海仲裁案仲裁庭关于管辖权和可受理性问题裁决的声明》（2015 年 10 月 29 日）指出，菲律宾企图通过仲裁否定中国在南海的领土主权和海洋权益，不会有任何效果；中国敦促菲律宾遵守自己的承诺，尊重中国依据国际法享有的权利，改弦易辙，回到通过谈判和协商解决南海有关争端的正确道路上来。[2]

《中国外交部关于坚持通过双边谈判解决中国和菲律宾在南海有关争议的声明》（2016 年 6 月 8 日）指出，中国坚决反对菲律宾的单方面行动，坚持不接受、不参与仲裁的严正立场，将坚持通过双边谈判解决中菲在南海的有关争议。[3]

《中国政府关于在南海的领土主权和海洋权益的声明》（2016 年 7 月 12 日）指出，中国愿继续与直接有关当事国在尊重历史事实的基础上，根据国际法，通过谈判协商和平解决有关争议；中国愿同有关直接当事国尽一切努力作出实际性的临时安排，包括在相关海域进行共同开发，实现互利共赢，共同维护南海和平稳定。[4]

《中国外交部关于应菲律宾请求建立的南海仲裁案仲裁庭所作裁决的声明》（2016 年 7 月 12 日）指出，中国政府将继续遵循《联合国宪章》确认的国际法和国际关系基本准则，包括尊重国家主权和领土

---

[1] 《中国政府关于菲律宾共和国所提南海仲裁案管辖权问题的立场文件》内容，参见中国政府网，http://www.gov.cn/xinwen/2014 - 12/07/content_ 2787671. htm，最后访问日期：2014 年 12 月 8 日。

[2] 《中国外交部关于应菲律宾共和国请求建立的南海仲裁案仲裁庭关于管辖权和可受理性问题裁决的声明》内容，参见外交部官网，http://www.fmprc. gov. cn/web/zyxw/ t1310470. shtml，最后访问日期：2015 年 10 月 30 日。

[3] 《中国外交部关于坚持通过双边谈判解决中国和菲律宾在南海有关争议的声明》内容，参见外交部官网，http://www.fmprc. gov. cn/web/zyxw/t1370477. shtml，最后访问日期：2016 年 6 月 8 日。

[4] 《中国政府关于在南海的领土主权和海洋权益的声明》内容，参见人民网，http:// world. people. com. cn/n1/2016/0712/c1002 - 28548370. html，最后访问日期：2016 年 7 月 12 日。

完整以及和平解决争端原则，坚持与直接有关当事国在尊重历史事实的基础上，根据国际法，通过谈判协商解决南海有关争议，维护南海和平稳定。[1]

同时，中国依据国家主权平等原则自主选择争端解决方法的权利，理应得到尊重，因为其不仅符合国际法原则和多国实践，而且得到了多数国家的认同。例如，中阿合作论坛第 7 届部长级会议通过的《多哈宣言》（2016 年 5 月 12 日）强调指出，阿拉伯国家支持中国同相关国家根据双边协议和地区有关共识，通过友好磋商和谈判，和平解决领土和海洋争议问题；应尊重主权国家和《联合国海洋法公约》缔约国依法享有的自主选择争端解决方式的权利。[2]

《中国和俄罗斯联邦关于促进国际法的声明》（2016 年 6 月 26 日）指出，中国和俄罗斯重申和平解决争端原则，并坚信各国应使用当事方合意的争端解决方式和机制解决争议，各种争端解决方式均应有助于实现依据可适用的国际法以和平方式解决争端的目标，从而缓解紧张局势，促进争议方之间的和平合作；这一点平等适用于各种争端解决类型和阶段，包括作为使用其他争端解决机制前提条件的政治和外交方式；维护国际法律秩序的关键在于，各国应本着合作精神，在国家同意的基础上善意使用争端解决方式和机制，不得滥用这些争端解决方式和机制而损害其宗旨。[3]

《中国和东盟国家外交部长关于全面有效落实〈南海各方行为宣言〉的联合声明》（2016 年 7 月 25 日）指出，有关各方承诺根据公认的国际法原则，包括 1982 年《联合国海洋法公约》，由直接有关的主权国家通过友好磋商和谈判，以和平方式解决它们的领土和管辖权争

---

[1] 《中国外交部关于应菲律宾共和国请求建立的南海仲裁案仲裁庭所作裁决的声明》内容，参见外交部官网，http://www.fmprc.gov.cn/web/zyxw/t1379490.shtml，最后访问日期：2016 年 7 月 12 日。

[2] 参见《全球 70 国明确表态支持中国南海问题立场》（2016 年 7 月 11 日），参见人民网，http://world.people.com.cn/n1/2016/0711/c1002 - 28544870.html，最后访问日期：2016 年 7 月 12 日。

[3] 《中国和俄罗斯联邦关于促进国际法的声明》内容，参见外交部官网，http://www.fmprc.gov.cn/web/zyxw/t1375313.shtml，最后访问日期：2016 年 6 月 26 日。

议，而不诉诸武力或以武力相威胁。[1]

从上述区域和双边文件内容可以看出，中国始终坚持的以政治方法或外交方法由直接有关的主权国家通过友好磋商和谈判解决争议，得到了多数国家的认可，所以，中国针对海洋政策的上述立场与态度，不仅具有一贯性，而且完全符合国际法的原则，必须得到尊重。其体现了中国文化的传承性。

（五） 中国解决海洋争议问题的基本路径与要义

如上所述，中国应对和处置海洋问题的立场与态度，不仅得到了多数国家的支持，也符合国际海洋发展趋势。而为维系海洋秩序，确保海洋的和平与安全，中国保持了最大的克制，包括不在南海尤其是在南沙进行开发资源的活动，没有采取威胁性的措施阻止其他国家在南沙的资源开发活动，尽力推动机制建设，依据《南海各方行为宣言》及其后续行动指针的原则和要求，积极推动"南海行为准则"进程，并取得了阶段性成果。这样做的目的是，实现南海空间及其资源的功能性和规范性统一的目标，为区域发展作出贡献。具体来说，中国针对海洋问题的基本路径为：制定规则，管控危机，实施共同开发制度或最终解决海洋争议问题，以合理处理包括南海问题和东海问题在内的重大海洋问题，实现区域性海洋强国目标，为中国推进海上丝绸之路进程、建设海洋强国作出贡献。

总之，中国坚定维护海洋法制度，是海洋秩序的捍卫者，也是丰富和发展包括海洋法在内的国际法制度的维护者和建设者，中国的行为和做法理应受到理解和支持。鉴于中国的发展进程和大国地位，要求其作出更大的国际贡献，承担更多的职责，也符合现实发展所求所需。和平合力处理海洋问题是国际社会的共同期盼，目的是维护海洋安全和秩序，使海洋更好地为人类服务，发挥海洋的独特价值，这是国际社会的共同期盼，必须努力合作实现之。上述海洋政策和方针，也体现了中国文化的基本要求，呈现为多个层面合作的趋势，反映了

---

〔1〕 《中国和东盟国家外交部长关于全面有效落实〈南海各方行为宣言〉的联合声明》内容，参见外交部官网，http://www.fmprc.gov.cn/web/zyxw/t1384157.shtml，最后访问日期：2016 年 7 月 25 日。

以和为贵、和合文化的本质。

最后，应该强调指出的是，中国收复包括南海诸岛和钓鱼岛等领土主权，实现主权和领土完整目标，不仅是中国政府的正义合理要求，也是中国文化的应有之义，更是维系第二次世界大战后确立的国际法制度和国际秩序的合理归宿，应该得到国际社会的大力支持；否则，第二次世界大战后确立的国际规则和安全秩序面临重大挑战和危机，中国的文化本质面临重大冲击，这也是国际社会不愿看到的境况。

第三章　新中国在海洋事业上的举措与效果

新中国在海洋事业上的政策成就，主要表现在以下方面：第一，提出和谐海洋的理念；第二，提出海洋强国战略目标；第三，提出"一带一路"倡议。

一、新中国的和谐海洋理念

在中国人民解放军海军诞生 60 周年之际，我国根据国际国内形势发展需要，提出了构建和谐海洋的倡议，以共同维护海洋持久和平与安全。构建和谐海洋的理念是时任国家主席胡锦涛于 2005 年 9 月 15 日在联合国成立 60 周年首脑会议上提出构建和谐世界的理念在海洋领域的具体化，体现了国际社会对海洋问题的新认识、新要求，标志着我国对国际法尤其是海洋法发展的新贡献。

1. 提出构建和谐海洋理念的必要性

21 世纪被称为"海洋"的世纪。合理开发利用海洋空间和资源，可确保人类社会发展所需的资源供应和空间拓展，通过合理规划和经略海洋，可维护海洋安全，保障国家安全。可以预见，我国今后的国家安全问题将主要来自海上，尤其是要应对海上的非传统安全问题。理由主要为：第一，我国与周边主要国家的陆地勘界工作已基本完成，来自陆地边界的安全问题将相应地减少。第二，随着全球化的不断深入，我国利用海洋的广度和深度将日益拓展，由此引发的海洋问题势必增加。例如，海盗行为引发的海上通道安全问题，船舶航行与碰撞引发的海洋污染问题，船舶和军舰调查活动引发的信息安全问题，海啸引发的住民生命财产安全问题等。第三，我国为海洋地理相对不利的国家之一，与周边多数国家存在海域划界问题，尤其是在岛屿主权归属问题上与一些国家存在争议，而合理公正地处理海洋争议对于确保我国的海洋安全环境十分重要。所以，我国进一步加大海洋保护、维权力度势在必行，且刻不容缓。可见，为确保我国发展战略机遇期，维护国际、区域及周边稳定，我国提出构建和谐海洋理念是十分必要的。

2. 和谐海洋内涵的国际法分析

我国提出的和谐海洋理念内容为：坚持联合国主导，建立公正合理的海洋；坚持平等协商，建设自由有序的海洋；坚持标本兼治，建设和平安宁的海洋；坚持交流合作，建设和谐共处的海洋；坚持敬海爱海，建设天人合一的海洋。

可见，和谐海洋的理念不仅是时代发展的需要，更具有深厚的国际法基础。因为，海洋问题复杂敏感，且彼此关联，需要综合考虑和应对。事实证明，单靠一个国家显然是无法应对和处理的，所以，需要发挥国际组织尤其是联合国的主导作用，以构建公正合理的海洋管理制度。各国在开发利用海洋时，由于利益和立场不同，势必会产生纠纷，所以，在遇到海洋问题的纠纷时，需要通过协商解决，在此应确保谈判过程中的平等地位，坚持国际法的基本原则——国家主权平等原则，以维护海洋的正常秩序。同时，海洋问题的关联性和复杂性，要求对其实施综合管理，特别需要对海洋的功能性事项进行分类综合，所以，在处理海洋问题时，必须坚持标本兼治的原则。此外，国际问题的解决需要各层面的力量的组合，尤其需要通过合作解决，而合作具有国际法的基础。例如，《联合国宪章》第 1 条规定，各国应促成合作，以解决国际问题；第 2 条规定，各会员国应尽力协助，实施依《联合国依宪章》规定而采取的行动；第 11 条规定，联合国大会得考虑关于维持国际和平及安全之合作之普遍原则；第 49 条规定，会员国应通力合作，彼此协助，以执行安理会之办法，等等。

在《联合国海洋法公约》中也存在多种合作方法，包括在主体上所有国家之间的合作、相关国家之间的合作、国家和国际组织之间的合作；在内容上涉及所有国家在公海上制止海盗行为，制止船舶违反国际公约在海上从事非法贩运麻醉药品和精神调理物质，以及养护公海生物资源，采取措施、保护在海洋发现的考古和历史性文物等方面的合作；相关国家在专属经济区内溯河产卵的种群、公海内船旗国对船舶的管辖和控制以及对海难或航行事故的调查、公海内生物资源的养护和管理、内陆国出入海洋的权利和过境自由时避免过境运输迟延或其他技术性困难等方面的合作；国家和国际组织之间的合作涉及用于国际航行的海峡内的海道和分道通航制度的制定，专属经济区内生物资源的养护和管理，海洋环境的保护和保全，海洋科学研究等方面。[1]

当然，为合理开发利用海洋空间和资源，既要利用海洋的资源，也要减少海洋带来的灾害和风险，以便为人类服务，所以，应采取各种措施利用和保护海洋，以实现天人合一目标，并实现可持续发展，为构建和实现海洋命运共同体目标作出贡献。

3. 和谐海洋是和谐世界理念在海洋领域的细化

我国在提出构建和谐世界理念的同时，也提出了具体的原则，例如，坚持多边主义，坚持互利合作，坚持包容精神，坚持稳妥方针等。可见，上述原则与和谐海洋所蕴含的原则是一致的，和谐海洋是对和谐世界理念的继承及在具体领域的深化和发展。当前，为构建和谐海洋，我国的重要任务之一为制定和实施国家海洋战略，并将其提升为国家基本国策，重点应明确构建和谐海洋的举措，包括协调和完善及实施国际与区域、双边关于海洋问题的制度。世界主要国家已制定了相关的海洋战略和海洋政策，并在不断地丰富和完善海洋法制，所以，我国为合理地开发和利用海洋的空间和资源，维护海洋权益，确保海洋安全，出台与实施国家海洋战略已刻不容缓，以实现和谐海洋之目标。

二、新时代中国海洋强国战略的拓展及体系

如上所述，中国海洋强国战略在党的十九大报告中得到了深化，但我们仍应分析党的十八大报告首次完整提出的新时代中国海洋强国战略目标的背景、基本内涵和具体目标等方面的内容，以全面准确地理解中国海洋强国战略体系。

---

〔1〕　参见金永明：《现代海洋法体系与中国的实践》，载《国际法研究》2018 年第 6 期，第 40—44 页。

（一）中国海洋强国战略的内容及发展进程

依据党的十八大报告建设海洋强国战略的目标内容，下文将分析其具体内容及关系、实施建设海洋强国的必要性及可能性，以及国家海洋政策与战略的发展进程。

1. 中国海洋强国的具体内容及其关系

从党的十八大报告针对建设海洋强国的内容可以看出，国家推进海洋强国建设的对内具体路径为发展海洋经济，手段及措施是不断提高海洋资源开发能力，这是发展海洋经济的保障，前提是急需解决我国面临的重大海洋问题（例如，东海问题、南海问题），以坚决维护国家主权和领土完整及海洋权益，并保障实施海洋及其资源开发的安全环境，从而实现保护海洋生态环境及建设海洋强国的目标。

2. 中国建设海洋强国的必要性及可能性

由于我国长期以来注重开发陆地资源，轻视海洋资源的开发及利用，尤其是海洋意识不强，海洋科技装备落后，开发和利用海洋及其资源的政策及措施不完善，延滞了我国推进海洋事业发展的进程；又加上中国的地理位置、历史及其他主客观因素，致使我国在海洋问题上的举措并不充分和有力，从而积累了众多的海洋问题，且有不断恶化的倾向，呈现严重影响及损害国家主权和领土完整的态势。

随着改革开放的不断深化，我国的经济实力和海洋科技装备实力不断提升（例如，"海洋石油201""海洋石油981"的建成与使用，"蛟龙"号载人潜水器7000米级海试在马里亚纳海沟试验区的成功），已经初步具备了经略海洋的基础和条件，所以，在陆地资源无法承载中国进一步发展的态势下，需要不断开发利用海洋及其资源，包括进出口原材料及产品依托海洋。在对外交流不断深化、国际经济不断融合并一体化的背景下，海洋及其资源对中国的必要性、重要性不断显现，且积极开发利用海洋及其资源的条件也已具备。尤其是随着《联合国海洋法公约》的实施，包括专属经济区、大陆架制度及岛屿制度的实施，以及区域海洋制度（例如《南海各方行为宣言》）的模糊性和缺陷，各国对海洋空间及其资源的开发和保护活动力度加大，东海问题、南海问题等变得更加敏感，恶化了中国周边的海洋安全环境，为此，在多国加强海洋活动包括制定和实施海洋战略、海洋法制，强化海洋管理的当今时代，我国也应依据各种海洋情势和发展趋势，采取具体措施，以加快制定和实施国家海洋战略步伐。所以，党的十八大报告中提出的建设海洋强国战略目标是时代的产物和要求，完全符合时代发展之潮流。

3. 中国海洋强国战略的发展进程

不可否认，建设海洋强国的战略目标，是我国党和政府应对海洋问题尤其是 21 世纪以来对海洋政策特别是海洋经济发展政策的深化和提升，具有连续性及一贯性的特点。例如，党中央早在十六大报告（2002 年）中就提出了"实施海洋开发"的任务。国务院在 2004 年的《政府工作报告》中提出了"应重视海洋资源开发与保护"的政策。在《国民经济和社会发展第十一个五年规划纲要》（2006 年）中提出了我国应"促进海洋经济发展"的要求。在 2009 年的《政府工作报告》中又强调了"合理开发利用海洋资源"的重要性。《国民经济和社会发展第十二个五年规划的建议》（2011 年）指出，我国应"发展海洋经济"。以此为基础的《国民经济和社会发展第十二个五年规划纲要》（2012 年）第十四章"推进海洋经济发展"指出，我国要坚持陆海统筹，制定和实施海洋发展战略，提高海洋开发、控制、综合管理能力。这些报告和规划中关于海洋建设的内容无疑为我国推进海洋事业发展，特别是建设海洋强国提供了重要政治保障，可见，建设海洋强国目标既是结合我国当前国际国内发展形势特别是海洋问题发展态势而提出，也是在我国长期以来应对海洋问题的政策和措施需要汇总和提升的背景下提出的，是一项明显的具有政治属性的重要任务，现已成为国家层面的重大战略。

4. 中国建设海洋强国战略与构建"和谐海洋"理念紧密关联

我国在国内层面提出的建设"海洋强国"目标，是与我国在国际层面提出的构建"和谐海洋"理念呼应的，是完善国际层面应对海洋问题的重要国内措施。如上所述，我国曾在 2009 年中国人民解放军海军诞生 60 周年之际，根据国际国内形势发展需要，提出了构建"和谐海洋"理念的倡议，以共同维护海洋持久和平与安全。构建"和谐海洋"理念的提出，也是我国国家主席于 2005 年 9 月 15 日在联合国成立 60 周年首脑会议上提出构建"和谐世界"理念以来其在海洋领域的具体化，体现了国际社会对海洋问题的新认识、新要求，标志着我国对国际法尤其是海洋法发展的新贡献。[1]

(二) 中国建设海洋强国的基本路径及特质

从上述针对海洋问题的政策和措施看,我国是通过发展海洋经济的路径来推进国家海洋事业的发展,并提升国家开发利用海洋及其资源的能力,从而为建设海洋强国提供服务和保障。这种安排及选择是由海洋经济在我国经济社会发展进程中的地位决定的,也易被国际社会所接受,所以是一个比较合适的路径。

1. 推进海洋强国建设的路径选择

我国的海洋经济产值在国内生产总值中的地位与作用正日益提升,并有继续发展的趋势,这是推进我国海洋强国建设的重要路径选择。特别是进入 21 世纪以来,我国海洋经济总量持续增长,例如,在2001—2006 年间,全国海洋生产总值对国民经济的贡献率或占比由8.71% 上升到 10.06%。2007 年,我国的海洋生产总值为 24939 亿元,占当年国内生产总值的比重为 10.11%。[2] 2008 年,我国的海洋生产总值为 29662 亿元,占国内生产总值的比重为 9.87%。2009 年,我国的海洋生产总值为 31964 亿元,占国内生产总值的比重为 9.53%。2010 年,我国的海洋生产总值为 38439 亿元,占国内生产总值的比重为 9.70%。[3] 2011 年,我国的海洋生产总值为 45570 亿元,占国内生产总值的比重为 9.70%。[4] 2012 年,我国的海洋生产总值达 50087 亿元,占国内生产总值的比重为 9.60%。[5] 2013 年,我国的海洋生产总值达 54313 亿元,占国内生产总值的比重为 9.5%。[6] 2014 年,我国的海洋生产总值达 59936 亿元,占国内生产总值的比重为 9.4%。[7] 2015 年,我国的海洋生产总值达 64669 亿元,占国内生产总值的比重

---

[1] 相关内容,参见金永明:《海洋问题专论》(第一卷),海洋出版社 2011 年版,第376—377 页。

[2] 参见《中国海洋报》2008 年 5 月 23 日,第 1 版。

[3] 参见《中国海洋报》2011 年 3 月 4 日,第 1 版。

[4] 参见《中国海洋报》2012 年 12 月 7 日,第 3 版。

[5] 参见《中国海洋报》2013 年 3 月 27 日,第 1 版。

[6] 参见《中国海洋报》2014 年 3 月 12 日,第 1 版。

[7] 参见《中国海洋报》2015 年 3 月 19 日,第 1 版。

为 9.6%。[1] 2016 年，我国的海洋生产总值达 70507 亿元，占国内生产总值的比重为 9.5%。[2] 2017 年，我国的海洋生产总值为 77611 亿元，占国内生产总值的比重为 9.4%。[3] 2018 年，我国的海洋生产总值为 83415 亿元，占国内生产总值的 9.3%。[4] 可见，我国的海洋生产总值有不断提升的趋势，其生产总值占国内生产总值约 10% 的比例，是一个可以大有作为的产业，也是推进绿色发展的重要领域，更有利于生态文明建设进程，为此，我国必须紧紧抓住海洋经济领域，采取有力措施推进及壮大海洋经济发展进程。[5]

2. 中国海洋强国战略的基本指标

国际社会并不存在"海洋强国"的具体指标及特征，也无统一规范的定义或概念。传统意义上的海洋国家是指拥有强大海权的国家，而所谓的海权是指在通商、海运力量、海军力量和利用海洋资源能力等方面具有综合影响力的国家，即传统的海洋国家是依海洋通商及海军力量确立霸权的国家；而现今的海洋国家主要是指为海洋通道的国际共同管理贡献力量、国家的存亡及发展依赖海洋的国家，尤其应依靠海洋科技（硬实力）和海洋管理（软实力），从而实现"依法治海"目标。一般认为，成为海洋国家的要件，主要包括以下方面：（1）地理上的要件。即属于地理上的岛国或沿海国，其具有不变性，是一个常量。（2）意念或意识上的要件。依靠技术和意识改变人类的地理感觉，从而影响人类的行动方式和决策，其具有联动性。（3）技术上的要件。发达的技术是连接地理和意念的工具，其具有可变性，是一个变量。[6] 所以，沿海国家要成为海洋国家必须将常量和变量有机地结合，并高度重视海洋意识和海洋文化，确立正确的海洋观，包括尊重海洋自身所要求的自由、民主，海洋管理的开放性和平等性等要素。

---

[1]　参见《中国海洋报》2016 年 3 月 3 日，第 1 版。

[2]　参见《中国海洋报》2017 年 3 月 17 日，第 1 版。

[3]　参见《中国海洋报》2018 年 3 月 2 日，第 1 版。

[4]　参见《中国海洋报》2019 年 4 月 12 日，第 1 版。

[5]　参见李克强：《政府工作报告——2018 年 3 月 5 日在第十三届全国人民代表大会第一次会议上》，人民出版社 2018 年版，第 31 页。

[6]　参见［日］奥山真司：《古典地政学的理论与东亚海域的安全保障构造》，载日本海洋政策研究财团编：《混迷的东亚海域——面向构筑新的海洋秩序》，2013 年 3 月，第 191—193 页。

鉴于海洋空间及其资源在国际社会发展中的重要性，尤其是《联合国海洋法公约》的生效并成为综合规范海洋问题的法典，依据和对照《联合国海洋法公约》的原则和制度，界定"海洋强国"的基本指标或特征是比较合理的。为此，结合中国的国情和经济社会发展趋势，笔者认为，中国海洋强国战略的基本指标，主要为：

第一，海洋经济发达。此处所说的海洋经济为广义的概念，是指与海洋经济活动有关的产业，包括海洋油气资源的勘探、开发和运输领域的产业，船舶制造及修复技术产业，渔业加工制造及养殖产业，环境保护产业等均相当发达。特别需要发展战略性海洋新兴产业，例如，海洋生物医药产业、海水淡化和海水综合利用、海洋可再生能源产业、海洋重大装备业和深海产业，以持续支撑海洋经济发展，实现海洋经济向质量效益型目标转变。

第二，海洋科技先进。具有支撑开发利用海洋及其资源和保护海洋环境的先进科技装备，以及应对海洋环境监测、污染及灾害等的先进技术与装备。换言之，需要具有与海洋经济发展水平相称的海洋科学技术及装备，以保障海洋经济发展后劲，实现海洋科技向创新引领型目标转变。

第三，海洋生态环境优美。我国应具备综合管理海洋及其资源的能力，特别需要具有预防海洋环境污染、保护和修复海洋环境的能力，实现可持续利用目标，为此，需要进一步构建或完善我国周边海域数据的监测、汇集及处理的体系，并加大对污染者或损害者的惩罚。同时，应积极开发海洋娱乐项目，以更好地服务国民需求，享受海洋生态环境优美的益处和成果，实现海洋开发方式向循环利用型目标转变。

第四，具有构建海洋制度及体系的高级人才队伍。人才是各项工作顺利推进的关键要素，作为"海洋强国"，应在国际、区域及双边海洋领域的制度建构中，具有充分的话语权，以体现国家的立场与主张，反映国家的需求和利益，为此，应该积极创造条件，培养海洋领域相关的高级人才队伍，使这些领域的人才不断涌现，并为国家海洋事业贡献力量，体现海洋大国的人才优势，为完善海洋制度和体系提供保障。

第五，海上国防能力强大。党的十八大报告指出，我国应建设与国际地位相称、与国家安全和发展利益相适应的巩固国防和强大军队，这是我国现代化建设的战略任务。[1] 在海洋问题上，为维护我国生存、发展及拓展的海洋利益，我国应加强海上国防能力建设，以坚定捍卫国家主权、领土完整及海洋权益，特别需要遵循统筹兼顾综合协调的原则。换言之，建设强大的海上国防能力，是我国合理处理海洋问题争议、海洋灾害事故及应急处置海洋问题，确保海洋安全环境的重要保障，也是建设海洋强国战略的重要指标，以实现海洋维权向统筹兼顾型的目标转变。

为此，党的十九大报告指出，我国须全面贯彻新时代党的强军思想，贯彻新形势下军事战略方针，全面推进军事理论现代化、军队组织形态现代化、军事人员现代化、武器装备现代化，力争到 2035 年基本实现国防和军队现代化，到 21 世纪中叶把人民军队全面建成世界一流军队。[2]

上述构成海洋强国战略的主要指标其之间的关系为：发展海洋经济是建设海洋强国的重要手段和基础；海洋科技是建设海洋强国的技术保障，也是增强海洋开发能力的重要支柱；海洋生态环境优美是建设海洋强国的重要目的之一；高级海洋人才队伍不断涌现是建设海洋强国的持续动力和捍卫国家海洋权益的重要利器；强大海上国防力量是建设海洋强国的必要依托和保障力量。总之，它们之间紧密关联，不可分割，应该全面规划和整体部署，共同推进和全面提升，切不可偏废任何一个方面，否则，我国建设海洋强国进程将受阻或延误。

3. 中国海洋强国战略的基本特征

中国海洋强国战略是中国和平发展战略的重要组成部分，应符合中国的具体国情和实际。其基本特征，主要体现在以下方面。

第一，和平性。中国海洋强国战略的成形和实施，坚守通过和平的方法和手段予以不断地丰富和完善的原则。这完全符合时代发展的潮流和趋势，符合中国倡导的新安全观（互信、互利、平等、协作），

---

[1] 胡锦涛：《坚定不移沿着中国特色社会主义道路前进 为全面建成小康社会而奋斗——在中国共产党第十八次全国人民代表大会上的报告》（2012 年 11 月 8 日），人民出版社 2012 年版，第 41 页。

[2] 习近平：《决胜全面建成小康社会 夺取新时代中国特色社会主义伟大胜利——在中国共产党第十九次全国代表大会上的报告》（2017 年 10 月 18 日），人民出版社 2017 年版，第 53 页。

也符合中国和平发展进程的目标。

第二，互利性。中国海洋强国战略的实施不以中国获取最大海洋资源及利益为目的，应兼顾其他国家的合理诉求和关切，寻求适当的利益平衡，以确保互利、共赢的实现。

第三，合作性。海洋问题错综复杂，紧密关联，单靠一个国家很难妥善地应对和处理，所以，在实现中国海洋强国战略的进程中，应采取各种合作的方式推进实施。

第四，阶段性。由于海洋问题复杂、敏感，尤其在主权问题上相关国家一般很难作出妥协和让步，所以，中国在实施海洋强国战略的过程中，应采取阶段性的步骤比较公平地解决，换言之，应坚守条件成熟时比较公平合理解决海洋问题的原则，相应地，不应采取在条件并不成熟的情形下，强行解决海洋问题的立场和政策。

第五，安全性。中国在实施海洋强国的进程中，将会采取有力措施确保国际海域的通道安全，包括继续派遣海军参与实施打击海盗行为，以确保国际社会使用海域的安全和海洋利益，尤其是航行和飞越自由安全。

中国海洋强国战略的上述主要特征，完全符合中国一贯的主张和追求，也符合国际法包括《联合国宪章》《联合国海洋法公约》《南海各方行为宣言》等规范的原则和要求，应该容易被国际社会所接受，为此，进一步加大对中国海洋强国战略的宣传，树立符合形势发展的海洋观，就显得特别重要和迫切。

应该强调指出的是，中国国务院总理李克强在中希海洋合作论坛上的讲话《努力建设和平合作和谐之海》中倡导的新海洋观（和平、合作、和谐）为国际社会所接受，不仅反映了国际社会对治理海洋的要求和本质，也反映了中国针对国际海洋制度和秩序的真切愿望，符合中国一贯主张和实践的海洋理念，其对于构筑海洋秩序和管理制度具有重大的意义，必须得到切实遵行。[1]

从上述中国海洋强国战略的特征可以看出：中国建设海洋强国战

---

[1] 李克强：《努力建设和平合作和谐之海——在中希海洋合作论坛上的讲话》（2014 年 6 月 20 日，雅典），参见中国政府网，http://www.gov.cn/xinwen/2014 – 08/01/content_2728512.htm，最后访问日期：2014 年 8 月 18 日。

略进程的步骤将是有序的；目标将是有限的，重点是维护和确保中国的海上权益；力量运用方式将是和平的和综合性的，以区别于传统海洋霸权国家的模式，即多依靠军事力量包括设置军事基地和海外据点，以及采用海外殖民地的方式扩展海洋霸权的模式。换言之，中国将采取综合性的力量，包括政治、外交、经济、法律和文化、军事等多种手段，采取合作的方式，并发展与中国实力相称的军事力量，有序解决推进海洋强国建设进程中遇到的困难和挑战，维护和确保海上权益，以逐步实现海洋强国战略目标。

综合上述观点，中国海洋强国战略的概念可以界定为，中国将以国际社会规范的原则和要求，通过和平的方法发展海洋经济，发展海洋科技装备，提升海洋资源开发和利用能力，加强对海洋资源和利益的综合管理包括完善海洋体制机制建设，适度发展海上军事力量，在不损害国家核心利益的基础上，力争运用和平方法解决海洋问题，争取海洋利益相对最大化，以保护海洋环境，维护国家海洋权益，确保国家海洋安全，把我国建设成为与中国的国情与现实发展需求相适应的海洋国家，实现具有中国特色的海洋强国之梦。

总之，中国海洋强国战略在政治和安全上的目标可以界定为——不称霸及和平发展，坚持总体国家安全观，坚决维护国家主权、安全和发展利益；在经济上，运用新发展观（创新、协调、绿色、开放和共享）发展和壮大海洋经济；在文化上，通过弘扬中国特色社会主义核心价值观，建构包容互鉴的海洋文化；在生态上，通过保护海洋环境构建可持续发展的海洋环境，实现"和谐海洋"倡导的"人海合一"目标。

4. 中国海洋强国战略的定位

党的十八大报告指出，我国仍将处于并将长期处于社会主义初级阶段的基本国情没有变，人民日益增长的物质文化需要同落后的社会生产之间的矛盾这一主要矛盾没有变，我国是世界最大发展中国家的国际地位没有变。[1] 党的十九大报告指出，我国社会主要矛盾的变

---

〔1〕 胡锦涛：《坚定不移沿着中国特色社会主义道路前进 为全面建成小康社会而奋斗——在中国共产党第十八次全国人民代表大会上的报告》（2012 年 11 月 8 日），人民出版社 2012 年 11 月版，第 16 页。

化,没有改变我们对我国社会主义所处历史阶段的判断,我国仍处于并将长期处于社会主义初级阶段的基本国情没有变,我国是世界上最大发展中国家的国际地位没有变。[1] 鉴于此国情与地位,我国应分阶段有步骤地推进海洋强国建设目标。

(1)区域性海洋强国。党的十八大报告指出,综观国际国内大势,我国发展仍处于可以大有作为的重要战略机遇期。为此,针对建设海洋强国战略目标,我国应使来自海洋问题的威胁对我国和平发展进程的影响或阻碍降到最低限度。[2] 笔者认为,在此战略机遇期内,重点应解决我国与东盟国家之间存在的南海问题,以确立区域性海洋强国之地位。

在应对和处理南海问题时,尤其应遵守《南海各方行为宣言》及其后续在各国间规范的原则和制度,依据包括《联合国海洋法公约》在内的国际法的原则和制度,优先通过和平方法尤其是政治方法或外交方法解决南海问题,为此,需要找寻各方利益的共同点和交会点,在追求自身国家利益的同时,也应合理照顾他国的关切及主张,达成较好的平衡,基本确保各国在南海开发利用海洋及其资源的利益,实现可持续的良性发展目标。[3] 为此,我国应加快构筑中国—东盟海上丝绸之路步伐,包括与东盟国家之间积极协商,制定"南海行为准则"等,以稳妥地处理南海问题,尤其应加强合作步伐,避免将争议复杂化、扩大化和国际化,实现积极利用南海的海洋资源和空间、稳定南海区域安全目标,其政策取向为实现南海资源及空间的功能性和

---

[1] 习近平:《决胜全面建成小康社会 夺取新时代中国特色社会主义伟大胜利——在中国共产党第十九次全国代表大会上的报告》(2017年10月18日),人民出版社2017年版,第12页。

[2] 我国和平发展的不懈追求是,对内求发展、求和谐,对外求合作、求和平。具体而言,就是通过中国人民的艰苦奋斗和改革创新,通过同世界各国长期友好相处、平等互利合作,让中国人民过上更好的日子,并为全人类发展进步作出应有的贡献。这已上升为国家意志,转化为国家发展规划和大政方针,落实在中国发展进程的广泛实践中。参见中国国务院新闻办公室:《中国的和平发展》(2011年9月),人民出版社2011年版,第9页。

[3] 有关南海问题争议及解决方法内容,参见金永明:《南沙岛礁领土争议法律方法不适用性之实证研究》,载《太平洋学报》2012年第4期,第20—30页。

规范性的统一。[1]

（2）世界性海洋强国。为实现建设海洋强国战略目标，我国应在成为区域性海洋大国或强国的基础上，合理地处理和解决东海问题和台海问题，以实现国家和平统一大业，确立中国世界性海洋强国地位。

针对包括钓鱼岛问题在内的东海问题，我国已初步构建了钓鱼岛及其附属岛屿及周边海域的领海领空制度。[2] 为此，今后我国应努力在完善国内相关法律制度方面进一步采取措施，特别应完善我国在钓鱼岛及其附属岛屿周边海域的巡航执法管理制度，在其领海内规范外国船舶的无害通过制度规章，以及中国东海防空识别区航空器识别规则实施细则等；同时，应补充制定和完善诸如中国海警局组织法之类的制度性规范，以坚定地捍卫国家主权和领土完整。此外，针对钓鱼岛问题以外的东海问题，诸如东海海域共同开发、合作开发问题，我国应继续与日本展开协商和谈判工作，以切实履行中日外交部门于2008年6月18日公布的《中日关于东海问题的原则共识》规范的要求和义务，以实现共享东海海底资源、安定东海秩序之目标。为此，我国应尽早制定诸如在东海海域实施共同开发那样的制度性规范，为东海共同开发制度做好准备。

为将东海变成和平、合作、友好之海，中日两国应继续利用现有双边对话协商机制，例如，中日海洋事务高级别磋商机制、中日战略对话机制、中日副外长级对话机制以及中日东海问题原则共识政府间换文谈判机制，尤其应将钓鱼岛问题也纳入中日对话协商议题，以综合性地解决包括钓鱼岛问题在内的东海问题。

为实现我国建设区域性海洋强国和世界性海洋强国之战略目标，我国在各个时期的战略目标（综合性目标和阶段性目标）可分为以下几个阶段，具体为：

---

〔1〕 关于南海资源开发的目标取向内容，参见金永明：《论南海资源的目标取向：功能性与规范性》，载《海南大学学报》（人文社会科学版）2013年第4期，第1—6页。

〔2〕 中国关于钓鱼岛及其附属岛屿领海基线的声明内容，参见中国政府网，http://www.gov.cn/jrzg/2012-09/10/content_2221140.htm，最后访问日期：2012年9月11日。《中国政府关于划设东海防空识别区的声明》（2013年11月23日）、《中国东海防空识别区航空器识别规则公告》（2013年11月23日）内容，参见中国政府网，http://www.gov.cn/jrzg/2013-11/23/content_2533099.htm，http://www.gov.cn/jrzg/2013-11/23/content_2533101.htm，最后访问日期：2013年11月25日。

第一，近期战略目标（2019—2020）。主要为设法避免海洋问题的升级或爆发，采取基本稳定现状的立场，逐步采取可行的措施，设法减少海洋问题对我国的进一步的威胁或损害，以利用好战略机遇期。具体目标为，完善海洋体制机制建设，包括完善诸如国家海洋委员会那样的组织机构，协调自然资源部职权，完善海洋领域的政策与法律制度，为收复岛礁创造条件。

第二，中期战略目标（2021—2035）。创造条件，利用国家综合性的力量，设法解决个别重要问题（例如南海问题），实现区域性海洋强国目标。具体目标为，逐步收复和开发他国抢占的岛礁，并采取自主开发为主、合作开发和共同开发为辅的策略。

第三，远期战略目标（2036—2050）。在我国具备充分的经济和科技等综合实力后，全面处置和解决海洋问题，完成祖国和平统一大业，实现世界性海洋大国目标。具体目标为，无阻碍地管理 300 万平方公里内的我国管辖海域，适度自由地利用全球海洋及其资源。[1]

第四，终期战略目标（2051—2080）。即在我国改革开放 100 周年之际，运用我国的综合性实力，实现世界性海洋强国目标。具体目标为，具有快速应对各种海洋灾害、海洋事故等的投送和处置能力，使海洋问题引发的灾害活动得到及时有效的处置，同时，为国际社会提供多种公共产品包括治理海洋的制度设计等，实现和谐海洋和综合治理海洋的目标。

三、"一带一路"倡议的当代实践

"一带一路"倡议自 2013 年提出，中国政府在 2017 年 5 月 14 日主办的"一带一路"国际合作高峰论坛上阐明了"一带一路"的性质、内容、目标和愿景，成为建设"一带一路"的行动指南。

（一）"一带一路"倡议的性质和任务

中国国家主席习近平在为出席"一带一路"国际合作高峰论坛的外方代表团团长及嘉宾举行欢迎宴会和文艺演出的致辞中指出，"一带

---

〔1〕 参见金永明：《中国海洋安全战略研究》，载《国际展望》2012 年第 4 期，第 2—3 页。

一路"传承古丝绸之路精神,共商"一带一路"建设,是历史潮流的延续,也是面向未来的正确抉择。同时,"一带一路"建设承载我们对文明交流的渴望,将让人类文明更加绚烂多彩;承载我们对和平安宁的期盼,让各国共同打造和谐家园,建设和平世界;承载我们对未来共同发展的追求,帮助各国共同打造甘苦与共、命运相连的发展共同体;承载我国对美好生活的向往,让理想变为现实,让人民幸福安康。[1] 上述内容对"一带一路"任务的阐释,为我们理解"一带一路"倡议的性质指明了方向。简言之,"一带一路"倡议是中国新时代改革开放的重大举措和构建人类命运共同体的重要实践平台。

(二)"一带一路"倡议的空间范围

如上所述,中国政府为共建"一带一路",成立了推进"一带一路"建设工作领导小组,在国家发展和改革委员会设立了"一带一路"建设工作领导小组办公室。依据其于 2017 年 5 月 10 日发布的《共建"一带一路":理念、实践与中国的贡献》文件内容,"一带一路"有五个方向。其中,丝绸之路经济带有三大走向:一是从中国西北、东北经中亚、俄罗斯至欧洲、波罗的海;二是从中国西北经中亚、西亚至波斯湾、地中海;三是从中国西南经中南半岛至印度洋。21 世纪海上丝绸之路有两大走向:一是从中国沿海港口过南海,经马六甲海峡到印度洋,延伸至欧洲;二是从中国沿海港口过南海,向南太平洋延伸。[2] 这对于我们理解"一带一路"的空间和地理范围有重要的指导意义和实际作用。

(三)"一带一路"的基本内容

众所周知,"一带一路"建设是一项系统工程,需坚持共商、共建和共享原则,积极推进沿线国家发展战略的相互对接。而依据中国

---

〔1〕　参见《习近平为出席"一带一路"国际合作高峰论坛的外方代表团团长及嘉宾举行欢迎宴会和文艺演出》,载中国政府网,http://www.gov.cn/xinwen/2017 – 05/15/content_ 5193787. htm#1,最后访问日期:2017 年 5 月 15 日。

〔2〕　参见《共建"一带一路":理念、实践与中国的贡献》,载中国网,http://www.china.com.cn/news/2017 –05/11/content_ 40789833. htm,最后访问日期:2017 年 5 月 11 日。

政府于 2015 年 3 月制定并发布的《推动共建丝绸之路经济带和 21 世纪海上丝绸之路的愿景与行动》内容，合作的重点领域为"五通"，即政策沟通，这是"一带一路"建设的重要保障；设施联通，这是"一带一路"建设的优先领域；贸易畅通，这是"一带一路"建设的重点内容；资金融通，这是"一带一路"建设的重要支撑；民心相通，这是"一带一路"建设的社会根基。[1] 换言之，中国将与"一带一路"沿线国家重点通过五个领域的不同层面的合作，推进"一带一路"进程，共享"一带一路"共建成果。

（四）"一带一路"倡议的目标与愿景

依据中国政府针对"一带一路"的政策性文件内容，"一带一路"的目标和愿景，可归纳为以下五个方面：

第一，要着力推动合作共赢，打造对话不对抗、结伴不结盟的伙伴关系，将"一带一路"建设成和平之路，这是在政治上的目标；

第二，要着力聚焦发展这个根本性问题，推动经济大融合、发展大联动、成果大共享，将"一带一路"建成繁荣之路，这是在经济上的目标；

第三，要着力打造开放型合作平台，促进生产要素有序流动、资源高效配置、市场深度融合，将"一带一路"建成开放之路，这是在开放模式上的目标；

第四，要着力推动创新驱动发展，优化创新环境、集聚创新资源、打造创新高地，将"一带一路"建成创新之路，这是在发展动力上的目标；

第五，要着力深化多层次人文交流，推动各国相互理解、相互尊重、相互信任，将"一带一路"建成文明之路，这是在文化和价值上的目标。[2]

---

〔1〕《推动共建丝绸之路经济带和 21 世纪海上丝绸之路的愿景与行动》内容，参见中央文献研究室编：《十八大以来重要文献选编》（中），中央文献出版社 2016 年版，第 442—455 页。

〔2〕参见《张高丽出席"一带一路"国际合作高峰论坛高级别全体会议并致辞》，载中国政府网，http://www.gov.cn/guowuyuan/2017 - 05/14/content_ 5193708. htm，最后访问日期：2017 年 5 月 15 日。

换言之，"一带一路"的目标和愿景，体现了以下特色，具体为：在政治安全上和平，在经济贸易上繁荣，在发展路径上开放，在发展手段上创新，在文化上维系文明。所以，"一带一路"建设是一项系统性和综合性的工程，需要各方相向而行，采取具体有效措施合力共进，这样才能实现共同发展和共同获益及利益共享目标。

应该指出的是，当今国际社会对建设"一带一路"具体目标和愿景达成的共识为：促进和平、推动互利合作、尊重《联合国宪章》宗旨原则和国际法，这是共同的责任；实现包容和可持续增长和发展、提高人民生活水平，这是共同的目标；构建繁荣、和平的人类命运共同体，这是共同的愿望。[1] 这些目标和愿望完全符合国际社会的发展趋势和人类的共同利益及福祉，应该得到各国的遵循和认可。因为其符合人类发展的规律和各国的共同期待。具体来说，就是把"一带一路"倡议建设成为和平之路、繁荣之路、开放之路、绿色之路、创新之路、文明之路、廉洁之路，推动经济全球化朝着更加开放、包容、普惠、平衡、共赢的方向发展。[2]

（五）"一带一路"倡议的合作与保障措施

为建设"一带一路"，重点推动政策沟通、设施联通、贸易畅通、资金融通、民心相通进程，应依据各国法规和相关国际义务，通过与各国尤其是沿线国家的不同层面（多边、区域和双边）的合作模式积极有序推进，主要遵循平等协商、互利共赢、和谐包容、市场运作、平衡和可持续的五大原则加快合作进程，并以努力取得实效为目标。换言之，建设"一带一路"遵循开放、包容、自愿、互利、共赢的基本原则，这完全符合国际关系准则和国际法的原则，具有强大的生命力和可操作性，这从国际社会对"一带一路"的认识和参与程度可以得到证明。

---

〔1〕 参见《"一带一路"国际合作高峰论坛圆桌峰会联合公报》（2017 年 5 月 16 日），载人民网，http://ydyl.people.com.cn/n1/2017/0516/c411837 – 29277121.html，最后访问日期：2017 年 5 月 16 日。

〔2〕 参见《共建"一带一路"倡议：进展、贡献和展望》报告，载新华网，http://www.xinhuanet.com/world/2019 – 04/22/c_ 1124400071.htm，最后访问日期：2019 年 4 月 22 日。

而为建设"一带一路",并使之呈现持续的积极作用和效果,创设和丰富"一带一路"运作平台和保障措施,无疑是建设"一带一路"的重要基础,对此,中国的作用和贡献巨大。例如,在原有组织架构的基础上,国家发展和改革委员会成立"一带一路"建设促进中心,正式开通"一带一路"官方网站,发布海上丝路贸易指数;从2018 年起举办中国国际进口博览会;新增丝路基金 1000 亿元人民币;设立中俄地区发展投资基金;中国财政部联合多边开发银行设立多边开发融资合作中心;中国国家开发银行设立"一带一路"基础设施专项贷款、"一带一路"产能合作专项贷款、"一带一路"金融合作专项贷款;中国进出口银行设立"一带一路"专项贷款额度、"一带一路"基础设施专项贷款额度;成立亚洲金融合作协会;中国政府将加大对沿线发展中国家的援助力度,未来 3 年总体援助规模不少于 600 亿元人民币;成立"一带一路"新闻合作联盟;"一带一路"智库合作联盟启动"增进'一带一路'民心相通国际智库合作项目";建立"一带一路"国际商事争端解决机制和机构等。[1] 这些全面而综合性的具体措施及平台的创设和拓展,将保障"一带一路"建设的成效,发挥了中国的主导作用和积极贡献。

(六)"一带一路"倡议的效果

不可否认,"一带一路"倡议已成为中国和平发展战略的重要组成部分,成为中国特色大国外交的核心理念和新举措,是构建人类命运共同体的重要实践平台。同时,其已逐渐成为世界性的共识与经济合作发展的重要平台和共同产品。

如上所述,"一带一路"倡议自提出并在得到不断丰富和完善后,得到了多数国家的积极响应和参与,体现了其强大的生命力和创新性。换言之,在效果上,共建"一带一路"为世界经济增长了新空间,为国际贸易和投资搭建了新平台,为完善全球经济治理拓展了新实践,为增进各国民生福祉作出了新贡献,成为共同的机遇

---

[1] 中共中央办公厅、国务院办公厅印发的《关于建立"一带一路"国际商事争端解决机制和机构的意见》(2018 年 6 月)内容,参见《人民日报》2018 年 6 月 28 日,第 1、第 3 版。

之路、繁荣之路。[1] 这种具有传统文化精神的中国方案，体现了中国智慧，作出了中国贡献，值得坚持和深化。

　　但由于"一带一路"沿线国家及其他参与国家形态不一、发展程度不同、需求不同、文化多样等，在建设"一带一路"过程中势必会出现各种困难和挑战，并出现一些争议问题，如能坚守依据"一带一路"倡议所蕴含的原则和精神，依据国际法和国际关系准则，包括国际商事争端解决机制等，则一定能够解决前进过程中的各种问题和争议，增强各国共商共建共享"一带一路"的信心和责任，这是我们对待"一带一路"倡议及建设的应有姿态。

　　中共中央办公厅、国务院办公厅于 2018 年 6 月印发的《关于建立"一带一路"国际商事争端解决机制和机构的意见》、中国外交部和中国法学会于 2018 年 7 月联合主办的"一带一路"法治合作国际论坛上发布的《"一带一路"法治合作国际论坛共同主席声明》，对于处理"一带一路"建设过程中运用法治思维和法律方法解决争议尤其是商事争议有重要的指导和推动作用。[2]

---

〔1〕　习近平：《齐心开创共建"一带一路"美好未来——在第二届"一带一路"国际合
　　　作高峰论坛开幕式上的主旨演讲》（2019 年 4 月 26 日），参见新华网，http：//www.
　　　xinhuanet. com/politics/leaders/2019 － 04/26/c_ 1124420187. htm，最后访问日期：
　　　2019 年 4 月 26 日。
〔2〕　参见最高人民法院负责人就《关于建立"一带一路"国际商事争端解决机制和机构的
　　　意见》答记者问内容，参见《人民日报》2018 年 6 月 28 日，第 3 版；而关于《"一
　　　带一路"法治合作国际论坛共同主席声明》内容，载外交部官网，http：//www.
　　　fmprc. gov. cn/web/wjbxw_ 673019/t1573634. shtml，最后访问日期：2018 年 7 月 5 日。

第四章　新中国在海洋法制上的问题与任务

中国为实现在新时代提出的海洋强国战略目标，必须结合国际海洋发展趋势，尤其应符合国际海洋法的制度与规则，并将这些制度与规则融入国内法中，以便在国内得到实施，确保中国海洋强国战略的推进，以提供保障作用。这不仅是作为国际社会尤其是条约成员国的职责，也是成员国的义务，更是增强国家海洋治理体系和提升海洋治理能力现代化水平的必然产物和要求。

一、《联合国海洋法公约》体系的发展阶段与趋势

在国际海洋规则或在现代海洋法体系中，《联合国海洋法公约》体系具有重要的地位。从《联合国海洋法公约》体系的发展可以看出，其经历了一定的发展阶段并呈现如下发展趋势。

（一）《联合国海洋法公约》体系的发展阶段

第一阶段是《联合国海洋法公约》内容的形成，即《公约》的通过阶段。《公约》的内容包括前言、正文 320 条及其 9 个附件。根据《公约》第 318 条的规定，各附件为《公约》的组成部分，除另有明文规定外，凡提到《公约》或其中的一个部分也就包括提到与该部分有关的附件。

第二阶段是《公约》内容的发展，即 1994 年《关于执行 1982 年 12 月 10 日〈联合国海洋法公约〉第十一部分协定》（1996 年 7 月 28 日生效）和 1995 年《执行 1982 年 12 月 10 日〈联合国海洋法公约〉有关养护和管理跨界鱼类种群和高度洄游鱼类种群之规定的协定》

（2001 年 12 月 11 日生效）。它们一起成为《公约》新的组成部分，构成对《公约》的发展。[1]

第三阶段是《公约》内容的深化。最具代表性的表现形式是联合国大会于 2015 年 6 月 19 日通过的《根据〈联合国海洋法公约〉的规定就国家管辖范围外区域海洋生物多样性的养护和可持续利用问题拟订一份具有法律拘束力的国际文书》的决议（A/RES/69/292）。为此，联合国拟于 2018 年至 2020 年间召开的政府间会议上谈判审议上述问题。该政府间会议如果能在规定的时间内制定上述具有法律拘束力的国际文书，则可谓是对《公约》体系的深化，通过提升国家管辖范围外区域海洋生物多样性养护和可持续利用问题的功能及效果，弥补《公约》针对生物多样性问题规范的缺陷。[2]

（二）《联合国海洋法公约》体系的发展趋势

《公约》体系的发展趋势，主要体现在以下方面：

第一，立法模式的发展性。从《公约》体系的发展和内容可以看出，《公约》体系的补充和细化，采用了通过制定"执行协定"予以完善的方法，这可谓是对立法模式的创新。[3] 这种做法不仅避免了利用《公约》第 312 条的"修正"程序和第 313 条的"简易程序"的艰难性，而且具有高效性。同时，这种做法也符合《维也纳条约法公约》第 30 条、第 59 条的规范性内容，存在合理性。

第二，立法思想的发展性。立法思想的发展性主要为：限制公海自由原则，适用人类共同继承财产原则，并强化由国际机构对海洋的管理，以实现对海洋综合性管理的目标，消除对海洋单项性事项予以

---

〔1〕　关于《第十一部分执行协定》与《联合国海洋法公约》之间的关系，规定在《第十一部分执行协定》的第 2 条第 1 款；而《跨界鱼类执行协定》与《联合国海洋法公约》之间的关系，则规定在《跨界鱼类执行协定》的第 4 条。

〔2〕　参见金永明：《国家管辖范围外区域海洋生物多样性养护和可持续利用问题》，载《社会科学》2018 年第 9 期，第 12—21 页。

〔3〕　此处的立法模式是指对习惯国际法的编纂和发展并成为条约的方式或方法。例如，《联合国宪章》第 13 条第 1 款第 1 项规定，"大会应发动研究，并作成建议以促进政治上之国际合作，并提倡国际法之逐渐发展与编纂"。

管辖的弊端。[1] 这种立法思想的变化，特别体现在对国家管辖海域外区域海洋生物多样性的养护和可持续利用问题的讨论和审议进程上。

第三，多维合作的必要性。在《公约》体系中，规定了多种合作的模式和路径。在主体上包括相关国家之间的合作（例如，第 66 条、第 94 条、第 118 条和第 130 条），在所有国家之间的合作（例如，第 100 条、第 108 条、第 117 条和第 303 条），以及国家与国际组织之间的合作（例如，第 41 条第 4—5 款、第 61 条和第 64—65 条，以及第 197 条、第 200—201 条、第 242—244 条）三种方式。在内容上，如上所述，涉及用于国际航行的海峡内的海道和分道通航制的指定，专属经济区内生物资源的养护和管理，海洋环境的保护和保全，海洋科学研究等方面的国家与国际组织之间的合作；所有国家在公海上制止海盗行为，制止船舶违反国际公约在海上从事非法贩运麻醉药品和精神调理物质的合作，以及为养护公海生物资源采取措施、保护在海洋中发现的考古和历史性文物等方面的合作；相关国家在专属经济区内的溯河产卵种群、公海内船旗国对船舶的管辖和控制以及对海难或航行事故的调查、公海内生物资源的养护和管理、内陆国出入海洋的权利和过境自由时避免过境运输迟延或其他技术性困难等方面的合作。可见，在《公约》体系中存在多个层面和多个方面的合作内容和要求，这不仅是由海洋的综合性、特殊性和功能性决定的，也是长期以来国际社会对合作原则的认识及其在海洋管理上的应用性总结。

二、中国依据国际海洋规则的具体立法实践

如上所述，如何将现代海洋法体系尤其是《联合国海洋法公约》体系中所蕴含的原则和精神，融入国内法的内容并加以适用，这是作为《公约》缔约国的重要职责；[2] 也是国际社会的共同呼声，以促进

---

[1] See Atsuko Kanehara, "What Does a New International Legally Binding Instrument on Marine Biological Diversity of Areas beyond National Jurisdiction 'under the UNCLOS' Mean?", *Sophia Law Review*, Vol. 59, No. 4, 2016, pp. 53 – 73.

[2] 例如，《联合国海洋法公约》第 300 条规定，"缔约国应诚意履行根据本公约承担的义务并应以不致构成滥用权利的方式，行使本公约所承认的权利、管辖权和自由"。

国际法治。[1] 为此，下文在简要阐述国际法与国内法的关系后，论述中国依据国际海洋规则（习惯法和成文法）在海洋法上的具体实践。

（一）国际法与国内法之间的关系

1. 国际法与国内法关系学说

在理论上，存在一元论（monism）和二元论（dualism）两大派别。"一元论"主张国际法和国内法属于同一法律体系；"二元论"认为国际法和国内法是两个不同的法律体系。而在国际法和国内法之间的效力上，存在三种理论：国内法优于国际法；国际法优于国内法；国际法和国内法各自独立，互不隶属[2]。

其实，在国际法和国内法关系学说上的争论是没有实际结果的，需要考察它们的实际路径及具体做法。重要的是各国如何在其内部法律秩序框架内适用国际法规则及国际法与国内法规则的冲突如何解决的问题，[3] 即国际法在国内法中的地位以及国际法与国内法冲突时何者优先适用的问题。因各国宪法和基本法律制度不同，国际法在国内法上的位阶和效力并不相同。但不可否认的是，依据《维也纳条约法公约》第 27 条的规定，一当事国不得以其国内法规定为理由而不履行条约。此即国内法的规定不能优先于条约，或称为"禁止援引国内法原则"[4]。

2. 国际法尤其是条约在中国法律中的地位

尽管我国《宪法》[5]并没有直接规定国际条约在我国法律体系中的地位，但在《宪法》中仍存在缔约权和缔结条约程序的规定。例

---

〔1〕 例如，联合国大会依据联合国第六委员会的报告（A/70/511）于 2015 年 12 月 14 日通过了《国内和国际的法治》决议（A/RES/70/118）。其指出，联合国大会重申必须在国内和国际上普遍遵守和实行法治，并重申庄严承诺维护以法治和国际法为基础的国际秩序，这样的国际秩序，连同正义原则，对于国家间和平共处及合作至为重要。

〔2〕 参见王铁崖主编：《国际法》，法律出版社 2004 年版，第 19—20 页。

〔3〕 [英] 詹宁斯、瓦茨修订，《奥本海国际法》（第一卷，第一分册），王铁崖、陈公绰等译，中国大百科全书出版社 1995 年版，第 31—32 页；[日] 杉原高岭：《基本国际法》（第 2 版），有斐阁 2017 年版，第 77—78 页。

〔4〕 [日] 杉原高岭：《基本国际法》（第 2 版），有斐阁 2017 年版，第 78—79 页。

〔5〕 《中华人民共和国宪法》于 1982 年 12 月 4 日通过，经过 1988 年 4 月 12 日、1993 年 3 月 29 日、1999 年 3 月 15 日、2004 年 3 月 14 日和 2018 年 3 月 11 日五次修改。

如,《宪法》第 89 条第 9 款规定,国务院有权"同外国缔结条约和协定";全国人民代表大会常务委员会"决定同外国缔结的条约和重要协定的批准和废除"(第 67 条第 15 款);国家主席根据全国人民代表大会常务委员会的决定"批准和废除同外国缔结条约和重要协定"(第 81 条)。而法律由全国人民代表大会常务委员会制定和修改(第 67 条第 2 款),并由中华人民共和国主席根据全国人民代表大会常务委员会的决定公布(第 80 条),所以,根据《宪法》的上述规定,在我国《宪法》中的缔约权和立法权,其缔约和法律制定程序在很大程度上是一致的。

既然《宪法》没有对国际法在中国的法律体系中的地位作出明确规定,则需要从中国的一般法律中对国际法的规定内容进行分析。在中国法律中,与国际条约有关的内容,大致分为以下三类:第一,国内法明确规定应直接适用国际条约。例如,1982 年的《商标法》第 19 条、1985 年的《继承法》第 19 条、1986 年的《民事诉讼法》第 239 条和第 247 条以及 1992 年的《专利法》第 18 条。第二,国内法明确规定在国际条约与国内法冲突时应优先适用国际条约。例如,1986 年的《民法通则》第 142 条[1] 第三,国内法没有明确规定应直接适用国际条约,而采用修改或补充立法的方式使国际条约的规定在国内得到适用。[2]

为使条约在国内实施,需要赋予其在国内法上的效力。而对于条约在国内法的编入有两种方式:吸收/纳入方式或直接适用方式(通过公布条约就承认其在国内效力的方式)和转换方式(条约内容通过议会等机构的立法程序转换为国内法的模式)。后一种模式中,国际法尤其是条约在国内法上的效力是通过承认或转换的方式予以融合的,这种转换的方式符合海洋法在中国的实践。[3]

---

〔1〕 但在 2017 年 3 月 15 日第十二届全国人民代表大会第五次会议通过的《中华人民共和国民法总则》(2017 年 10 月 1 日起施行)中不存在诸如《民法通则》第 142 条那样的规定。这些内容今后是否纳入民法典存在变数,在此之前仍应适用《民法通则》内容。

〔2〕 参见曾令良、饶戈平主编:《国际法》,法律出版社 2005 年版,第 110—113 页。

〔3〕 尽管在中国对国际法与国内法的位阶及效力问题存在争议,但从中国的立法和实践看,条约具有优先于国内法律的效力。参见周忠海主编:《国际法》,中国政法大学出版社 2004 年版,第 64—66 页。

（二）中国依据现代海洋法体系的具体实践

中国依据习惯法和现代海洋法尤其是《公约》体系的基本原则和内容，在制定和实施国内海洋法上，表现出以下几个方面的具体实践。

1. 在一般性和原则性制度上的立法（政策）及核心内容

（1）《中华人民共和国政府关于领海的声明》（1958 年 9 月 4 日）。[1] 此声明中规定了中国大陆及其沿海岛屿的领海采用直线基线，并规定了领海的宽度是 12 海里；同时，对于外国飞机和军用船舶，未经中华人民共和国政府的许可，不得进入中国的领海和领海上空；任何外国船舶在中国领海航行，必须遵守中华人民共和国政府的有关法令。

（2）《中华人民共和国政府关于中华人民共和国领海基线的声明》（1996 年 5 月 15 日）。在此声明中宣布了中华人民共和国大陆领海的部分基线和西沙群岛的领海基线。这些领海基线采用了直线连线的方式，并规定中华人民共和国政府将再行宣布中华人民共和国其余领海基线。

（3）《全国人民代表大会常务委员会关于批准〈联合国海洋法公约〉的决定》（1996 年 5 月 15 日）。该声明的核心内容为：第一，中华人民共和国将与海岸相向或相邻的国家，通过协商，在国际法基础上，按照公平原则划定各自海洋管辖权界限。这体现了《公约》体系中以公平原则划界的要求。第二，中华人民共和国重申：《公约》有关领海内无害通过的规定，不妨碍沿海国按其法律规章要求外国军舰通过领海必须事先得到该国许可或通知该国的权利。此内容与《中华人民共和国政府关于领海的声明》内容并不完全一致。

（4）《中华人民共和国关于钓鱼岛及其附属岛屿领海基线的声明》（2012 年 9 月 10 日）。[2] 该基线分为两组：第一组直线基线连接钓鱼

---

[1]　此声明发布在《联合国海洋法公约》出台前，以当时的海洋习惯法规则为参照。

[2]　《中国关于钓鱼岛及其附属岛屿领海基线的声明》内容，参见中国政府网，http://www.gov.cn/jrzg/2012-09/10/content_2221140.htm，最后访问日期：2018 年 10 月 18 日。同时，为应对包括钓鱼岛周边海域在内的东海空域飞行安全，中国国防部依据国际惯例和国内法于 2013 年 11 月 23 日宣布了《中国关于划设东海防空区的声明》，并发布了《中国东海防空识别区航空器识别规则公告》，参见中国政府网，http://www.gov.cn/jrzg/2013-11/23/content_2533099（or 2533101）.htm，最后访问日期：2018 年 10 月 18 日。

岛、黄尾屿、南小岛、北小岛、南屿、北屿和飞屿；第二组是围绕赤尾屿划定的直线基线。

2. 在基本海域制度上的立法及核心内容

（1）《中华人民共和国领海及毗连区法》（1992年2月25日）。在此基本海域法中规定了中华人民共和国领海的宽度从领海基线量起为12海里；中华人民共和国领海基线采用直线基线法划定，由各相邻基点之间的直线连线组成。同时，对于外国军用船舶进入中华人民共和国领海，须经中华人民共和国政府批准。

（2）《中华人民共和国专属经济区和大陆架法》（1998年6月26日）。其规定了专属经济区的范围，即从测算领海宽度的基线量起延至200海里；而大陆架为陆地领土的全部自然延伸，但如果从测算领海宽度的基线量起至大陆边外缘的距离不足200海里，则扩展至200海里。这些内容是依《公约》体系中的"距离原则"作出的规定。

（3）《中华人民共和国海域使用管理法》（2001年10月27日制定，2002年1月1日起施行）。依据该法第2条第3款的规定，在中华人民共和国内水、领海持续使用特定海域三个月以上的排他性用海活动，适用该法。同时，在其第4—6条规定了国家实行海洋功能区划制度、海域使用管理信息制度和海域使用权登记制度以及海域使用统计制度等。

（4）《中华人民共和国深海海底区域资源勘探开发法》（2016年2月26日通过，2016年5月1日起施行）。即为履行《公约》，缔约国须担保具有其国籍或其控制的自然人或法人依照《公约》开展"区域"内活动，明确担保国采取措施有效管控其担保的承包者在"区域"内活动的职责。作为缔约国所采取的具体措施，中国于2016年2月26日制定了上述法律，以履行上述《公约》义务和要求。[1]

3. 在海洋功能性制度上的立法及核心内容

（1）《中华人民共和国海洋环境保护法》（1982年8月23日通过，

---

〔1〕《中华人民共和国深海海底区域资源勘探开发法》由7章、29条组成。具体内容，参见《中华人民共和国深海海底区域资源勘探开发法（含草案说明）》，中国法制出版社2016年版，第2—12页。

经 1999 年 12 月 25 日、2013 年 12 月 28 日、2016 年 11 月 7 日三次修订）。依据第 2 条的规定，该法适用于中华人民共和国内水、领海、毗连区、专属经济区、大陆架以及中华人民共和国管辖的其他海域；而在中华人民共和国管辖海域以外，造成中华人民共和国管辖海域污染的，也适用该法。同时，该法对海洋环境监督管理、海洋生态保护、防治陆源污染物对海洋环境的污染损害，防治海岸工程和海洋工程建设项目对海洋环境的污染损害，防治倾倒废弃物对海洋环境的污染损害，以及防治船舶及有关作业活动对海洋环境的污染损害等内容及对各种违法活动予以处罚作出了相应的规定。

（2）《中华人民共和国海上交通安全法》（1983 年 9 月 2 日通过，1984 年 1 月 1 日起施行）。依据第 1—3 条的规定，该法的目的是为了加强海上交通管理，保障船舶、设施和人命财产的安全，维护国家权益；该法适用于在中华人民共和国沿海水域航行、停泊和作业的一切船舶、设施和人员以及船舶、设施的所有人、经营人；中华人民共和国港务监督机构，是对沿海水域的交通安全实施统一监督管理的主管机关。

（3）《中华人民共和国涉外海洋科学研究管理规定》（1996 年 6 月 18 日通过，1996 年 10 月 1 日起施行）。该法第 4 条规定，在中华人民共和国内海、领海内，外方（国际组织、外国的组织和个人）进行海洋科学研究活动，应当采用与中方合作的方式；在中华人民共和国管辖的其他海域内，外方可以单独或者与中方合作进行海洋科学研究活动，此项活动须经国家海洋行政主管部门批准或者由国家海洋行政主管部门报请国务院批准，并遵守中华人民共和国的有关法律、法规；同时，在第 5 条规定了受理书面申请的日期、审查的机构，及作出批准决定的时间等方面的内容。

4. 在海洋的特殊性制度上的立法及核心内容

主要为《中华人民共和国海岛保护法》（2009 年 12 月 26 日通过，2010 年 3 月 1 日起施行）。该法的目的是为了保护海岛及其周边海域生态系统，合理开发利用海岛自然资源，维护国家海洋权益，促进经济社会可持续发展（第 1 条）。该法所称的海岛是指四面环水并在高潮时高于水面的自然形成的陆地区域，包括有居民海岛和无居民海岛（第 2 条）；并实行科学规划、保护优先、合理开发和永续利用的原则

（第 3 条）。同时，依据第 22 条的规定，国家保护设置在海岛的军事设施，禁止破坏、危害军事设施的行为；国家保护依法设置在海岛的助航导航、测量、气象观测、海洋监测和地震监测等公益设施，禁止损毁或者擅自移动，妨碍其正常使用。对于无居民海岛，依据第 28 条的规定，未经批准利用的无居民海岛，应当维持现状；禁止采石、挖海砂、采伐林木以及进行生产、建设、旅游等活动。对于无居民海岛的开发利用涉及利用特殊用途海岛，或者确需填海连岛以及其他严重改变海岛自然地形、地貌的，由国务院批准（第 30 条）。当然，国家对领海基点所在海岛、国防用途海岛、海洋自然保护区内的海岛等具有特殊用途或者特殊保护价值的海岛，实行特殊保护（第 36 条）。这些内容构成海岛保护的核心。

5. 在海洋争端解决机制上的政策（立法）及核心内容

众所周知，中国与多国之间存在海洋领土主权争议以及海域划界争议，特别体现在东海问题和南海问题上。中国除在《全国人民代表大会常务委员会关于批准〈联合国海洋法公约〉的决定》第 2 条和中国的《专属经济区和大陆架法》第 2 条第 3 款中规定按照公平原则以协议划界外，其他的文件中也有解决争端的一些原则性规定。主要为：

（1）2006 年 8 月 25 日，中国依据《公约》第 298 条的规定，向联合国秘书长提交了书面声明，指出，对于《公约》第 298 条第 1 款第（a）、（b）和（c）项所述的任何争端（涉及海洋划界、领土争端、军事活动等争端），中国政府不接受《公约》第 15 部分第 2 节规定的任何国际司法或仲裁管辖。换言之，中国对于涉及国家重大利益的海洋争端，排除了适用国际司法或仲裁解决的可能性。这种立场和态度特别体现在中国对南海仲裁案的处置上。[1]

（2）2012 年 12 月 14 日，中国政府向联合国秘书长提交了《东海部分大陆架外部界限划界案》，以补充中国常驻联合国代表团已于 2009 年 5 月 11 日向联合国秘书长提交的《中国关于确定 200 海里以外

---

[1] 关于中国针对南海仲裁案的立场和态度内容，参见中国国际法学会：《南海仲裁案裁决之批判》，外文出版社 2018 年版，第 1—446 页。

大陆架外部界限的初步信息》内容和完成职责。[1]

除上述依据《公约》规范和要求履行的法律行为外，中国在应对海洋权益的维护上，也存在一些具体的国家实践。主要表现在以下几个方面：

第一，针对日本冲之鸟的地位问题，中国常驻联合国代表团于 2009 年 2 月 6 日向联合国秘书长提交了针对日本冲之鸟的书面立场声明，指出：冲之鸟是礁不是岛，无法以其为基点主张大陆架和外大陆架，大陆架界限委员会无权审议以冲之鸟为基点的外大陆架相关资料。[2]

第二，针对马来西亚和越南联合外大陆架划界案（2009 年 5 月 6 日），以及越南单独外大陆架划界案（2009 年 5 月 7 日），中国常驻联合国代表团于 2009 年 5 月 7 日向联合国秘书长提交了照会（No. CML/17/2009），指出：中国对南海诸岛及其附近海域拥有无可争辩的主权，并对相关海域及其海床和底土享有主权权利和管辖权；中国政府的这一立场为国际社会所周知。为应对菲律宾外交部于 2011 年 4 月 4 日照会中国驻菲律宾大使馆，声称"菲律宾共和国拥有'卡拉延群岛'的主权和管辖权"，中国常驻联合国代表团于 2011 年 4 月 14 日再次照会联合国秘书长（No. CML/8/2011），强调"中国对南海诸岛及其附近海域拥有无可争辩的主权，并对相关海域及其海床和底土享有主权权利和管辖权；中国在南海的主权及相关权利和管辖权有着充分的历史和法律根据"[3]。上述立场和观点在 2016 年 7 月 12 日《中华人民共和国关于在南海的领土主权和海洋权益的声明》中被再次确认。[4]

---

[1] 中国政府的"东海部分大陆架外部界限划界案"内容，参见联合国官网，http://www.un.org/depts/los/clcs_ new/commission_ files/submission_ chn_ 63_ 2012.htm，最后访问日期：2018 年 10 月 18 日。《中国关于确定 200 海里以外大陆架外部界限的初步信息》内容，参见联合国官网，http://www.un.org/depts/los/clcs_ new/submissions_ files/preliminary/chn2009premilinaryinformation_ english. pdf，最后访问日期：2018 年 10 月 18 日。

[2] 参见联合国官网，http://www.un.org/deps/los/clcs_ new/submission_ files/jpn08/chn_ 6feb09_ c. pdf，最后访问日期：2018 年 10 月 18 日。

[3] 参见中国国际法学会：《南海仲裁案裁决之批判》，外文出版社 2018 年版，第 34 页。

[4] 参见中华人民共和国外交部边界与海洋事务司编：《中国应对南海仲裁案文件汇编》，世界知识出版社 2016 年版，第 86—90 页。

第三，针对国际海洋法法庭海底争端分庭于 2011 年 2 月 1 日就"国家担保个人和实体在'区域'内活动的责任和义务问题"发表咨询意见事项，中国外交部条约法律司于 2010 年 8 月 18 日提交了《中国就"区域"内活动担保国责任与义务问题向国际海洋法法庭海底争端分庭提交书面意见》。该书面意见总体上被国际海底争端分庭的咨询意见所采纳，为国际海底区域制度的推进实施作出了贡献。[1]

第四，为合理管控南海问题，中国与东盟国家于 2002 年 11 月 4 日签署了《南海各方行为宣言》，并于 2011 年 7 月 20 日缔结了《落实〈南海各方行为宣言〉指导方针》，于 2016 年 7 月 25 日发布了中国和东盟国家外交部长《关于全面有效落实〈南海各方行为宣言〉的联合声明》。[2] 同时，中国和东盟国家于 2013 年 8 月起启动"南海行为准则"的协商谈判制定工作并取得了实质性的进展。这些措施和文件的落实及具体作为有力地稳定了南海的局势，产生了积极的效果。[3]

---

[1]　参见《中国参与国际海洋法法庭"担保国责任咨询意见案"相关程序》，载中华人民共和国外交部条约法律司编：《中国国际法实践案例选编》，世界知识出版社 2018 年版，第 53—80 页。

[2]　上述有关文件内容，参见中华人民共和国外交部边界与海洋事务司编：《中国周边海洋问题有关文件汇编》，世界知识出版社 2017 年，第 69—94 页。

[3]　此外，中国与越南于 2000 年 12 月 25 日签署了《中华人民共和国和越南社会主义共和国关于两国在北部湾领海、专属经济区和大陆架的划界协定》、《中华人民共和国政府和越南社会主义共和国政府北部湾渔业合作协定》（2004 年 6 月 30 日生效）；中国与日本于 1997 年 11 月 11 日签署了《中华人民共和国和日本国渔业协定》（2000 年 6 月 1 日生效）、中日两国发布了《中日关于东海问题的原则共识》（2008 年 6 月 18 日）、《中日就处理和改善中日关系达成四点原则共识》（2014 年 11 月 7 日），以及中日两国于 2018 年 5 月 9 日签署《中国国防部和日本防卫省之间的海空安全联络机制谅解备忘录》（2018 年 6 月 8 日生效）、《中日政府之间的海上搜救合作协定》（2018 年 10 月 26 日签署，2019 年 2 月 14 日生效）；中国与韩国于 2000 年 8 月 3 日签署《中华人民共和国政府和大韩民国政府渔业协定》（2001 年 6 月 30 日生效），并与韩国开展对黄海海域划界谈判等。上述成果和文件均为有效解决中国周边海洋环境问题和海洋争议发挥了应有的作用，体现了中国坚持通过和平方法尤其是政治方法解决争议，通过危机管控机制缓和争议的实际作用和效果。

三、中国海洋法制度在实践上的问题与应对措施

（一）中国海洋法制在实践上的挑战

尽管我国依据现代海洋法尤其是《公约》体系的原则和内容不断地丰富和充实了国内海洋法体系，但其中的某些条款和制度也受到了国际社会尤其是美国的挑战。主要表现在以下方面：

第一，在西沙群岛的直线基线适用上的挑战。我国于 1996 年 5 月 15 日公布了在西沙群岛的直线基线，受到美国的挑战。美国认为这是"过分的海洋权利"主张，并于 1996 年 6 月 9 日发布了《海洋的界限——中国的直线基线要求》（No. 117）报告。美国近年来通过军舰在西沙群岛领海内实施多次所谓的航行自由行动，挑战中国的法律规范。[1]

第二，针对军舰在领海内无害通过的程序上的挑战。美国主要挑战我国在上述《关于领海的声明》《领海及毗连区法》《关于批准〈联合国海洋法公约〉的决定》中对外国军舰在领海内的无害通过适用事先许可或通知沿海国的做法。美国认为这些规定违反国际社会的通行做法，坚持军舰在领海内的无害通过无须经事先批准或通知沿海国的航行自由论的立场和行为。

第三，针对毗连区内的安全事项具有管辖权的挑战。美国认为中国在《领海及毗连区法》第 13 条针对毗连区内为防止和惩处违反与安全海关、财政等法律法规的行为具有管制权的规定，违反多数国家的通行做法，并主张中国对毗连区内安全事项予以防止和惩处之规定，违反《公约》体系规范内容。[2]

第四，针对中国在南海尤其是在南沙岛礁进行建设和部署的挑战。美国认为中国在占据的南沙岛礁建设损害了周边海洋环境，中国在陆域吹填工程结束后在南沙岛礁上的建设工程存在军事化的趋势，严重

---

〔1〕 美国军舰在西沙和南沙海域实施的所谓航行自由行动内容，参见金永明：《美舰"航行自由行动"如何挑战国际法》，载澎湃新闻，2018 年 7 月 9 日。

〔2〕 在国际社会有五个国家（柬埔寨、中国、苏丹、叙利亚和越南）对毗连区内的安全事项主张管辖权。See Raul（Pete）Pedrozo，"Military Activities in the Exclusive Economic Zone: East Asia Focus"，*The Journal of Island Studies*，Vol. 7，No. 2，March 2018，p. 79.

威胁其他国家的安全尤其是航行自由和安全。同时，美国认为，中国不能依据自己占据的南沙岛礁主张更多的管辖海域，因为在南沙岛礁地位的认定上存在不同甚至对立的主张。此外，美国国务院于 2014 年12 月 5 日发布了《海洋的界限——中国在南海的海洋主张》（No. 143）报告，认为中国应更加清晰地界定中国南海断续线的性质及线内水域的法律地位。[1]

第五，针对南海仲裁案裁决拘束力的挑战。以美国为首的一些国家认为，仲裁庭作出的"南海仲裁案最终裁决"对中国具有拘束力，中国必须遵守。[2]

（二）中国在完善国内海洋法制上的应对措施

中国依据习惯国际法和现代海洋法体系尤其是《公约》体系，不断地制定和丰富了国内海洋法制度，这对于我国海洋事务的管理和发展发挥了一定的积极作用。为进一步提升我国海洋治理体系和海洋治理能力现代化，并为建设海洋强国作出贡献，我国在国内海洋法制度构建上采取相应的完善措施，进而实现依法治海目标就特别重要：

第一，应确立"海洋"在国家法律体系中的地位。从我国的《宪法》文本看，不存在"海洋"在国家法律体系中的地位的表述。为发挥海洋的持续作用，有必要提升其地位。主要的做法可以是，在《宪法》中增加"海洋"作为自然资源组成部分及加以保护的内容，或者通过制定"海洋基本法"对"海洋"的地位作出界定和规范，从而确立和提升"海洋"的地位。

第二，应重点研究国内海洋法中受到他国挑战的内容。如上所述，他国对于我国在西沙的直线基线制度、军舰在领海内实施无害通过的程序上的许可或通知制度，以及对专属经济区内的军事活动的许可制度等方面存在疑义。为此，我国应在继续借鉴其他国家实践的基础上，

---

〔1〕 对美国国务院《海洋的界限》报告的批驳内容，参见贾兵兵：《驳美国国务院〈海洋疆界〉第 143 期有关南海历史性权利论述的谬误》，载《法学评论》2016 年第 4 期，第 76—82 页；关于中国南海断续线的内容，参见高之国、贾兵兵：《论南海九段线的历史、地位和作用》，海洋出版社 2014 年版，第 1—49 页。

〔2〕 对南海仲裁案裁决的全面性的批驳内容，参见中国国际法学会：《南海仲裁案裁决之批判》，外文出版社 2018 年版，第 1—395 页。

加强与他国在这些争议问题上的沟通和协调。并且为进一步充实和丰富《公约》制度包括制定新的"执行协定",适度调整国内相关法律制度做好准备工作。

第三,补充制定与海洋功能性事项有关的法规。为持续地开发和利用海洋的空间和资源,加强海洋科技的研发工作是十分重要的。这也是我国建设海洋强国的关键。因为海洋科技对于开发和利用海洋的空间和资源包括发展海洋经济具有重要的支撑作用,所以对于海洋的功能性事项,我国应给予更多关注。对完善诸如《涉外海洋科学研究管理规定》,制定"海洋科技法""海洋安全法"等相关法律进行调研,规划相关立法工作。

第四,完善海洋体制机制以提供保障。为提升国家治理体系和国家治理能力现代化水平,我国对海洋相关机构进行了改革,所以应抓住本次国家机构改革契机,协调和清晰涉海管理机构(国家海洋委员会、自然资源部、生态环境部、农业农村部、海关总署,以及中国海警局等)的职能,并在《关于中国海警局行使海上维权执法职权的决定》(2018年6月22日通过,2018年7月1日起施行)等的基础上,进一步制定和完善诸如"海洋基本法""中国海警局组织法"等相关法律法规。这些法规对于建设海洋强国、综合性管理海洋事务有重要的保障作用。[1]

四、在领海内的无害通过制度上的挑战及中国应对

不可否认,我国在南海诸岛尤其在西沙领海和南沙岛礁周边海域"航行自由行动"上受到的挑战,是我国急需处理的重要问题。为此,本部分就领海内的无害通过制度展开讨论。

(一) 问题的提出

2016年1月30日,美国海军"威尔伯"号导弹驱逐舰未经事先

---

〔1〕　中共中央印发的《深化党和国家机构改革方案》(2018年3月21日),参见新华网,http://www.xinhuanet.com/politics/2018-03/21/c_1122570517.htm,最后访问日期:2018年10月18日。第十三届全国人民代表大会常务委员会于2018年6月22日通过的《关于中国海警局行使海上维权执法职权的决定》,参见中国人大网,http://www.npc.gov.cn/npc/xinwen/2018-06/22/content_2056585.htm,最后访问日期:2018年10月18日。

通报与得到中国许可，擅自进入中国西沙领海，严重损害了中国在西沙领海的主权、安全及海洋权益，中国国防部和外交部对此予以严厉谴责。中国国防部新闻发言人指出，美国军舰违反中国法律擅自进入西沙领海后，中国守岛部队和海军舰机当即采取应对行动，对其进行识别查证，并迅即予以警告驱离；美方此举是严重违法行为，破坏了有关海域的和平、安全和良好秩序，也不利于地区和平与稳定；中国国防部对此表示坚决反对；中国早在 1992 年就公布了《中华人民共和国领海及毗连区法》，规定外国军舰进入中国领海，必须经过事先批准。美方在知悉中国领海法的情形下，派军舰擅自进入中国领海，是有意的挑衅行为[1] 中国针对美国严重的军事和法律挑衅行为，保持了最大的克制和采取了相应的措施，目的是尽力维护中美关系的稳定和南海航行安全有序。

美国实施的所谓"航行自由行动"，不论出于何种目的，均无法改变其违反国际法、违反中美两国国防部达成的协议[2]和中国法律的本质，也损害了军舰在领海内无害通过制度的立法宗旨。尽管国内学者已对外国船舶（包括军舰）在领海内的无害通过制度进行了论述和研究，但以往的研究对领海内的无害通过制度的国际立法宗旨、与其他制度的关系等鲜有涉及。因此，结合美国在中国西沙领海的威胁行为及发展趋势，仍有必要论述外国船舶（包括军舰）在领海内的无害通过制度[3]

---

〔1〕 参见《国防部发言人杨宇军就美国军舰擅自进入我西沙领海发表谈话》，载国防部官网，http：//news. mod. gov. cn/headlines/2016 - 01/30/content_ 4638189. htm，最后访问日期：2016 年 1 月 31 日。

〔2〕 中美两国国防部于 2014 年 11 月签署《重大军事行动相互通报机制谅解备忘录》和《海空相遇安全行为准则谅解备忘录》，于 2015 年 9 月签署《重大军事行动相互通报机制谅解备忘录附件》和《海空相遇安全行为准则谅解备忘录附件》。

〔3〕 经笔者 2016 年 1 月 10 日在中国知网查询，国内学界针对外国船舶在领海内的无害通过制度的学术论文主要有：陈振国：《论领海的无害通过权》，载《政治与法律》1985 年第 2 期；朱建业：《外国军舰进入中国领海的法律问题》，载《法学杂志》1993 年第 3 期；李红云：《论领海无害通过制度中的两个问题》，载《中外法学》1997 年第 2 期；李红云：《也谈外国军舰在领海的无害通过权》，载《中外法学》1998 年第 4 期；王军敏：《论军舰在海洋法中的法律地位》，载《中国海洋大学学报》（社会科学版）2002 年第 3 期；赵建文：《论联合国海洋法公约缔约国关于军舰通过领海问题的解释性声明》，载《中国海洋法学评论》2005 年第 2 期；田士臣：《外国军舰在领海的法律地位》，载《中国海洋法学评论》2007 年第 2 期。

（二）领海内设立无害通过制度的目的及与其他制度之间的关系

军舰在他国领海内的"无害通过"制度，是一个在理论和实践上均有争论的问题。理论上，其涉及领海制度、国际海峡的航行制度，最终涉及船舶的航行自由问题；实践上，军舰在领海内的"无害通过"的争议焦点体现在必须事先通知沿海国或得到沿海国事先许可，还是可以自由航行（无须事先通知或得到许可）的对立和分歧上。而造成此境况的主要原因是 1958 年"日内瓦海洋法四公约"中的《领海及毗连区公约》和 1982 年通过的《联合国海洋法公约》并未对此作出明确的规定，尤其是上述两公约将判断"无害"的标准让渡于沿海国，从而导致不同的国家实践。[1] 而在论述军舰在领海内的无害通过制度之前，有必要首先论述领海内无害通过制度的基本内涵。

1. 领海内无害通过制度的基本内涵

依据《公约》第 2 条规定，领海是指沿海国的主权及于其陆地领土及其内水以外邻接的一带海域；此项主权及于领海的上空及其海床和底土。即国家可对自国的领域（领土、内水和领海）依据领土主权原则，行使排他性的、综合性的管辖权（立法、执法和司法管辖权）。上述规定不仅承袭了《领海及毗连区公约》第 1 条和第 2 条的内容，而且也体现了领海是沿海国家的自然而不可分的附属物的观点，即《公约》采纳了领海是"领土说"的观点。[2]

对于领海的宽度，《公约》第 3 条规定，每一国家有权确定其领海的宽度，直至从按照该公约确定的基线量起不超过 12 海里的界限为止。即沿海国可主张最大不超过 12 海里的领海。此条款克服了《领海及毗连区公约》中未能规定领海宽度的缺陷，为确定《公约》其他海

---

[1] 参见［斐济］萨切雅·南丹（S. N. Nandan）、［以］沙卜泰·罗森（S. Rosenne）主编：《1982 年〈联合国海洋法公约〉评注》（第二卷），吕文正、毛彬译，海洋出版社 2014 年版，第 136—149 页。

[2] 关于沿海国对领海的管辖权，在学术界存在"地役地说"和"领土说"的对立。所谓"地役地说"，是指沿海国只能行使对国际法上承认的特定事项的管辖权；所谓"领土说"，是指领海是沿海国领土的延伸，沿海国对其具有排他性的管辖权。《领海及毗连区公约》采用了"领土说"的观点。See D. P. O'Connel, "The Juridical Nature of the Territorial Sea," *British Year Book of International Law* 45, 1971, p. 381.

域（毗连区、专属经济区、大陆架等）范围创造了基础条件。[1]

为能使国家基于领土主权原则在领海行使排他性、综合性的管辖权，包括对生物资源和非生物资源的管辖权，尤其是在海关、财政、经济活动、移民、卫生及安全保障等方面的权能，《公约》赋予了沿海国在本国领海内可对本国船舶和外国船舶进行必要规制的权利。[2]这些权利体现在沿海国拥有对领海的立法权、执法权和司法权上。

此外，为便利国际海上交通，《公约》承认了外国船舶包括军舰的无害通过权（right of innocent passage）。《公约》第 17 条规定："在本公约的限制下，所有国家，不论为沿海国或内陆国，其船舶均享有无害通过领海的权利。"而沿海国不应妨碍外国船舶无害通过领海。[3]《公约》规定这种无害通过制度的目的，是为了协调和平衡外国船舶的航行利益和沿海国的主权利益。[4] 也就是说，《公约》关于无害通过的制度是以船舶通过的航行利益（船旗国利益）和沿海国主权的严重对立为前提，在两者之间寻求微妙平衡和协调的产物。[5] 实际上，设计这种无害通过制度的理论基础是为了满足以下要求，即平衡"在事实上消除对沿海国的实际损害"和"在法律上确保沿海国的领海主权完整"要求。[6] 所以，《公约》的领海无害通过制度是折中和协调的产物。

据此，一方面，沿海国有权规定使用领海的条件和船舶的通过制度，《公约》第 21 条规定沿海国可依《公约》规定和其他国际法规则，对 8 种事项制定无害通过领海的法律和规章；《公约》第 22 条第

---

[1] 《领海及毗连区公约》（1958 年 4 月 29 日通过，1964 年 9 月 10 日生效）第 3 条规定："除本公约各条款另有规定外，测算领海宽度的正常基线是沿海国官方承认的大比例尺海图所表明的低潮线。"当然，在包括《领海及毗连区公约》在内的"日内瓦海洋法四公约"（1958 年 4 月 29 日）中的《公海公约》中，海域仅分为内水、领海和公海，而无其他海域。按照《公海公约》第 1 条的规定，"公海"一词是指不包括在一国领海或内水内的全部海域。

[2] 参见［日］山本草二：《海洋法》，三省堂 1997 年版，第 52 页。

[3] 《联合国海洋法公约》第 24 条第 1 款规定："除按照本公约规定外，沿海国不应妨碍外国船舶无害通过领海。"

[4] ［日］山本草二主编：《海上保安法制——海洋法与国内法的交错》，三省堂 2009 年版，第 131—132 页。

[5] ［日］山本草二：《海洋法》，三省堂 1997 年版，第 120—121 页。

[6] ［日］杉原高岭：《海洋法与航行权》，日本海洋协会 1991 年版，第 65 页。

1 款规定沿海国考虑到航行安全认为必要时，可要求行使无害通过其领海权利的外国船舶使用其为管制船舶通过而指定或规定的海道和分道通航制。另一方面，沿海国也具有不能否认和阻碍外国船舶无害通过领海的义务。

国际法在海洋领域确立这种"无害通过"的法律地位，约在 19 世纪 40 年代。[1] 其实，在确立海洋二元结构（公海和领海）的 17、18 世纪，对领海的"无害使用"的概念，已在多数学者的学说中得到了主张或肯定。[2] 例如，17 世纪的雨果·格劳秀斯（Hugo Grotius）认为，沿海国不能妨碍"不带武器、没有损害意图的航行"；约翰·塞尔登（John Selden）认为，海洋即使被领有（占有），也应允许外国人的"无害通过"（inoffensive passage）；18 世纪的艾默里克·德·瓦特尔（Emmerich de vattel）认为，没有任何嫌疑的船舶，应允许在领海的"无害使用"（usages innocent），亨利·惠顿（Henry Wheaton）认为，只要对所有者不带来损害及不合理的状况，就应承认其他人员的"无害使用"（innocent use）。[3]

尽管对于非无害通过（即有害通过），沿海国可对外国船舶予以规制，以确保沿海国的保护权，例如，《公约》第 25 条第 1 款规定，"沿海国可在其领海内采取必要的步骤以防止非无害的通过"，但对于如何应对外国船舶尤其是军舰在领海内的非无害通过，国际法尤其是在《公约》上并不明确，所以，需要在各国的国内法上予以明确规定。同时，《公约》内的领海无害通过制度，无论在内容上，还是在审议及创设的过程中，又与国际海峡的通过制度紧密关联，两者具有联动性，即国际海峡的通过制度是与领海的无害通过制度一并达成并设立的。

2. 与领海无害通过有关的国际海峡通过制度

由领海构成的国际海峡，因其是海上交通的要道，所以应适用特定的法律制度。《领海及毗连区公约》第 16 条第 4 款规定，"在用于公

---

〔1〕　See D. P. O'Connell, *The International Law of the Sea*, Vol. I, Oxford：Clarendon Press, 1982, p. 19.

〔2〕　一般认为，确立海洋二元结构的主要法律规范为《公海公约》（1958 年 4 月 29 日通过，1962 年 9 月 30 日生效）第 1 条。

〔3〕　〔日〕杉原高岭：《海洋法与航行权》，日本海洋协会 1991 年版，第 56—58 页。

海一部分和另一部分或另一外国领海之间国际航行的海峡中，不应停止外国船舶的无害通过"。

有学者认为，《领海及毗连区公约》第 16 条第 4 款关于国际海峡的规定，采用了"强制性的无害通过权"或"保证性的无害通过权"，[1] 并得到了国际法院的认可。例如，国际法院在科孚海峡案（Corfu Channel cases）的判决（1949 年 12 月 15 日）中指出："一般承认，按照国际习惯，在和平时期，各国有权派军舰在不经沿海国事先批准通过处于公海两部分之间用于国际航行的海峡，条件是这种通过应是无害的。除非另有国际公约规定，沿海国无权禁止在和平时期通过海峡。"至于海峡的国际性质，国际法院指出，"明确的标准应是在地理上连接公海两部分，并在事实上用于国际航行"。[2] 换言之，国际法院在认定国际海峡的性质时，采用了连接公海两部分的地理标准和实际用于国际航行的功能性标准。[3]

随着领海制度的国家实践的发展，在第三次联合国海洋法会议期间，领海的宽度已倾向于 12 海里。有些宽度为 6 海里到 24 海里的海峡，在过去领海宽度为 3 海里时，留有公海航道；[4] 而如果实行 12 海里领海宽度，则这些海峡就完全处于沿海国的领海范围之内。在世界海峡的 116 个中有 30 余个海峡被认为是"用于国际航行的海峡"。[5]

对此，在第三次联合国海洋法会议上，海峡沿岸国为维护其国家主权和安全，主张处于沿海国领海范围内的海峡，不论其是否用于国际航行，应属于沿海国领海不可分割的一部分，因而应保有领海的法律地位，并应实行无害通过制度；而美国和苏联从军事战略利益出发，

---

〔1〕 ［日］山本草二主编：《海上保安法制——海洋法与国内法的交错》，三省堂 2009 年版，第 132 页；陈德恭：《现代国际海洋法》，海洋出版社 2009 年版，第 88 页。

〔2〕 Corfu Channel Cases, ICJ Reports 1949, p. 28. 参见陈德恭：《现代国际海洋法》，海洋出版社 2009 年版，第 87 页。

〔3〕 ［日］杉原高岭：《海洋法与航行权》，日本海洋协会 1991 年版，第 84—87 页。

〔4〕 荷兰法学家宾凯司霍克（Bynkershoek）于 1703 年提出了一项原则：陆上国家的权利以其炮火射程所及的范围为限。这就是著名的"大炮射程规则"。1782 年加里安尼（Galiani）建议以 3 海里作为大炮射程的统一标准。这一原则后来由地中海国家和法国、英国等国广泛实践。从 19 世纪到 20 世纪初期，各国所建立的领海宽度大多为 3 海里或 4 海里，但没有超过 12 海里。参见陈德恭：《现代国际海洋法》，海洋出版社 2009 年版，第 50—51 页；魏敏主编：《海洋法》，法律出版社 1987 年版，第 57—60 页。

〔5〕 陈德恭：《现代国际海洋法》，海洋出版社 2009 年版，第 79 页。

坚持惯常用于国际航行的海峡，即使处于沿海国领海范围内，亦应实施"公海航行自由"，允许一切外国船舶，包括军舰和飞机享有公海的航行自由。同时，苏联声称其安全取决于国际海峡的自由通航，并以此作为接受 200 海里专属经济区的条件；美国则表示除非保证用于国际航行的海峡自由航行及其上空自由飞越，否则它将不承认 12 海里的领海宽度。在存在难以调和的争议的情形下，马耳他代表于 1973 年向各国管辖范围以外海床洋底和平使用委员会提出规定"通过"的具体条件的建议，包括遵守强制性的交通分道计划，要求不停并迅速通过；对外国潜水艇或军舰的通过，要求在 3 天前通知；并在通过海峡时不得使航空器飞行，不得从事研究和收集情报活动等。该建议为《公约》在用于国际航行的海峡制定一项既有别于"无害通过"，又有别于"自由通航"的新制度提供了基础，[1] 进而也确保了《公约》的完整性。[2] 所以，从《公约》的审议过程可以看出，领海无害通过制度的确立是与《公约》200 海里的专属经济区制度和国际海峡的通过制度紧密关联的。

最后，《公约》建立了新的用于国际航行的海峡通过制度。《公约》第 38 条第 1 款和第 2 款规定，在第 37 条所指的海峡中，所有船舶和飞机均享有过境通行的权利，过境通行不应受阻碍；所谓的过境通行是指按照《公约》的规定，专为在公海或专属经济区的一个部分和公海或专属经济区的另一部分之间的海峡继续不停和迅速过境的目的而行使航行和飞越自由。

在此应注意的是，在用于国际航行的海峡的过境通过，并不要求通过的无害性，同时也承认了飞越自由，所以其不同于《领海及毗连区公约》第 16 条第 4 款规定的"强制性的无害通过权"或"保证性的无害通过权"。[3] 当然，《公约》关于国际航行的海峡通过制度不仅存在"过境通行""分道通航制"，也存在"无害通过"。例如，《公约》第 45 条规定，无害通过制度应适用于按照《公约》第 38 条

---

〔1〕　陈德恭：《现代国际海洋法》，海洋出版社 2009 年版，第 85—92 页。

〔2〕　《联合国海洋法公约》前言指出，"本公约各缔约国意识到各海洋区域的种种问题都是彼此密切相关的，有必要作为一个整体来加以考虑"。

〔3〕　[日] 山本草二主编：《海上保安法制——海洋法与国内法的交错》，三省堂 2009 年版，第 133 页。

第 1 款不适用过境通行制度的海峡，或在公海或专属经济区的一个部分和外国领海之间的海峡。所以，其是一种混合型的通过制度。

（三）领海内无害通过的法律要件及其对军舰的限制

笔者认为，论述领海内的"无害通过"的法律要件时，与领海内的"通过"的法律要件予以比较，对于进一步认识军舰在领海内的无害通过制度是有所帮助的。

《公约》在领海制度中对于"通过"的要件规定在第 18 条"通过的意义"（meaning of passage）。其第 1 款规定，"通过是指为了下列目的，通过领海的航行：（a）穿过领海但不进入内水或停靠内水以外的泊船处或港口设施；或（b）驶往或驶出内水或停靠这种泊船处或港口设施。"其第 2 款规定："通过应继续不停和迅速进行。通过包括停船和下锚在内，但以通常航行所附带发生的或由于不可抗力或遇难所必要的或为救助或遭难的人员、船舶或飞机的目的为限。"

对于领海"无害通过"的法律要件，则规定在《公约》的第 19 条。其第 1 款规定，"通过只要不损害沿海国的和平、良好秩序或安全，就是无害的。这种通过的进行应符合本公约和其他国际法规则"。其第 2 款规定，"如果外国船舶在领海内进行下列任何一种活动，其通过即应视为损害沿海国的和平、良好秩序或安全：（a）对沿海国的主权、领土完整或政治独立进行任何武力威胁或使用武力，或以任何其他违反《联合国宪章》所体现的国际法原则的方式进行威胁或使用武力；（b）以任何种类的武器进行任何操练或演习；（c）任何目的在于搜集情报使沿海国的防务或安全受损害的行为；（d）任何目的在于影响沿海国防务或安全的宣传行为；（e）在船上起落或接载任何飞机；（f）在船上发射、降落或接载任何军事装置；（g）违反沿海国海关、财政、移民或卫生的法律和规章，上下任何商品、货币或人员；（h）违反本公约规定的任何故意和严重的污染行为；（i）任何捕鱼活动；（j）进行研究或测量活动；（k）任何目的在于干扰沿海国任何通信系统或任何其他设施或设备的行为；（l）与通过没有直接关系的任何其他活动"。

从《公约》第 18 条和第 19 条的内容及结构看，如果通过不符合第 18 条的要件，则可由第 19 条的行为予以判断。即《公约》采取了将通过的要件和无害通过的要件分开立法并规定的做法，以区别于《领海及毗连区公约》将通过和无害通过要件规定在同一条款中的做法。[1]《领海及毗连区公约》第 14 条第 2 款规定，"通过是指为了横渡领海但不进入内水，或驶入内水或自内水驶往公海而通过领海的航行"；第 4 款规定，"通过只要不损害沿海国的和平、良好秩序或安全，就是无害的；此项通过的进行应符合本公约各条款和其他国际法规则"。

可见，《公约》与《领海及毗连区公约》在无害通过要件上的区别为：在《公约》中增加了对有害航行行为的列举性规定，这就产生了不符合《公约》第 18 条的通过要件的行为，既可用《公约》第 19 条的第 1 款，也可用《公约》第 19 条第 2 款中规定的 12 种有害行为之一加以应对的效果。例如，在领海内的徘徊、巡航、停船、下锚及其他不明行为，由于它们不能满足通过应继续不停和迅速进行的要件，所以可解释为不是《公约》第 18 条规定的通过行为，而可被视为是"与通过没有直接关系的行为"（《公约》第 19 条第 2 款第 12 项）；[2]即使"其他不明行为"不属于《公约》第 19 条第 2 款的行为，还可用《公约》第 25 条第 1 款予以处理。所以，《公约》第 18 条和第 19 条及第 25 条具有互相补充的作用。

对于《公约》第 19 条第 1 款与第 2 款之间的关系问题，也存在两种不同的观点。第一种观点（亦称"列举说"）认为，《公约》第 19 条第 2 款是依船舶的行为或状态分类予以规制的，其只不过是对《公约》第 19 条第 1 款的列举，所以，对于"沿海国的和平、良好秩序和安全"标准的判断，应结合第 2 款对同样性质船舶的行为或状态予以判断，并不存在依船舶的分类标准予以判断并规制的余地。第二种观点（亦称"非列举说"）认为，《公约》第 19 条第 2 款不需要等待沿海国的举证，其是依据船舶的行为或状态标准设计的"推定性"规定，并不是对第 19 条第 1 款的全部列举。例如，携带核武器舰艇的通过等，即使其不属于第 19 条第 2 款列举的行为，沿海国也能主张其对

〔1〕　[日] 山本草二：《不属于无害通过的领海侵犯》，载海上保安协会编：《日本的新海洋秩序》（第 3 期），日本海上保安协会 1990 年版，第 72 页。

〔2〕　[日] 山本草二主编：《海上保安法制——海洋法与国内法的交错》，三省堂 2009 年版，第 133—134 页。

本国有害，进而可用第 19 条第 1 款予以规制。[1]

换言之，如果外国船舶的通过行为，即使不是《公约》第 19 条第 2 款的有害行为，或有可能被认为不是《公约》第 19 条第 1 款的有害行为，沿海国仍可通过规定领海使用的条件，对这些船舶的通过进行管辖。因为《公约》第 21 条规定，"沿海国可依本公约规定和其他国际法规则，对下列各项或任何一项制定关于无害通过领海的法律和规章：（a）航行安全及海上交通管理；（b）保护助航设备和设施以及其他设施或设备；（c）保护电缆和管道；（d）养护海洋生物资源；（e）防止违犯沿海国的渔业法律和规章；（f）保全沿海国的环境，并防止、减少和控制该环境受污染；（g）海洋科学研究和水文测量；（h）防止违犯沿海国的海关、财政、移民或卫生的法律和规章"。即只要是以上 8 种行为中的一种行为或与其相关，沿海国仍可依国内法予以管制。所以，《公约》第 18 条与第 19 条应与第 21 条和第 25 条看作整体并综合考虑，以判断船舶通过行为的性质。

此外，对外国船舶通过的无害性的认定标准与是否违反沿海国的国内法律及规章之间的关系问题，在学术界存在"结合说"和"分离说"两种不同的学说。[2]"结合说"是指，外国船舶在通过领海时，只要采取了违反沿海国国内法的行为，就可把这种通过看作是对沿海国的和平、良好秩序或安全的损害，因而其是有害的行为。"分离说"则主张，外国船舶的通过，与其是否违反沿海国国内法无关，只要损害了沿海国的重要利益，则这种通过就是有害通过。所以，基于"分离说"的观点，外国船舶违反沿海国国内法并不直接否定船舶的无害通过，只要其不损害沿海国的重要利益，就不能否定其的无害通过权，仅可追究外国船舶违反沿海国国内法的责任。而对于"结合说"，由于外国船舶违反沿海国国内法与认定其有害性相关联，所以，沿海国为保护本国领海的法律权益，有必要在国内法中增加对不属于无害通过的行为予以管制的内容。[3]

---

〔1〕 〔日〕山本草二：《海洋法》，三省堂 1997 年版，第 125—127 页。

〔2〕 〔日〕田中利幸：《不属于无害通过行为的国内法制》，载日本海洋协会编：《联合国海洋法公约体制的发展与国内措施》（第 2 期），日本海洋协会 1998 年版，第 45 页。

〔3〕 〔日〕山本草二：《不属于无害通过的领海侵犯》，载海上保安协会编：《日本的新海洋秩序》（第 3 期），日本海上保安协会 1990 年版，第 77—78 页。

可见，在对外国船舶通过领海的无害性的认定标准上，《公约》条款内容依据各种船舶的行为和状态兼采了"结合说"和"分离说"的观点，可谓是"混合说"。

即使存在上述关于外国船舶无害通过的规定，他国军舰进入领海实施无害通过制度，这也并不意味着外国军舰可以随意进入沿海国的领海。依据《公约》内容，军舰在他国领海内的无害通过受到一些限制，主要体现在以下方面：

第一，遵守沿海国制定的法规。《公约》第 25 条规定，"沿海国可在其领海内采取必要的步骤以防止非无害的通过"。据此，他国军舰应遵守沿海国制定的关于无害通过的法律和规章。具体内容规定在《公约》的第 21 条第 1 款。当然，沿海国应将所有这些法律和规章妥为公布。

第二，遵守沿海国指定或规定的海道航行。《公约》第 22 条规定，"沿海国考虑到航行安全认为必要时，可要求行使无害通过其领海权利的外国船舶使用其为管制船舶通过而指定或规定的海道和分道通航制"。当然，沿海国应在海图上清楚地标出这种海道和分道通航制，并应将该海图妥为公布。

第三，对违反沿海国法规的处置措施。《公约》第 30 条规定，"如果任何军舰不遵守沿海国关于通过领海的法律和规章，而且不顾沿海国向其提出遵守法律和规章的任何要求，沿海国可要求该军舰立即离开领海"。具体为：如果发现船舶有非无害的航行活动，则可要求其停止；如果其依然不停止活动，则可要求其离开领海。

以上为《公约》对军舰在他国领海内无害通过的一般性规定。[1]而如上所述，军舰在领海内无害通过的争议焦点为：其必须事先通知沿海国或得到沿海国的事先同意，还是可以自由航行。这是由于《公约》第 17 条的模糊性和第 19 条的列举性规定造成的，即《公约》第 17 条仅规定了所有船舶均享有无害通过领海的权利；《公约》第 19 条

---

[1]　在《联合国海洋法公约》的领海无害通过制度中，不仅规定了适用于所有船舶的规则，也规定了适用于商船和用于商业目的的政府船舶的规则，以及适用于军舰和其他用于非商业目的的政府船舶的规则。也就是说，《联合国海洋法公约》采取了船舶分类区别对待的方法，以规范它们在领海的无害通过制度。以上内容，参见《联合国海洋法公约》第 17—32 条。

没有直接对"无害"作出明确定义，而只对有害活动作出了列举性的规定，从而出现分歧及对立的国家实践。

一般来说，海洋大国、强国多强调"自由使用论"，而发展中国家则多坚持"事先同意论"。这是从各国签署、批准《公约》时的声明以及联合国海洋事务和海洋法司提供的各国领海法资料中获得的结论[1]。以美国为首的海洋大国强调"自由使用"的目的是为了维护本国海军在世界各地的有利地位，以便自由地为其投送军用武器和装备、应急的军事活动支援和情报收集活动等提供保障。多数发展中国家坚持"事先同意"的目的是为了尽力保护本国的国防安全，相应地扩大军事缓冲地带，减少来自海上的威胁。为消除这种对立并满足《公约》第309条的要求，依据《公约》第310条的规定，各国在签署、批准或加入《公约》时，可以对此作出解释性的声明或说明[2]。

从国家已经作出的解释性声明或说明内容看，既有反对军舰在领海享有无害通过权的国家的声明，例如，苏丹、佛得角、圣多美和普林西比、罗马尼亚；也有要求军舰通过领海进行事先通知的声明，例如，埃及、马耳他、克罗地亚、芬兰、瑞典、塞尔维亚和黑山、孟加拉；更有要求军舰通过领海须得到事先许可的声明，例如，伊朗、阿曼、也门、中国、阿尔及利亚。同时，也有赞成军舰在领海内享有无害通过权的国家的声明，例如，阿根廷、荷兰和智利允许军舰无害通过制度；德国和意大利的声明指出，《公约》未授权沿海国要求事先通过或许可；美国和苏联的联合解释、英国的声明均指出，根据《公约》和一般国际法，军舰在领海享有无害通过权而无须事先通知或得到许可[3]。

有学者认为，外国军舰无害通过领海的习惯国际法规则为：沿海

---

〔1〕 ［日］田中则夫：《〈联合国海洋法公约〉的成果与课题——基于公约通过 30 周年的时点》，载《国际法外交杂志》第 112 卷第 2 期（2013 年），第 18—20 页。

〔2〕 《联合国海洋法公约》第 309 条规定，"除非本公约其他条款明示许可，对本公约不得作出保留或例外"。《联合国海洋法公约》第 310 条规定，"第 309 条不排除一国在签署、批准或加入本公约时，作出不论如何措辞或用何种名称的声明或说明，目的在于除其他外使该国国内法律和规章同本公约规定取得协调，但须这种声明或说明无意排除或修改本公约规定适用于该缔约国的法律效力"。

〔3〕 参见赵建文：《论〈联合海洋法公约〉缔约国关于军舰通过领海的解释性声明》，载《中国海洋法学评论》2005 年第 2 期，第 5—13 页。

国可以允许外国军舰无害通过领海而不加特别要求，也可以规定须事先通知或经许可，或履行其他要求，但实行这种无害通过的外国军舰必须遵守沿海国关于领海无害通过的国内法律和规章。[1] 这种观点的法律基础为《公约》第 30 条。也就是说，国际社会存在"自由使用论"和"事先同意论"的两种不同观点，并存在不同的国家实践。即使国际社会对此无法达成一致认识，但是对于外国军舰在领海内的无害通过制度最低限度应遵守沿海国关于领海无害通过的法律规章，则是毫无异议的。其已成为国际习惯法规则，所以，即使不批准《公约》的美国，最低限度也应遵守沿海国关于领海无害通过的国内法律规章。[2]

针对军舰在领海的无害通过问题，《中华人民共和国领海及毗连区法》（1992 年 2 月 25 日）第 6 条第 2 款规定，"外国军用船舶进入中国领海，须经中华人民共和国政府批准"；第 10 条规定，"外国军用船舶……在通过中华人民共和国领海时，违反中华人民共和国法律、法规的，中华人民共和国有关主管机关有权令其立即离开领海，对所造成的损失或者损害，船旗国应当负国际责任"。中国在 1996 年 5 月 15 日通过批准《公约》的决定时，也作出了以下声明，即中国重申：《公约》有关领海内无害通过的规定，不妨碍沿海国按其法律规章要求外国军舰通过领海必须事先得到该国许可或通知该国的权利。[3] 这

---

[1] 参见邵津：《关于外国军舰无害通过领海的一般国际法规则》，载《中国国际法年刊（1989）》，法律出版社 1990 年版，第 138 页。

[2] 关于各国针对军舰在领海的无害通过的政策及实践内容，参见赵建文：《论〈联合海洋法公约〉缔约国关于军舰通过领海的解释性声明》，载《中国海洋法学评论》2005 年第 2 期，第 1—17 页。

[3] 对于条约在中国国内法的地位问题，《中华人民共和国宪法》没有作出明确规定，《中华人民共和国立法法》和《中华人民共和国缔结条约程序法》也没有作出明确的规定。但在一些法律、法规中对适用条约作出了规定，其分为三类。第一，法律明确规定中国缔结或者参加的国际条约同法律有不同规定的，适用国际条约的规定。例如，《中华人民共和国民法通则》（1982 年）第 142 条。第二，法律规定条约有特殊或具体规定的，依条约的规定。例如，《中华人民共和国红十字标志使用办法》（1996 年）第 23 条。第三，法律直接规定在某些领域适用条约规定。例如，《中华人民共和国商标法实施细则》（1995 年修订）第 23 条。参见段洁龙主编：《中国国际法实践与案例》，法律出版社 2011 年版，第 215—216 页。尽管对国际法与国内法的位阶及效力问题存在争议，但从中国的立法和实践看，条约具有优于国内法律的效力。参见周忠海主编：《国际法》，中国政法大学出版社 2004 年版，第 64—66 页。

些内容均体现了《公约》的原则和精神，是国家保护领海主权意志的
体现，应该得到他国的尊重和遵守。

（四）美国军舰擅自进入中国西沙领海的违法性及中国应对策略

美国军舰这种未经中国许可或未事先通知中国政府就擅自进入西
沙领海的行为，不仅违反《联合国宪章》第 2 条和平解决争端的原则
和不得使用武力或威胁使用武力的原则，而且违反《公约》第 279 条
用和平方法解决争端的义务原则和领海内无害通过制度习惯国际法规
则，亦违反多项中国法律（例如，《中华人民共和国政府关于领海的
声明》《中华人民共和国领海及毗连区法》《全国人大常委会关于批准
〈联合国海洋法公约〉的决定》）和中美两国国防部签署的《重大军事
行动相互通报机制谅解备忘录》《海空相遇安全行为准则谅解备忘录》
及其后续附件。该行为严重损害了中美关系的稳定和发展，同时也不
利于南海问题解决进程的推进。

笔者认为，由于《公约》领海无害通过制度内容已成为习惯国际
法规则，即使美国没有加入《公约》，其军舰擅自进入中国西沙领海
进行航行已构成违反习惯国际法规则，主要表现在以下两个方面：一
方面，美国军舰航行行为的有害性。美国"威尔伯"号军舰具备强大
的电子侦察及干扰能力，其区域防卫能力和自卫能力强，可装备数十
枚对陆巡航导弹，还具有反潜能力，违反《公约》第 19 条第 2 款第
（a）和（c）项内容；[1] 另一方面，美国军舰航行行为不是"通过"
行为，而是有害行为。"通过"是指通过领海的航行：第一，穿过领
海但不进入内水或停靠内水以外的泊船处或港口设施；第二，驶往或
驶出内水或停靠这种泊船处或港口设施。也就是说，美国军舰擅自进
入西沙领海的行为不是通过行为，也不是无害通过行为，而是有害行
为，因为它属于与通过没有直接关系的"任何其他活动"。可见，这
种行为本质上是一种政治和法律挑衅行为，应该受到严厉谴责。

如果美国这种单方面派遣军舰擅自进入中国西沙领海的活动仍继

---

〔1〕 参见《美军舰擅闯我西沙领海，专家称中国应提升军事实力》，载人民网，http://
military.people.com.cn/n1/2016/0201/c1011 - 28102014.html，最后访问日期：2016 年
2 月 2 日。

续进行并扩大范围，则中国可在国际、双边和国内层面采取以下对策和措施。

第一，国际层面。由于携带武器装备的军舰擅自闯入他国领海的有害行为，不仅严重损害沿海国的主权和安全，而且极易造成安全不测，所以对于违反沿海国国内法并具有危害和影响区域和平安全性质的行为，中国可向联合国安理会提交书面意见建议联合国安理会进行审议。根据《联合国宪章》第39条的规定，安全理事会应断定任何和平之威胁、和平之破坏或侵略行为之是否存在，并应作成建议或抉择依第41条及第42条规定之办法，以维持或恢复国际和平及安全。尽管美国在联合国安理会具有否决权，此类安理会的决议很难通过，但联合国安理会的审议也将对美国产生政治上的约束力，一定程度上限制其行为。[1]

第二，双边层面。一直以来，中美两国在专属经济区内的军事活动存在争议。其焦点为：专属经济区内的军事活动，是必须得到沿海国的事先同意或应事先通知沿海国，还是可以自由使用。由于《公约》并未对"军事活动"作出明确的规范，即使从海洋和平利用、海洋科学研究的角度进行分析，也存在不同的理解和认识，进而在国家实践中出现不同甚至对立的做法。[2] 考虑到在《公约》的框架内无法达成理解和共识，所以针对专属经济区内的军事活动争议，应通过双边对话协商机制谈判解决，以增进互信和共识，特别应遵守中美两国国防部达成的《重大军事行动相互通报机制谅解备忘录》《海空相遇安全行为准则谅解备忘录》及其后续附件，[3] 以规范双方的行为或活动，避免出现误判和误撞事故。依据上述设想，为避免出现针对军舰

---

〔1〕 例如，《联合国宪章》第27条第3款规定，"安全理事会对于其他一切事项（即实质事项——笔者注）之决议，应以九理事国之可决票包括全体常任理事国之同意票表决之"。

〔2〕 对于中美专属经济区内军事活动之争议问题，参见金永明：《中美专属经济区军事活动争议的海洋法剖析》，载《太平洋学报》2011年第11期，第74—81页。

〔3〕 关于中美两军《重大军事行动相互通报机制谅解备忘录》内容，参见美国国防部官网，http://www.defense.gov/pubs/141112_Memorandum Of Understanding On Notication.pdf，最后访问日期：2015年2月10日。《海空相遇安全行为准则谅解备忘录》内容，参见美国国防部官网，http://www.defense.gov/pubs/141112_Memorandum Of Understanding Regarding Rules.pdf，最后访问日期：2015年2月10日。

在领海内的无害通过的更大对立及争议，中美两国应发挥主导作用，包括通过对话和协商，达成一些共识，以进一步丰富和完善《公约》领海无害通过制度，确保包括南海在内的海上安全秩序。

第三，国内层面。在国际和双边层面很难迅速达成共识的情形下，中国可在外交上继续坚持一贯立场，积极应对，并就美国军舰擅闯我西沙领海行为提出强烈抗议，在军事上作好充分应对准备并强化装备，更重要的是在法律上应尽快完善我国的领海法律制度。因为，《公约》赋予了沿海国制定关于外国船舶无害通过领海的法律和规章的权利，据此，中国应抓紧制定与《公约》配套的国内相关法律制度，健全完善与实现海洋强国目标相适应的法规体系。例如，在规范养护海洋生物资源的《渔业法》（1986 年施行，2013 年最新修订），航行安全及海上交通管理的《海上交通安全法》（1983 年施行），规范保全海洋环境的《海洋环境保护法》（1982 年 8 月 23 日通过，1999 年 12 月 25 日、2013 年 12 月 28 日和 2016 年 11 月 7 日修订），规范海洋科学研究的《涉外海洋科学研究管理规定》（1996 年施行），《海关法》（1987 年施行，2013 年最新修订），《对外国籍船舶管理规则》（1979 年施行）和《领海及毗连区法》（1992 年施行）等法律和法规的基础上，进一步完善外国船舶通过领海的法律和规章体系，包括制定外国军舰在领海的无害通过规章、中国海警局组织法、专属经济区内飞越和航行规则等，用法律形式表明中国反对外国军舰在中国沿海滥用航行自由权的立场，以增加对其管制的效率和功能。同时强化中国在领海的管辖权，包括确认国籍，确认无害通过，在无害通过时确保国内法律和法规得到遵守，对违反国内法律和规章的船舶及行为进行调查和处分的行政程序、搜查和逮捕的刑事程序，驱离在领海的有害航行行为，有害通过违反我国法律和规章时对相关船舶进行搜查及逮捕的刑事程序与调查和处分的行政程序、手段等内容，进而确保我国领海的安全和海洋利益，[1] 为有效保护中国海洋领土主权提供法制保障。

另外，鉴于美国在南海的军事威胁活动既涉及中国南沙，也涉及

---

〔1〕 针对外国船舶尤其是军舰在领海内的无害通过行为，沿海国对其的执法管辖顺序内容，参见 ［日］ 田中利幸：《对外国船舶的执行与国内法的完善》，载海上保安协会编：《与海洋法公约有关的海上保安法制》（第 1 期），日本海上保安协会 1994 年版，第 47—48 页。

中国西沙，还有可能涉及中国中沙海域，中国可根据南海安全情势的发展，尤其是以美国为首的国家在南海实施所谓的航行自由的范围、频度和程度等，考虑公布部分中国南沙岛礁领海基线及防空识别区，以体现中国维护南海主权和海洋权益的意志和决心，坚定地维护国家主权、安全和发展。换言之，通过进一步制定和完善领海法等国内法，使外国船舶尤其是军舰在中国领海的无害通过遵守中国的法律和规章，从而体现我国《关于领海的声明》《领海及毗连区法》《中华人民共和国领海基线的声明》《关于钓鱼岛及其附属岛屿领海基线的声明》等法律的功效及完整性，并坚持"事先同意论"立场，为维护中国领海的主权、安全和海洋权益奠定法律基础。

第五章　新中国在海洋战略性问题上的挑战

中国在建设海洋强国的过程中，为实现区域性海洋强国之目标，面临南海问题的重大挑战。其主要涉及南海断续线的性质、南海岛礁的属性和地位、南海仲裁案对海洋法的冲击，以及南沙岛礁周边海域的航行自由等方面。

一、南海断续线的性质及线内水域的法律地位

近来，南海问题已成为国际国内社会关注的重要议题，且有继续发展并恶化的趋势。南海问题的显现与升级有多种原因，其中《联合国海洋法公约》的生效、东盟一些国家非法强化对南海诸岛的抢占并加大资源开发力度，以及域外大国的参与和偏袒等，是促发南海问题进一步升级的重要原因。中国政府针对马来西亚和越南联合提交外大陆架划界案（2009 年 5 月 6 日）、越南提交外大陆架划界案（2009 年 5 月 7 日），于 2009 年 5 月 7 日向联合国秘书长提交照会中的附图（中国南海断续线地图）的行为，使多国对我国的南海断续线的含义或性质产生了质疑，并要求我国必须明确中国在南海的真实意图。[1]

同时，南海仲裁案的提起和所谓最终裁决的出台，以及美国国务院于 2014 年 12 月 5 日发布的《海洋界限：中国在南海的海洋主

---

[1] 中国常驻联合国代表团于 2009 年 5 月 7 日向联合国秘书长提交就马来西亚和越南联合外大陆架划界案以及越南单独外大陆架划界案的照会中指出，中国对南海诸岛及其附近海域拥有无可争辩的主权，并对相关海域及其海床和底土享有主权权利和管辖权（见附图）；中国政府的这一一贯立场为国际社会所周知。参见《中国对有关国家大陆架划界案和初步信息致联合国秘书长的照会》，载国家海洋局海洋发展战略研究所课题组编：《中国海洋发展报告（2011）》，海洋出版社 2011 年版，第 593—598 页。

张》，均呈现对南海断续线的性质予以进一步澄清的"必要"。考虑到中国政府迄今仍未公开清晰中国南海断续线的含义，下文将结合历史和法理，重点阐述中国南海断续线的含义、性质及线内水域的法律地位和属性，以便为进一步缓和、解决南海问题作出微薄的学术贡献。

（一）针对南海断续线含义的学说分析

一般而言，所谓的南海问题主要包括南沙岛礁领土争议和海域划界争议两种类型。前者是南海问题的主要争议，后者为南海问题的次要争议，但它们两者之间又紧密相连，不可分割。因为，国际法中存在"陆地支配海洋"的原则或理论，所以，只有在确定陆地领土归属以后，才可确定具体的海域，并解决相应的海域划界争议问题。而在南海问题中，最核心的是中国南海断续线的性质，以及线内水域的法律地位问题。

1. 国内学者针对南海断续线含义的学说

鉴于中国在南海划出及在地图上标注的断续线的重要性，中国学者对南海断续线含义的研究由来已久，中国大陆学者发表了很多富有见地的研究成果；[1] 中国台湾地区学者也有许多可资参考的相关研究

---

〔1〕 近年，中国大陆学者针对南海断续线含义的研究成果（期刊论文），主要包括李金明：《中国南海疆域研究的问题与前瞻》，载《南洋问题研究》2001 年第 3 期；李金明：《南海"九条断续线"及相关问题研究》，载《中国边疆史地研究》2011 年第 2 期；贾宇：《南海"断续线"的法律地位》，载《中国边疆史地研究》2005 年第 2 期；王勇智、宋军、韩雪双、薛桂芳：《关于南海断续线的综合探讨》，载《中国海洋大学学报》（社会科学版）2008 年第 3 期；李金明：《南海断续线的法律地位：历史性水域、疆域线、抑或岛屿归属线？》，载《南洋问题研究》2010 年第 4 期；李金明：《中国南海断续线：产生的背景及其效用》，载《东南亚研究》2011 年第 1 期；李金明：《国内外有关南海断续线法律地位的研究述评》，载《南洋问题研究》2011 年第 2 期；郭渊：《南海断续线的形成及其历史涵义的解析》，载《浙江海洋学院学报》（人文科学版）2011 年第 3 期；黄伟：《论中国在南海 U 形线内"其他海域"的历史性权利》，载《中国海洋大学学报》（社会科学版）2011 年第 3 期；管建强：《南海九段线的法律地位研究》，载《国际观察》2012 年第 4 期；邹克渊：《对南海 U 形线的若干法律思考》，刘楠来：《从国际海洋法看 U 形线的法律地位》，张海文：《南海的传统海疆线的演变》，载钟天祥、韩佳、任怀锋编：《南海问题研讨会论文集》（2002 年），海南南海研究中心。

成果。[1] 这些研究成果无疑为笔者的写作提供了很好的基础和借鉴。
从上述成果并结合其他研究成果看，针对南海断续线的含义或性质的
学说或观点，主要包括以下方面：

（1）历史性水域说。其认为，中国对于线内的岛、礁、沙、滩以
及海域享有历史性权利，断续线内的整个海域是中国的历史性水域。
代表性人物为中国台湾学者宋燕辉和俞剑鸿、赵国材教授。[2] 支持此
说的理由为以下两个方面：第一，1948 年标注南海断续线的地图公开
出版后，没有受到任何抗议或反对；第二，断续线内水域为历史性水
域，不违反《联合国海洋法公约》第 47 条第 1 款的规定。同时，此说
也得到了台湾行政主管部门有关南海政策的支持，即台湾行政主管部
门于 1993 年 4 月 13 日核定"南海政策纲领"时宣示："南沙群岛、西
沙群岛、中沙群岛及东沙群岛，无论就历史、地理、国际法及事实，
向为我国固有领土之一部分，其主权属于我国；南海历史性水域界线
内之海域为我国管辖之海域，我国拥有一切权益。"[3]

（2）历史性权利说。其认为，中国在断续线内享有历史性权利，
这些历史性权利包括对岛、礁、沙、滩等的主权，以及对线内内水以
外海域和海底自然资源的主权权利，同时承认其他国家在断续线内海
域的航行、飞越、铺设海底电缆和管道等自由的权利。代表性人物为
潘石英、许森安教授。[4]

（3）海上疆域线说。其认为，南海断续线标出了我国在南海诸岛

----

〔1〕 中国台湾地区学者针对南海断续线的研究成果，主要包括傅崐成：《南（中国）海法
　　　律地位之研究》，台北 123 资讯有限公司 1995 年版；王冠雄：《南海诸岛争端与渔业
　　　共同合作》，台北秀威资讯科技股份有限公司 2002 年版；俞赐宽：《我国南海 U 形线
　　　及线内水域之法律性质和地位》，载海南南海研究中心编：《海南暨南海学术研讨会论
　　　文集》（2001 年）；赵国材：《从现行海洋法分析南沙群岛的主权争端》，载《亚洲评
　　　论》（香港）1999 年春夏号。
〔2〕 参见李金明：《国内外有关南海断续线法律地位的研究述评》，载《南洋问题研究》
　　　2011 年第 2 期，第 54—55 页；刘楠来：《从国际海洋法看 U 形线的法律地位》，载钟
　　　天祥、韩佳、任怀锋编：《南海问题研讨会论文集》（2002 年），海南南海研究中心，
　　　第 51 页。
〔3〕 参见陈荔彤：《国际海洋法论》，台湾元照出版公司 2008 年版，第 18 页。
〔4〕 参见潘石英：《南沙群岛·石油政治·国际法》，香港经济导报出版社 1996 年版，第
　　　60—63 页；许森安：《南海断续国界线的内涵》，载海南南海研究中心编：《21 世纪的
　　　南海问题与前瞻研讨会论文选》（2000 年），第 80—82 页。

的领土主权范围，确认了至少从 15 世纪起就被列入中国版图的南海诸岛的海上疆界，在此界线内的岛屿及其附近海域，受我国的管辖和控制。即南海断续线可以被看作海上疆域线，中国对断续线内海域的底土、海床和上覆水域的生物与非生物资源享有历史性权利。代表性人物为赵理海、陈德恭及傅崐成教授[1]。

（4）岛屿归属线说。其认为，南海断续线内的南海诸岛及其附近海域归属中国，受中国的管辖和控制；而断续线内水域的法律地位则视线内岛礁或群岛的法律地位确定。代表性人物为高之国、李金明、刘楠来和俞赐宽教授[2]。

应该说，上述针对南海断续线含义的各种学说，基本反映了我国学者的学术观点，具有一定的代表性。它们的共同之处是，认为中国对南海断续线内的所有岛、礁、沙、滩等拥有主权，对南海诸岛附近海域也拥有主权；不同之处在于对南海断续线内水域的法律地位的认定存在差异。

2. 国外学者针对南海断续线含义的观点

针对南海问题，国外学者多关注南海断续线的法律地位问题。例如，巴里·维恩（Barry Wain, 2000）主张，如果中国仅主张对断续线内岛礁拥有主权，应删去九段线。哈西姆·贾拉尔（Hasyim Djalal, 1995）指出，这些断续线既无定义，又无坐标，故其合法性和准确位置不清楚，中国不能主张对断续线内的全部水域拥有主权。新加坡学者许通美（2011）认为，中国的主权主张不明确，如果南海断续线是岛屿归属线就同《联合国海洋法公约》一致，否则与该公约不一致。对于南沙岛礁能否拥有海域问题，马吕斯·吉特纳斯（Marius Gjetnes）

---

〔1〕　参见赵理海：《海洋法问题研究》，北京大学出版社 1996 年版，第 37 页；李金明：《国内外有关南海断续线法律地位的研究述评》，载《南洋问题研究》2011 年第 2 期，第 59 页；傅崐成：《南（中国）海法律地位之研究》，台北 123 资讯有限公司 1995 年版，第 204—205 页。

〔2〕　See Zhiguo Gao, "The South China Sea: From Conflict to Cooperation", *Ocean Development & International Law*, Vol. 25, 1994, p. 136；李金明：《国内外有关南海断续线法律地位的研究述评》，载《南洋问题研究》2011 年第 2 期，第 61 页；刘楠来：《从国际海洋法看 U 形线的法律地位》，载钟天祥、韩佳、任怀锋编：《南海问题研讨会论文集》（2002 年），海南南海研究中心，第 56 页；俞赐宽：《我国南海 U 形线及线内水域之法律性质和地位》，载海南南海研究中心编：《海南暨南海学术研讨会论文集》（2001 年），第 427—439 页。

认为，按照《联合国海洋法公约》第 121 条之规定，南海断续线内没有岛屿而只有岩礁，最多享有 12 海里领海。罗伯特·贝克曼（Robert Beckman，2011）则以《联合国海洋法公约》为基础尝试对南海进行划界，完全忽视南海断续线在海域划界中的法律地位。还有部分学者甚至认为南海断续线内存在公海海域、国际海底区域，等等。[1]

这些学者的上述观点，试图极力否定中国在南海诸岛的历史性权利，企图抹杀南海断续线的效力和地位，甚至片面解释《联合国海洋法公约》的制度和作用，最终目的是削减中国在南海诸岛尤其在南沙群岛的领土主权和海洋权益。应强调的是，他们的这些观点严重地违反了国际法中的重要原则时际法。所谓的时际法（Intertemporal Law），是指对于古代的国际事件，应以"当时"的法律来评断其效力，而非适用"当前"（国际性争端发生时或审判时）的国际法。[2]

另外，在中国政府向联合国秘书长提交针对越南和马来西亚联合划界案的反对照会后，印度尼西亚于 2010 年 7 月 8 日向联合国秘书长发出了照会，就我国的上述照会（附带南海断续线地图）提出了反对

---

[1] See Barry Wain, "Beijing Should Erase the U-shaped Line", *the Asian Wallstreet Journal*, May 2000, p. 10. Hasyim Djalal, "Spratly Dispute Needs Democratic Settlement", *the Jakarta Post*, January 1995, p. 5. Zou Keyuan, "The Chinese Traditional Maritime Boundary Line in the South China Sea and Its Legal Consequences for the Resolution of the Dispute over the Spratly Islands", *IJMCL*, Vol. 14, 1999. Marius Gjetnes, *The Legal Regime of Islands in the South China Sea*, 2000. Monique Chemillier-Gendreau, "Sovereignty over the Paracel and Spratly Islands", *Kluwer Law International*, 2000. Zou Keyuan, "South China Sea Studies in China: Achievements, Constraints and Prospects", *SYBIL*, Vol. 11, 2007. Hong Seoung-yong, "Maritime Boundary Disputes, Settlement Processes, and the Law of the Sea", *Martinus Nijhoff Publishers*, 2009.

[2] 时际法原是国内法中用以解决新旧法律在时间上的使用范围问题的概念，现今在解决国家间领土争端时常被提及。1928 年在帕尔马斯岛仲裁案（Palmas Island Arbitration）中，仲裁人胡伯（Max Hubes）首次明确地将时际法适用于该案后，时际法一再被国际司法机关在领土争端案件中所援引。胡伯在适用时际法的过程中，解决权利与法律变化的关系时，将权利的创设和权利的存续加以区分，从而推导出时际法原则所应包含的两个要素。第一，权利的创设必须依据与之同时的法律来判定；第二，权利的存续必须依照涉及该权利存在的关键时候的法律予以确定。第一要素的实质是"法律不溯及既往"，这为国际法学者所普遍接受。依照第二要素，基于第一要素取得的权利，如果没有按照法律的演进予以相应的维护就有丧失的可能，尽管新的法律不能追溯地使其自始无效。参见王可菊：《时际法与领土的取得——基于解决领土争端中的理论与实践》，载《太平洋学报》2012 年第 5 期，第 20—26 页。

意见，指出中国南海断续线"明确缺乏国际法基础"，"侵害了国际社会的合法利益"。具体来说，印度尼西亚认为，中国南海断续线违反国际法，南沙任何岛礁均不能主张 200 海里专属经济区。[1] 为此，我们有必要考察中国拥有南海诸岛主权的历史以及南海断续线的形成过程。

（二）中国南海断续线的形成过程

在论述南海断续线的形成之前，需考察中国对南海诸岛的主权。而中国拥有南海诸岛主权，是中国人民在长期的历史发展过程中，通过最早发现、最早命名、最早经营开发，并在历代中国政府行使连续不断的行政管辖的基础上逐步形成的。这一发展过程有充分、确凿的历史依据，国际社会也是长期承认的[2]，这完全符合国际法。

1. 中国拥有对南海诸岛无可争辩的主权

从历史上看，南海诸岛自古以来就是中国的一部分。东汉杨孚《异物志》载："涨海崎头，水浅而多磁石，缴外大舟，铟以铁叶，值之多拔。"三国时期万震《南州异物志》记录了从马来半岛到中国的航程，其载："东北行，极大崎头，出涨海，中浅而多磁石。"在此所指的"崎头"是我国古人对礁屿和浅滩的称呼；"涨海"是我国古代对南海最早的称谓；"涨海崎头"指南海诸岛的礁滩。可见，至少在东汉时期，我国人民就发现和命名了南海。

宋代开始以石塘、长沙等专用名称指称南海诸岛。石塘又称千里石塘、万里石塘；长沙又称千里长沙、万里长沙、万里长堤。其中，"石塘"多指南沙群岛，而"长沙"多指西沙群岛。同时，宋代已将南海诸岛列入"琼管"范围，即"千里长沙""万里石塘"属于当时广南西路琼州的管辖范围，可见，南海诸岛纳入中国版图已现端倪。[3]

---

〔1〕　参见孙国祥：《南海形势新发展与两岸合作的前景与挑战》，载中国南海研究院编：《海峡两岸南海问题学术研讨会——两岸视角下的南海新形势论文集》（2011 年），第5 页。

〔2〕　参见李国强：《中国南海诸岛主权的形成及南海问题的由来》，载《求是》2011 年第15 期。

〔3〕　参见李国强：《中国南海诸岛主权的形成及南海问题的由来》，载《求是》2011 年第15 期。

至明清两代，中国政府继续将南海诸岛列入中国版图并置于广东省琼州府万州辖下，行使了有效管辖。此外，至宋代起，南海诸岛及其附近海域成为水师巡航的重要领域，例如，宋太祖在开宝四年（公元971年）平定南汉刘鋹后，建立巡海水师，巡管范围即包括西沙群岛。此后，明清王朝将南海诸岛及其附近海域视为所辖之地，中国水师巡卫海防、行使管辖成为惯例。其中，明朝初年郑和七下西洋的任务之一就是巡视南海诸岛，也就是国际法意义上的宣示主权。[1]

另外，我国渔民自明清以来就在西沙、南沙群岛上作业，在海南渔民保存的《更路簿》和《航海图》中，就记载西沙群岛和南沙群岛的俗用地名分别为34处和75处，且每处都详记更路和方向。这些记载表明，我国渔民对南沙群岛非常熟悉和不断经营开发南沙群岛的历史事实。[2]

晚清至近代以来，中国政府继承了历代南海范围的传统海疆观，一方面抵御外来侵扰，维护南海主权权益，包括"二战"后收复日本取代欧美列强势力侵占的南海诸岛，派出军舰、官员，将南海归入广东省管辖。对于这种行使主权的行为，当时周边国家没有提出异议。另一方面，更值得一提的是，中国历代政府多次统计和公布南海诸岛的名称，并在地图上进行标记，即中国政府于1935年、1947年、1983年三次对南海诸岛予以命名、核定和公布，从而使中国在南海诸岛的主权地位更加牢固。

中华人民共和国成立后，中国政府于1958年9月4日公布了《关于领海的声明》。中国政府宣布：中国的领海宽度为12海里；这项规定适用于中国的一切领土，包括中国大陆及其沿海岛屿，和同大陆及其沿海岛屿隔有公海的台湾及其周围各岛、澎湖列岛、东沙群岛、西沙群岛、中沙群岛、南沙群岛以及其他属于中国的岛屿。对此，1958年9月14日越南政府总理范文同致函中国总理周恩来，代表越南民主共和国政府郑重表示："越南民主共和国承认和赞同中国政府1958年

---

〔1〕 参见郑海麟：《中国对南海诸岛的领有权不容挑衅》，载中国太平洋学会官网，http://www.psc.org.cn/cms/Article/ShowArticle.asp? ArticleID=580，最后访问日期：2011年6月26日。

〔2〕 参见张良福：《中国与邻国海洋划界争端问题》，海洋出版社2006年版，第68—70页。

9 月 4 日关于领海决定的声明，并将指示负有职责的国家机关，凡在海面上和中国发生关系时，要严格遵守中国领海宽度为 12 海里的规定。"[1] 范文同的信函表明，越南承认西沙群岛和南沙群岛属于中国。

对于菲律宾来说，在 20 世纪 70 年代以前，与菲律宾有关的任何法律文件（包括 1898 年《美西巴黎条约》、1900 年《美西华盛顿条约》、1946 年《美菲一般关系条约》、1961 年 6 月 17 日菲律宾第 3046 号共和国法案《菲律宾领海基线订定法》、1968 年 9 月 18 日菲律宾第 5446 号法案）在关于其领土范围的规定中，均没有提到南沙群岛属于菲律宾。20 世纪 70 年代以后，菲律宾为侵占南沙群岛才开始修改其关于领土范围的提法或发布新的关于其领土范围的文件[2]。

此外，我国于 1992 年 2 月 25 日制定和实施的《领海及毗连区法》再次确认了对南海诸岛的主权。例如，《领海及毗连区法》第 2 条第 2 款规定，"中华人民共和国的陆地领土包括中华人民共和国大陆及其沿海岛屿、台湾及其包括钓鱼岛在内的附属各岛、澎湖列岛、东沙群岛、西沙群岛、中沙群岛、南沙群岛以及其他一切属于中华人民共和国的岛屿"。

可见，中国针对南海诸岛的主张是连续的、一贯的，中国拥有对南海诸岛无可争辩的主权，符合国际法领土要求。

2. 东盟一些国家对南沙群岛拥有主权的论据无效

由于东盟国家中非法抢占我国南海诸岛最多的国家为越南和菲律宾，现以越南和菲律宾针对南海诸岛（南沙群岛）的主张为例，予以分析。

（1）越南声称对南海诸岛拥有主权的主张分析。在南海周边国家中，越南是唯一对西沙群岛和整个南沙群岛声称拥有主权的国家。其主要依据为：

第一，历史上的"占有"。越南声称是历史上第一个占领、组织、控制和勘探南沙群岛的国家。其途径是先把中国的西沙和南沙群岛改

---

[1] 参见《人民日报》1958 年 9 月 22 日报道，转引自张良福：《中国与邻国海洋划界争端问题》，海洋出版社 2006 年版，第 78—80 页。

[2] 参见张良福：《中国与邻国海洋划界争端问题》，海洋出版社 2006 年版，第 80—81 页。

名为"黄沙"和"长沙"群岛，然后将其史书中有关黄沙和长沙的记载都说成是中国的西沙和南沙群岛，这样就成了其所说的"最先占领国家"。[1] 其实，越南历史图籍中的黄沙、长沙都是越南近海中的一些岛屿、沙滩，与我国所称的西沙、南沙群岛毫无关系。[2] 越南这种偷梁换柱、张冠李戴的做法，无法改变中国拥有对西沙、南沙群岛主权的事实。

第二，越南声称作为法国的继承国继承了南沙群岛的主权。"二战"后法国并没有拥有南沙群岛，且没有文件证实法国与越南做过移交，按照法国的说法，南沙群岛并没有交给后来已被准许独立的越南，同时，北越政权接管了南越，而北越曾承认中国拥有西沙群岛和南沙群岛的主权，且现在的越南政府是继承北越而不是继承南越，所以依据"禁止反言"原则，越南必须坚持原先的承认。[3] 换言之，越南声称拥有对西沙、南沙群岛的主权主张是不能成立的。

（2）菲律宾声称对南沙部分岛礁拥有主权的论据分析。菲律宾对南沙群岛的部分岛礁提出声称，其依据为 1978 年 6 月 11 日菲律宾第 1596 号总统法令所言：第一，南沙群岛对菲律宾的安全和经济命脉至关重要；第二，菲律宾与南沙群岛最邻近；第三，南沙群岛在法律上不属于任何国家，是无主地，如果有其他国家提出主权要求，这种要求已因放弃而失效。[4]

其实，菲律宾的上述理由均无法成立。首先，菲律宾不能以安全和经济利益为由，随意地对他国的领土提出主权要求，尽管菲律宾为维系社会发展对能源资源需求强烈，但也不能因此而对他国领土主权提出挑战；否则将混乱国际领土归属问题，严重影响国际秩序。其次，邻近不是国际法取得领土的合理方式。最后，南沙群岛根本不是无主地，"二战"后，中国政府已从日本收回了对南沙群岛的主权，并加

〔1〕 参见李金明：《南海领土争议的由来与现状》，载《世界知识》2011 年第 12 期，转引自《新华月报》2011 年 7 月（上半月），第 67 页。
〔2〕 参见韩振华主编：《我国南海诸岛史料汇编》，东方出版社 1988 年版，第 15—22 页。
〔3〕 参见李金明：《南海领土争议的由来与现状》，载《世界知识》2011 年第 12 期，转引自《新华月报》2011 年 7 月（上半月），第 67 页。
〔4〕 参见李金明：《南海争端与国际海洋法》，海洋出版社 2003 年版，第 83—88 页。

强对其的管辖，包括在太平岛派海军驻守，且从未放弃。[1] 所以，菲律宾针对南沙部分岛礁的权利主张是根本无法成立的，也无法改变其属于中国的历史事实。

可见，东盟一些国家针对南海诸岛的主张（包括先占、继承、邻接、放弃等），均无法改变长期以来中国对南海诸岛拥有主权的历史事实和法理依据。而在众多的历史和法理依据中更为重要的是中国在南海公布的断续线，为此，以下分析中国南海断续线的成形及背景等内容。

3. 中国南海断续线的成形及其背景

中国历代政府强化对南海诸岛管理的方法之一为经过调查和勘探后，多次为南海诸岛予以命名并在地图上予以标记，最具代表性的成果为，中华民国政府内政部于 1947 年 12 月 1 日正式公布的"南海诸岛新旧名称对照表"，共计 159 个小岛或礁屿，1948 年 2 月内政部正式对外出版注明所有岛礁名称的"南海诸岛位置图"，在其内正式划有一条 U 形断续线，将东沙群岛、西沙群岛、中沙群岛和南沙群岛均包括在内，并将最南端的曾母暗沙明确标出，位于北纬 4 度左右。这一 U 形断续线并不连贯，共分为 11 段。[2] 至此，中国南海断续线形成。

笔者认为，中国政府在南海划出断续线的背景，主要包括以下方面：

第一，外国入侵所迫。1933 年法国军舰入侵南海（南沙群岛）九小岛一事，对中国人造成极大影响，朝野人士均认为南海诸岛主权之维护刻不容缓。1934 年 12 月 21 日，由国民政府内政部召集参谋部、外交部、海军司令部、教育部、蒙藏委员会组成的"水陆地图审查委员会"召开第 25 次会议，审定南海各岛礁中英岛名，并公布"关于我

---

〔1〕 "二战"后，中国政府收复日本占领南海诸岛的过程为：1946 年 9 月 2 日，国民政府发布关于收复西沙南沙群岛的训令，经内政、外交和国防三部会商后，派出以海军为主的接收人员，顺利接收了西沙和南沙群岛，并分别竖立"太平岛""南沙群岛太平岛""南威岛""西月岛"等石碑，重申中国对南海诸岛的主权。以上内容，参见李国强：《中国南海诸岛主权的形成及南海问题的由来》，载《求是》2011 年第 15 期。

〔2〕 参见傅崐成：《南海的主权与矿床——历史与法律》，台北幼狮文化事业公司 1981 年版，第 192—202 页；又见傅崐成：《南（中国）海法律地位之研究》，台北 123 资讯有限公司 1995 年版，第 2—3 页；李金明：《南海争端与国际海洋法》，海洋出版社 2003 年版，第 50—52 页。

国南海诸岛各岛屿中英地名对照表"，这是中国政府第一次对南海诸岛的"准标准化"命名，正式将南海诸岛分为 4 个部分：东沙群岛、西沙群岛、南沙群岛（今中沙群岛）和团沙群岛（亦称珊瑚群岛，今南沙群岛）。在表中列出了南海诸岛 132 个岛礁滩洲地名。1935 年 4 月，水陆地图审查委员会出版《中国南海各岛屿图》，这是国民政府公开出版的具有官方性质的南海专项地图，图中较为详细地绘出了南海诸岛，并将南海最南端标绘在大约北纬 4 度的曾母滩。1947 年 12 月 1日，中国政府内政部重新审定东、西、中、南四沙群岛及其所属各岛礁沙滩名称，正式公布了"南海诸岛新旧地名对照表"，其中东沙群岛 3 个，西沙群岛 33 个，中沙群岛 29 个，南沙群岛 102 个，合计 167个岛礁沙滩洲；并在图中标绘了 11 段线，构成 U 形的断续线。1948年 2 月，内政部公布《中华民国行政区域图》，其附图即"南海诸岛位置图"。[1]

换言之，中国南海 U 形线雏形产生于法国侵占南沙群岛九小岛之时；定形于抗日战争之后，法国再度侵占西沙群岛的珊瑚岛和南沙群岛的部分岛礁，以及菲律宾企图将群岛"合并于国防范围之内"的背景之下。中国政府采取这些防患措施，目的是维护中国政府在南海诸岛的领土主权，并向世界公布中国政府在南海的管辖海域。即中国政府公布南海 U 形线的目的是为确定中国对西沙、南沙群岛的主权和管辖范围。[2]

第二，海洋形势所趋。众所周知，1945 年 9 月 28 日美国发布了《关于大陆架的底土和海床的自然资源的政策的第 2667 号公告》（也称《杜鲁门公告》），目的是建立排他性的资源保护区以及获取大陆架的利益。[3] 此后，很多国家特别是拉美国家纷纷采取更加激进的 200 海里

---

[1] 参见李国强：《中国南海诸岛主权的形成及南海问题的由来》，载《求是》2011 年第 15 期。在此应注意的是，对于 1947 年 12 月 1 日中国政府公布命名南海诸岛的数量（159 个），李国强教授主张的数量（167 个）与傅崐成教授的数据（159 个）不一。由于无法确定真实数量，所以只能如实注明，特此说明！

[2] 参见李金明：《国内外有关南海断续线法律地位的研究述评》，载《南洋问题研究》2011 年第 2 期，第 59 页；又见李金明：《南海争端与国际海洋法》，海洋出版社 2003年版，第 52—53 页。

[3] 《杜鲁门公告》内容，参见北京大学法律系国际法教研室编：《海洋法资料汇编》，人民出版社 1974 年版，第 386—387 页。

专属经济利益海域政策，在这种背景下，中国政府采取了比较温和的政策，公布了以"中间线"方式划定的 U 形线，试图区隔其他南海周边国家与中国在海域上的权利和利益空间，并保障中国本身在此海域的"历史利益"。[1] 当然，中国政府在南海划出 U 形线的行为，并不是受《杜鲁门公告》影响的海洋"圈地运动"，也不是为了扩大在海域中的权利主张范围，[2] 而是在《杜鲁门公告》的影响下，中国政府加速了公布南海 U 形线的步伐，目的是为了维护南海诸岛的领土主权和管辖范围，确保历史性权利，并向国际社会予以宣告。

（三）中国南海断续线的性质及线内水域的法律地位

中华民国政府于 1947 年 12 月在地图上公布南海 U 形线后，被中华人民共和国所继承，即在地图上也基本沿袭以前的画法。1953 年经周恩来总理批准，去掉了北部湾内的 2 条，此后出版的中国地图均改为九段线，并运用至今。[3] 鉴于中国南海 U 形线在南海问题争议中的地位和作用的重要性，所以，有必要考察中国南海断续线或 U 形线的性质及线内水域的法律地位。

1. 中国南海断续线或 U 形线的性质

如上所述，针对中国南海 U 形线的含义或性质，国际社会存在多种学说或观点，主要为以下 4 种类型：历史性权利说，历史性水域说，海上疆域线说和岛屿归属线说。[4] 在这些学说中，有的学说强调 U 形线内水域的地位是依据中国在南海的历史性的利益或权利而形成的，例如历史性权利说和历史性水域说；有的学说强调南海 U 形线本身的法律地位，例如海上疆域线说和岛屿归属线说，并在此基础上说明断

---

[1]　参见傅崐成：《南（中国）海法律地位之研究》，台北 123 资讯有限公司 1995 年版，第 43—44 页。

[2]　参见李金明：《国内外有关南海断续线法律地位的研究述评》，载《南洋问题研究》2011 年第 2 期，第 59 页。

[3]　参见邹克渊：《对南海 U 形线的若干法律思考》，载海南南海研究中心编：《南海问题研讨会论文集》（2002 年），第 27—28 页。转引自许森安：《南海断续国界线的内涵》，载海南南海研究中心编：《21 世纪的南海：问题与前瞻研讨会文选》（2000 年），第 83 页。

[4]　有关国际社会针对中国南海 U 形线的争论及观点内容，参见李金明：《国内外有关南海断续线法律地位的研究述评》，载《南洋问题研究》2011 年第 2 期，第 54—62 页。

续线的性质。

实际上，南海 U 形线本身的性质与 U 形线内水域的法律地位及属性是不同的两个方面，但它们又紧密关联，不可分割。一般而言，如上所述，只有在确立南海诸岛的领土尤其是南沙岛礁的主权归属后，才可以确定南海 U 形线内水域或海域的法律地位和属性，因为"陆地支配海洋"是国际海洋法的基本原则或理论。

应该说历史性权利说、历史性水域说，强调了中国南海 U 形线的特殊属性，尤其是历史上的权利，包括捕鱼权、航行权和测量权等，这是我国依据 U 形线在南海获取最大利益的重要因素，切不可放弃，但这些学说在证明中国于 U 形线内水域有效行使或持续行使过排他性的权利方面，存在缺陷。尽管国际社会并不存在明确界定历史性权利和历史性水域的概念，但学者多认为，由于历史性权利与国际法领土取得有关，所以必须具备以下三个要件：有效管辖，长时间管辖和其他国家的默认。即沿海国对该海域要明显、有效、持续地行使主权并超过一定的时期，且得到国际社会的默认。[1]

换言之，主张基于历史性权利下的"历史性水域"至少要说明对该海域一直实施有效管辖且未曾中断的事实。对此，我国的理由未必成熟，难以得到国际社会的承认。

第一，从我国划定 U 形线至今，中国大陆和台湾地区行使的权利均仅限于各自有效控制岛屿的周边海域，我国对 U 线内水域未曾行使过任何公开及有效的主权行为。

第二，如上所述，虽然台湾行政主管部门于 1993 年 4 月 13 日在"南海政策纲领"中曾宣示："南海历史性水域界线内之海域为我国管辖之海域"，1999 年 2 月 10 日台湾当局发布的相关文件称，"在我国

---

[1] See L. H. Bouchez, *The Regime of Bays in International Law*, Maritime Nijhoff, The Hugue, 1964, p. 281. Stuart B. Kaye, "Territorial Sea Baselines Along Ice-Covered Coasts: International Practice and Limits of the Law of the Sea", *Ocean Development & International Law*, Vol. 1, 2004, p. 90. 俞赐宽：《我国南海 U 形线及线内水域之法律性质和地位》，载海南南海研究中心编：《海南暨南海学术研讨会论文集》(2001 年)，第 427—439 页。此外，对于基于历史性权利的历史性水域，须具备以下三个要素的其他表述为：第一，沿岸国必须公开地主张该水体在其主权管辖范围之内，并行使主权；第二，沿岸国家必须长期有效地行使其主权；第三，行使主权必须是和平及持续的，并获得外国的知悉与默认。参见傅崐成：《海洋法专题研究》，厦门大学出版社 2004 年版，第 326—328 页。

传统 U 形线内之南沙群岛全部岛礁均为我国领土，其领海基线采直线基线及正常基线混合基线法划定，有关基点名称、地理坐标及海图另案公告"。但对于 U 形线内水域是否为历史性水域，则无特别论及。同时，尽管 1998 年 6 月《中国专属经济区和大陆架法》第 14 条规定："本法的规定不影响中国享有的历史性权利"，但也没有作出具体的说明。

第三，在历次海洋法会议中，中国从未对 U 形线内水域提出过任何宣示。同时，印尼前驻德大使哈西姆·贾拉尔及马来西亚海洋事务协会领导人本·艾哈迈德·哈姆扎（Ben Ahmed Hamzah）在我国提出主张后的历次"南海会议"上对该 U 形线之法律地位提出质疑和反对，所以，就构成"历史性权利"上的"时间要素"而言，过于短暂，且邻国反对，并未满足第三国"默示同意"要件。[1]

对于海上疆域线说，由于构成国家领土的疆域是专属的，而中国从未将 U 形线内水域作为国家领土看待，也从未对外国船只在 U 形线内水域的自由航行提过抗议，海上疆域说也不能成立。为此，对于南海 U 形线的法律地位，比较容易接受的学说为岛屿归属线说，即南海 U 形线最基本的性质或法律地位为岛屿归属线，换言之，南海诸岛内的所有岛礁沙滩洲均属于中国。南海 U 形线的岛屿归属线说，既符合国民政府内政部当年决定标绘 U 形线的原意和中华人民共和国成立后中国政府采取的一贯立场，也符合海洋法的相关制度规范。[2]

可见，我国在南海的断续线无法主张历史性水域线、历史性权利线及海上疆域线，而从法律含义和政策制度看，主张南海断续线为岛屿归属线比较合适，但问题是岛屿归属线无法满足我国长期以来拥有对南海诸岛的权利和管辖权，特别是无法体现我国在南海诸岛尤其在南沙群岛的传统性权利，无法对曾母暗沙之类的领土主张相关海域。所以，笔者认为，我国南海断续线的性质应为岛屿归属及资源管辖线。其基本内涵为以下方面：第一，断续线内所有岛礁沙滩洲的主权属于中国；第二，中国可选择部分南沙群岛采用直线基线划定群岛水域，

---

[1]　参见魏静芬：《海洋法》，台北五南图书出版股份有限公司 2008 年版，第 331—332 页。
[2]　参见刘楠来：《从国际海洋法看 U 形线的法律地位》，载钟天祥、韩佳、任怀锋编：《南海问题研讨会论文集》（2002 年），海南南海研究中心，第 56 页。

但在群岛水域内应不妨碍其他国家的过境通行权；第三，中国对南沙群岛内的上覆水域、海床及其底土等自然资源享有主权权利，至于海域的范围，应根据海洋法制度和基于历史权利下的水域确定，以体现对资源的管辖；第四，在中国内水以外的海域，其他国家继续享有航行、飞越、铺设海底电缆和管道的自由，以及与这些自由有关的海洋其他国际合法用途。[1] 南海断续线的这种定性，具体反映在南海断续线内水域的法律地位和属性方面。

2. 南海断续线或 U 形线内水域的法律地位及属性

由于《联合国海洋法公约》内的多数制度已成为习惯国际法，所以，针对南海 U 形线内水域的法律地位及属性对照《公约》内的海域制度进行定性是比较合理的。这也符合作为《公约》缔约国的我国应遵守《公约》制度规范的要求。

首先，线内水域不是内水。中国政府从未表明线内水域为内水；中国政府从未反对其他国家在该线内水域船舶之自由航行。

其次，线内水域不是领海。中国《关于领海的声明》第 1 项指出，中国的领海宽度为 12 海里，其适用于中国的一切领土，包括中国大陆及其沿海岛屿，和……台湾及其周围各岛、澎湖列岛、东沙群岛、西沙群岛、中沙群岛、南沙群岛以及其他属于中国的岛屿；第 2 项指出，中国大陆及其沿海岛屿的领海以连接大陆岸上和沿海岸外缘岛屿上各基点之间的各直线为基线，从基线向外延伸 12 海里的水域是中国的领海。同时，中国《领海及毗连区法》第 3 条第 1 款规定，"中华人民共和国领海的宽度从领海基线量起为 12 海里"。可见，只有在距离南海诸岛基线外 12 海里之内的带状水域，才是中国的领海，其他 U 形线内广大的水域，均非领海。

最后，线内水域也不是公海。如果 U 形线内之水域，除各岛礁四周 12 海里宽之领海外都是公海的话，则中国政府就没有必要在 1947 年公布的"南海诸岛位置图"中划出 U 形线。鉴于 U 形线公布的目的是确定中国在南海诸岛的主权和管辖范围，所以，U 形线内水域必然与 U 形线外水域不同，它不可能是公海。当然，依据中国政府《关于领

─────────────

〔1〕 参见周忠海：《论海洋法中的"历史性所有权"》，载钟天祥、韩佳、云山、苏燕编译：《中外南海研究论文选编》（2001 年），海南南海研究中心，第 120—121 页。

海的声明》第 1 项的内容，可能在南海存在少量的公海。

笔者认为，对于断续线或 U 形线内水域的法律地位和属性，可以在岛屿归属线的基础上，依据《公约》规范的制度确定领海、毗连区和专属经济区范围，然后再考虑中国对南海诸岛的历史性权利或要素，以确定南海 U 形线内剩余水域或海域的法律地位及属性，换言之，断续线内部分水域是依据中国对南海诸岛的历史性权利而确定的，是一种具有历史性权利的特殊水域。也就是说，断续线内水域具有两种类型，并因来源不同而具有不同的性质，且两种类型的水域并不矛盾，可平行存在。

第一类为海洋法制度下的水域。即依据《公约》确立的海域，包括领海、毗连区和专属经济区等。考虑到南海诸岛的特殊性，存在多数的礁、滩、沙和洲等，所以，能否在南沙群岛以直线基线划出两三块群岛水域，实施群岛水域制度，是中国面临的挑战。因为，根据《公约》群岛国制度第 46 条的规定，所谓的"群岛"是指一群岛屿，包括若干岛屿的若干部分、相连的水域和其他自然地形，彼此密切相关，以致这种岛屿、水域和其他自然地形在本质上构成一个地理、经济和政治的实体，或在历史上已被视为这种实体。所以，中国须证明构成群岛水域的要件。但中国政府《关于领海基线的声明》（1996 年 5 月 15 日）宣布西沙群岛领海基线的直线连线，为我国继续在南沙群岛利用直线基线宣布其基线提供了基础。[1]

从《公约》群岛国制度尤其是第 47 条第 1 款的规定来看，似乎排除了不属于"群岛国"的"洋中群岛"适用直线基线或群岛基线的可能性。[2] 但法律中存在对于相同的客体应适用相同标准的法律制度的理论，即无论它们是"群岛国"的"洋中群岛"还是非群岛国的"洋中群岛"，均应适用相同的法律制度。因为它们均构成国家领土不可分割的一部分，其政治、经济、安全等方面的地位及作用是相同的。同时，《公约》中也没有对非群岛国的"洋中群岛"的基线如何划定作

---

〔1〕　例如，我国《领海及毗连区法》第 3 条第 2 款规定，"中华人民共和国领海基线采用直线基线法划定，由各相邻基点之间的直线连线组成"；中国政府《关于领海基线的声明》称，中国政府将再行宣布中国其余领海基线。

〔2〕　《联合国海洋法公约》第 47 条第 1 款规定，"群岛国可划定连接群岛最外线各点和各干礁的最外缘各点的直线群岛基线"。

出明确规定。

　　另外，从海洋法具体法律制度的形成及各国海洋立法实践看，任何国家无不针对本国之特殊情况，从最大限度维护其海洋利益出发，作出最有利及可行的选择与决策。所以，中国依据群岛基线在南沙群岛部分海域适用群岛水域制度是可行的，且他国有适用此制度的具体实践。例如，厄瓜多尔的加拉帕戈斯群岛（Galapagos Islands）、丹麦的费罗群岛（Faeroe Islands）、挪威的斯瓦巴德群岛（Svalbard Islands）、印度的安达曼·尼科巴群岛（Andaman & Nicobar Islands）及拉卡威普群岛（Lakshaweep Islands）、密克罗尼西亚群岛（Micronesia）。[1] 换言之，只要我国持续坚持此立场，则我国在南沙群岛部分海域适用群岛水域制度是可能的。

　　第二类为基于历史性权利下的特殊水域。在依据《公约》确立第一类海域后，中国可依据历史性权利在剩余的海域主张特殊水域。中国将南海的剩余水域主张为特殊水域的国内法主要基础为《专属经济区和大陆架法》第 14 条、《海洋环境保护法》第 2 条。[2]

　　而中国在此特殊水域中享有各种优先的权利，以体现对断续线内资源的管辖，主要包括对其中的海洋各种资源进行管理、养护、勘探和开发之优先权利，保护与保全环境之优先权利，科学研究之优先权利，航海、航空交通管制的权利，甚至包括管制周边国家相关航行活动。当然，一直以来中国政府未对断续线内水域的某些权利（例如，航海、航空管制权）予以管制，这将会是争议的焦点。

　　可见，中国南海 U 形线的性质、其线内水域的法律地位及属性问题，直接关系到我国在南海尤其是在南沙群岛的主权及利益的维护和确保，而为使我国在南海诸岛利益最大化，我国政府和人民的外交智慧面临着巨大的挑战，这也是我们学者应继续合力抓紧研究和破解的重要课题。[3]

---

〔1〕　参见魏静芬：《海洋法》，台北五南图书出版股份有限公司 2008 年版，第 336—338 页。

〔2〕　例如，中国《海洋环境保护法》（1999 年）第 2 条规定："本法适用于中国内水、领海、毗连区、专属经济区大陆架以及中国管辖的其他海域。"

〔3〕　有关南海 U 形线的法律地位方面的详细内容，参见傅崐成：《南（中国）海法律地位之研究》，台北 123 资讯有限公司 1995 年版，第 201—210 页。

二、南海岛礁的属性与地位

在南海仲裁案中，仲裁庭对南海海洋地物（岛屿、岩礁等）的严苛甚至错误的裁定，是影响南海问题解决的重要方面。为此，结合《联合国海洋法公约》岛屿制度内容就岛屿和岩礁的法律要件予以解析。

（一）问题的起因

在南海仲裁案前，岛屿和岩礁地位问题，起因于日本政府在 2008 年 11 月 12 日向联合国大陆架界限委员会提交的以冲之鸟礁为基点主张的外大陆架划界案，其主张的海域面积约达 74 万平方公里。[1] 即在日本外大陆架划界案中，日本将冲之鸟礁视为岛屿的做法，引起了国际社会的关注和不满。例如，中国和韩国针对冲之鸟礁问题提出了各自国家的立场，中韩两国在向联合国秘书长提交的书面声明中指出，冲之鸟是礁不是岛，无法以其为基点主张大陆架和外大陆架，大陆架界限委员会无权审议以冲之鸟为基点的外大陆架相关资料。[2] 此次事件引发了对冲之鸟礁的资格和法律地位的争议，这些争议涉及海洋法岛屿制度，而造成上述争议的原因为岛屿制度是折中和妥协的产物，且岩礁构成要件的相关术语具有模糊性，所以针对岛屿和岩礁的构成要件和法律地位就存在认识上的分歧和不同的解释。

日本提交的以冲之鸟为基点主张专属经济区和大陆架的外大陆架划界案，正是利用国际社会针对岛屿制度的不同理解所采取的措施，即日本认为，岩礁不应满足岛屿的构成要件。日本的理论依据为，《联合国海洋法公约》第 121 条第 3 款只是关于岩礁的规定，不是关于岛屿的规定，岩礁不是岛屿，不应适用第 1 款的要件。即日本认为，《公

---

〔1〕　关于日本外大陆架划界案的详细内容，参见金永明：《日本外大陆架划界申请案内涵与中国的立场》，载《中国海洋法学评论》2009 年第 1 期，第 28—39 页。

〔2〕　中国常驻联合国代表团于 2009 年 2 月 6 日向联合国秘书长提交了针对日本冲之鸟的书面立场声明，载联合国官网，http：//www.un.org.un/Deps/los/clcs_new/submission_files/jpn08/chn_6feb09_c.pdf，最后访问日期：2009 年 3 月 12 日。韩国也于 2009 年 2 月 27 日针对冲之鸟问题向联合国秘书长提出了与我国政府声明内容相同的书面声明，载联合国官网，http：//www.un.org.un/Deps/los/clcs_new/submission_files/jpn08/kor_27feb09.pdf，最后访问日期：2009 年 3 月 12 日。

约》第 121 条的第 1 款和第 3 款是独立的，但这种观点是与国际社会的多数观点相矛盾的。

一般而言，所谓的海洋法，主要是指现今综合规范海洋问题的条约——《联合国海洋法公约》；而关于岛屿制度的内容被规定在《公约》的第 121 条（岛屿制度）。[1] 其第 1 款规定，"岛屿是四面环水并在高潮时高于水面的自然形成的陆地区域"。第 2 款规定，"除第 3 款另有规定外，岛屿的领海、毗连区、专属经济区和大陆架应按照本公约适用于其他陆地领土的规定加以确定"。第 3 款规定，"不能维持人类居住或其本身的经济生活的岩礁，不应有专属经济区或大陆架"。

从针对冲之鸟问题的立场可以看出，国际社会对于岛屿制度的争议具体体现在以下方面：第一，针对规范岛屿制度的《公约》第 121 条结构上的认识和理解的分歧，即应整体理解第 121 条第 1—3 款的内容，还是应单独或独立理解它们的内容的分歧；第二，对《公约》第 121 条第 3 款构成岩礁要件的相关术语存在解释上的分歧。

总之，上述分歧源于对岛屿制度条款结构理解不一和岩礁构成要件相关术语的模糊性。

（二）海洋法岛屿制度的整体性与单独性

日本对于岛屿制度条款的理解（"单独说"的观点）是与国际社会的多数观点（"整体说"）相违背的。从上述岛屿制度的条款结构来看，《公约》第 121 条第 1—3 款都是关于岛屿制度的规定。具体来说，第 1 款是指广义的岛屿，即《公约》规定了广义的岛屿概念。第 2 款是关于一般意义上的岛屿的规定，即具有与陆地领土相同地位的岛屿可主张相应的海域方面的规定。第 3 款是关于岩礁的规定，它不是从岩礁的概念直接出发作出的规定，而是从岩礁效力的角度出发作出的规定，换言之，能维持人类居住或其本身的经济生活的岩礁与岛屿一样，可主张专属经济区和大陆架。即岩礁有可主张专属经济区和大陆架的岩礁与不能主张专属经济区和大陆架的岩礁两种。同时，第 3 款

---

〔1〕 关于南海仲裁案对岛屿要件认定及对《公约》第 121 条第 3 款的分析内容，参见高圣惕：《论南海仲裁裁决对〈联合国海洋法公约〉第 121（3）条的错误解释》，载《太平洋学报》2018 年第 12 期，第 24—34 页。

是对第 2 款的制约，也就是说，并不是所有的岩礁都能与第 2 款的岛屿一样可主张专属经济区和大陆架。

可见，《公约》第 121 条中的第 1—3 款各有侧重，进而构成岛屿制度的全部。《公约》第 121 条第 3 款作出如此模糊规定的主要原因为，对岩礁的概念无法作出统一的定义。这也可从讨论《公约》的第三次联合国海洋法会议上针对岛屿制度的争议内容得到佐证。

在第三次联合国海洋法会议上，关于岛屿制度的争议，主要分为以下两种观点。第一，分类处理派。即主张应根据一定的标准将岛屿分类，并赋予各类岛屿不同的法律地位。其理由为，让人类不能居住、不能维持经济生活的小岛取得其周围 200 海里的专属经济区等广大的海域，将严重影响海洋自由使用，限制以人类共同继承财产为基础的国际海底区域的范围，所以，一些国家主张，应按照岛屿的形状、大小、人口的多少等综合标准将它们分为岛屿和岩石（或岩礁）。第二，统一处理派。即主张对岛屿不设具体标准，赋予所有的岛屿统一的地位。可见，前者以是否拥有专属经济区和大陆架分类岛屿为目的；后者以承认所有岛屿拥有专属经济区和大陆架为目的。[1]

经过审议和协调，在第三次联合国海洋法会议上通过的《公约》关于岛屿的定义（第 121 条第 1 款）中并未规定相关的要素或标准。应该说，《公约》第 121 条是上述两种观点妥协的产物。因为，从《公约》第 121 条的结构和内容可以看出，国际社会既间接地采纳了统一处理派的观点，也采纳了分类处理派的意见，岛屿制度可谓是调和的产物，具体内容体现在第 1 款和第 3 款。

确实，要让《公约》在岛屿制度中对岩礁的概念作出界定是非常困难的，因为，岩礁的概念既要考虑其本身的自然（地质学和地形学等方面的构造和形态）属性、社会属性、历史文化和经济属性等，还要考虑各国的利益，而平衡这些属性和利益确实是一件很困难的事。所以，《公约》回避了直接用概念作出规定的做法，只是从效力的角度对部分岩礁作出了界定。但这种对《公约》第 121 条规定的模糊性

---

[1]　参见［日］加加美康彦：《联合国海洋法公约作为可持续发展的媒介——试论第 121 条第 3 款》，载日本海洋政策研究财团编：《再生"冲之鸟岛"调查研究报告书》（2005 年），2006 年 3 月，第 102—103 页。

正是在实践中引发争议的原因。

一般认为，《公约》第 121 条第 3 款中的岩礁，也应是第 1 款中的岛屿的一种，即第 3 款中的岩礁被认为是岛屿的一种特别形态，这种观点也多被学界认可[1]。换言之，《公约》第 121 条整体是关于岛屿制度的规定，第 3 款的岩礁只是例外的岛屿，而被称为岩礁，所以，第 3 款的岩礁也应符合第 1 款规定的要件，即岛屿是四面环水并在高潮时高于水面的自然形成的陆地区域的要件，否则，其不应有专属经济区和大陆架。当然，上述对《公约》第 121 条的这种文本解释，也存在不同的意见。这正是日本和中韩两国对冲之鸟地位的争议所在。例如，日本政府代表曾在 1999 年 4 月 16 日举行的众议院建设委员会上在回答关于冲之鸟岛礁的问题时指出，冲之鸟满足《公约》第 121 条第 1 款岛屿的条件，它是岛屿不是岩礁，同时指出，第 121 第 3 款不是关于岛屿的规定，而是关于岩礁的规定，况且《公约》也没有关于岩礁的定义，即使从国家实践来看，此条也不能成为特定地形不能拥有专属经济区和大陆架的依据[2]。日本政府现在仍然持上述立场。从日本政府的立场可以看出，其是将《公约》第 121 条的第 1 款和第 3 款内容分开处理和单独理解的。这种理解是国际社会关于冲之鸟问题出现分歧的本质原因，其不仅违反岛屿制度从文本解释得出的观点，也违反《公约》岛屿制度的立法宗旨。

可见，《公约》第 121 条中的第 1—3 款是应作为整体处理的，特别是第 3 款应理解为对第 2 款的制约。所以，日本试图将第 1 款和第 3 款予以分离，无视第 3 款作用的做法，是不能被国际社会接受的。

（三） 岛屿与岩礁构成要件相关术语内涵剖析

由于《公约》岛屿制度并未对岩礁的概念作出正面的界定，致使

[1] 参见 [日] 林司宣：《现代海洋法的成形与课题》，信山社 2008 年版，第 187 页。Also see M. S. Fusillo, "The Legal Regime of Uninhabited 'Rocks' Lacking an Economic Life of Their Own", *Italian YBIL*, Vol. 4, 1978 – 79, p. 51; Anderson, "British Accession to the UN Convention on the Law of the Sea", *ICLQ*, Vol. 46, 1997, p. 761; J. Charney, "Rocks That Cannot Sustain Human Habitation", *AJIL*, Vol. 93, 1999, p. 864.

[2] 参见日本众议院官网，http://www.shugiin.go.jp/index.nsf/htm/index_kaigiroku.htm，最后访问日期：2009 年 12 月 16 日。

有些国家利用《公约》岛屿制度的模糊性来行使《公约》的权利，日本外大陆架划界案中针对冲之鸟的立场与做法就是如此。

既然《公约》第 121 条第 1 款和第 3 款是作为一个整体的，那么如何判断是岛屿还是岩礁呢？判断岛屿和岩礁的法律地位，需要界定构成岩礁的法律要件。关键是需界定岩礁的相关术语的内涵，即需界定何为岩礁，人类的居住或本身的经济生活具体内容是什么，何谓自然形成的陆地等含义，以便判定到底是岛屿还是岩礁。

1. 岩礁的概念与存在的问题

如上所述，尽管在岛屿的定义中没有考虑大小和人口的多少等要素，且《公约》第 121 条第 3 款的岩礁多被认为是作为岛屿的特别形态处理的，岛屿的大小问题间接地在《公约》中残存着；同时，在第三次联合国海洋法会议上，有国家提出了利用岛屿的大小和地质学上的特征作为标准以区分岛屿和岩礁的提案，但考虑到即使是由地质学上坚固的岩质组成的较大岛屿，仍有被认定为岩礁而不拥有专属经济区和大陆架的可能性；相反，以土砂为主形成的小岛，也有被作为岛屿处理的可能性，这将带来不公平的结果，为此，以在认定方面并不是依据地质学上的形成过程而区别对待为理由，最终在《公约》的条款中只保留了岩礁的用语，而不增加任何的其他要件。[1] 从第 3 款规定不能满足经济生活等要件的岩礁不能赋予其专属经济区和大陆架的内容可以看出，该规定部分地反映了这些国家的观点。所以，《公约》岛屿制度中法律意义上的岩礁，一般与大小及地质学的特征无关，即使是砂洲、环礁等也多被认为是岩礁，但这种岩礁即使在高潮时也应以露出水面为要件。如果仅在低潮时露出水面，高潮时没入水中的岩礁，则被认定为低潮高地，此时，如果低潮高地全部或一部与大陆或岛屿的距离不超过领海的宽度，该高地的低潮线可作为测算领海宽度的基线；反之，则该高地没有自己的领海。[2]

---

〔1〕　参见〔日〕栗林忠男：《岛屿制度》，载日本海洋协会编：《新海洋法公约缔结之际国内法制研究》，内部资料，1994 年，第 107—126 页。

〔2〕　例如，《公约》第 13 条第 1 款规定，"低潮高地是在低潮时四面环水并高于水面但在高潮时没入水中的自然形成的陆地。如果低潮高地全部或一部与大陆或岛屿的距离不超过领海的宽度，该高地的低潮线可作为测算领海宽度的基线"；第 2 款规定，"如果低潮高地全部与大陆或岛屿的距离超过领海的宽度，则该高地没有其自己的领海"。

另外，在第三次联合国海洋法会议上，关于岩礁的定义无任何记录，也没有对此进行讨论，所以，在《公约》中根本不存在关于岩礁定义方面的内容。[1] 为此，关于岩礁的定义有待国家实践的发展而确定。

在国家实践中，一些国家有将离岸很远的孤岛作为岛屿处理，且不考虑其地质学上的特征设定专属经济区的事例。例如，位于加勒比海的委内瑞拉的 Abes 岛是由砂和礁组成的，其长约 600 米，最窄处宽度约为 30 米；位于英格兰和苏格兰附近挪威的面积约 373 平方千米的扬马延（Jan Mayen）岛为火山岛；离墨西哥海岸约 670 海里位于太平洋的法国占领的面积约 1.6 平方千米的克利珀顿（Clipperton）岛是由珊瑚礁和火山岩组成的，等等，这些国家均在上述岛屿周边设定了专属经济区。[2] 与此相对照，也有一些国家将明显地仅由岩块组成的岩礁，不设定专属经济区。例如，墨西哥没有将位于北部雷维利亚希赫多（Revillagigedo）群岛中的 Alijos 岩礁设定专属经济区；[3] 英国曾根据 1976 年《渔业水域法》在离英格兰海岸约 200 海里处的岩礁罗科尔（Rockall）（面积约 624 平方米）周边设定了渔业水域，作为渔业海域的一部分，该做法因受到丹麦、芬兰等国的反对，因为它们认为上述的所谓岛屿为岩礁，无法主张专属经济区（渔业水域），为此，英国在 1997 年加入《公约》时，作了如下声明：Rockall 岩礁在《公约》第 121 条第 3 款下不能成为确定英国渔业水域边界的有效基点，其界限必须再次考虑。此后，英国修改了 1976 年的《渔业水域法》，以完全满足《公约》第 121 条的要件。[4]

可见，即使在国家实践中，对于岩礁的地位和作用也存在不同的意见和做法，还未形成统一的做法，所以，在岩礁和岛屿的认定方面，

---

〔1〕 [日] 栗林忠男：《岛屿制度与"冲之鸟岛"的法律地位》，载日本海洋政策研究财团编：《维持和再生"冲之鸟岛"调查研究报告书》（2007 年），2008 年 3 月，第 64—65 页。

〔2〕 [日] 林司宣：《现代海洋法的成形与课题》，信山社 2008 年版，第 190—191 页。

〔3〕 参见 [日] 加加美康彦：《联合国海洋法公约作为可持续发展的媒介——试论第 121 条第 3 款》，载日本海洋政策研究财团编：《再生"冲之鸟岛"调查研究报告书》（2005 年），2006 年 3 月，第 115 页。

〔4〕 See Anderson, "British Accession to the UN Convention on the Law of the Sea", *ICLQ*, Vol. 46, 1997, pp. 778 – 779.

仍有待国家实践的发展和新的国际规则的补充，包括修改《公约》岛屿制度，增加关于岩礁定义方面的内容等。

2. 维持人类居住或经济生活的关系与内涵

从《公约》第 121 条第 3 款内容来看，在对其的解释或判定上应厘清以下几个问题：

第一，人类居住与经济生活的关系。《公约》第 121 条第 3 款中包含了两个要素："人类居住"和"经济生活"，并且用"或"连接，所以，一般来说，只要满足一个要件，该岩礁就不能主张专属经济区和大陆架。换言之，该岩礁只要满足一个要件，就会被作为一般的岛屿对待。当然，与这种一般观点相反，还存在应将上述两个要件一并考虑（认为上述两个要件应作为一个整体，不能分割，必须同时满足）的观点，甚至还有学者主张应再加上必须具备利用海洋空间的共同体的要求，才能主张专属经济区和大陆架的观点。[1] 这些观点严格地解释了《公约》第 121 条第 3 款，仅是少数派。应补充指出的是，在第三次联合国海洋法会议上起草该条款内容时，曾由丹麦提出用"和"的提案，但在审议过程中这一提案很快就遭到了否定，并一直由"或"作为讨论和使用的用语。[2] 所以，从制定《公约》的审议过程也可看出，《公约》倾向于认为对人类居住、经济生活两者的关系应分开考虑，而不能作为统一的要件。这种观点还得到了 1981 年爱尔兰和挪威间关于扬马延岛屿在大陆架划界案中的调解委员会的支持。该案例概要为：在扬马延没有定住民，当时只有在岛上进行气象观测所需人员数十人，并作为国防部管辖的基地常驻，在岛内并未进行经济活动。调解委员会在 1981 年的报告和建议中否定了爱尔兰的主张（爱尔兰认为该岛为岩礁），认定扬马延岛可适用当时正在起草的《海洋法公约》的第 121 条第 1 款和第 2 款，调解委员会判定其有专属经济区和大陆架。[3]

---

〔1〕　See J. van Dyke, J. Morgan and J. Gurish, "The Exclusive Economic Zone of the Northwestern Hawaiian Islands: When Do Uninhabited Islands Generate an EEZ?" *San Diego L. Rev.*, Vol. 25, 1988, pp. 437 – 438.

〔2〕　See J. Charney, "Rocks That Cannot Sustain Human Habitation", *AJIL*, Vol. 93, 1999, p. 868.

〔3〕　See Conciliation Commission on the Continental Shelf between Iceland and Jan Mayan: Report and Recommendations to the Governments of Iceland and Norway, 1981, *ILM*, Vol. 20, 1981, pp. 803 – 804.

第二，人类居住的含义。从《公约》条文的字面上理解，至少可以认为"人类居住"并不限于现状这种事实，如果能提供即使在将来可以维持人类居住的材料，就不能适用《公约》第 121 条第 3 款，而可主张专属经济区和大陆架，但前提是现在必须提供现在或将来人类居住的可能性方面的证据。[1]

前已言及，主张《公约》第 121 条第 3 款的两个要件应作为一个整体的学者认为，在满足人类居住的要件中必须在该岩礁或其附近存在具有一定规模的且有组织的共同体。这种观点的理由是基于持续的经济生活，上述的共同体是不可缺少的。当然，如果把《公约》第 121 条第 3 款的两个要件看作单独的观点作为通说，也存在一定的不合理性。[2] 从实践来看，上文提及的扬马延案中，调解委员会认为扬马延不属第 121 条第 3 款的岩礁，但调解委员会并未对该岛是否满足"人类居住"这个要件进行具体的探讨。另外，与人类居住相关的案例为克利珀顿岛案。即在离墨西哥海岸约 670 海里的法国占领的孤岛上 1892 年至 1917 年曾居住着以采集植物为业的少数人员，他们依靠外部补给的食粮、水为生。[3] 为此，在《海洋法公约草案》审议过程中的 1978 年，法国在该岛周边设定了专属经济区。同时，法国认为该岛不能满足维持经济生活的要件，就建造了海岸警卫队的设施（雷达基地和海洋科学调查基地），并让军人和数名科学家驻留。[4]

可见，从理论和实践上看，对于《公约》121 条人类居住的要件存在不明确的状况，需要继续关注。

第三，经济生活的含义。即所谓的不能维持本身的经济生活，是指什么？经济生活，自然应包含开发自然资源及其他的生产活动，诸如灯塔及其他航行支援设施建设等有利于海运、渔业活动及娱乐产业

---

[1] See B. Kwiatkowska and A. H. A. Soons, "Entitlement to Maritime Areas of Rocks Which Cannot Sustanin Human Habitation or Economic Life of Their Own", *Netherlands YBIL*, Vol. 21, 1990, pp. 160, 166 and 163.

[2] 参见 [日] 林司宣：《现代海洋法的成形与课题》，信山社 2008 年版，第 193—194 页。

[3] 参见 [日] 山本草二：《海洋法》，三省堂 1997 年版，第 96—98 页。

[4] 参见 [日] 加加美康彦：《联合国海洋法公约作为可持续发展的媒介——试论第 121 条第 3 款》，载日本海洋政策研究财团编：《再生"冲之鸟岛"调查研究报告书（2005 年）》，2006 年 3 月，第 114 页。

的活动，一般多被认为是"经济活动"的组成部分。同时，根据地理位置也有将商业卫星的基地作为经济活动加以利用的情形。[1] 即使在很小的岩礁也能设置无人灯塔及通信设施，有学者认为，如要满足经济生活的要件，仅此是不够的，还要满足商业性或生产活动的要件。[2] 这种气象观测及通信设施一般不属于商业活动，如果将其活动和数据通过网络等公开的话，则就会发展成为广泛使用的情形，从而出现或具备经济活动或经济生活的要素，所以，从这个意义上来说，将设置无人灯塔及通信设施的活动完全区别于"经济生活"在当今社会似乎有一定的难度。

此外，对于在岩礁上以经济目的设置的无人设施和构筑物（或建筑物）通过远程操控加以维持和利用，又应如何看待呢？随着科技的发展，可以预见这种类型的维持和利用状况在未来将会增加，为此，有学者认为，这种状况通常应被包含在"经济生活"之内。[3]

为满足"经济生活"要件，也有学者提出可以在岩礁的周边通过设立海洋保护区及自然保护区等方式来实现要件的建议。[4] 对此，笔者认为，为保护环境采取上述措施可以产生各种形式的经济利益，例如，增加鱼种资源，扩大生态观光旅游收入，开发和销售利用珊瑚的商品，减少污染带来的健康利益减损等，无疑这些活动最终会满足"经济生活"的要件。在国家实践中，已有国家将小岛及岩礁指定为自然保护区或特别保护区的做法，例如，委内瑞拉的 Abes 岛，美国西北的夏威夷群岛等。但如果诸如上述的相关具体活动（如开发和销售利用珊瑚的商品、生态旅游等）不被认为是经济活动的话，仅靠设定所谓的自然保护区或特别保护区，是不会与《公约》第 121 条第 3 款规定的"经济生活"直接自动地相联系的。因此，对于诸如设定自然保护区或海洋保护区之类的活动，应根据各个具体的情况和实际加以

〔1〕　See E. D. Brown, *The International Law of Sea*, Vol. I（Aldershot：Dartmouth，1994），p. 150；J. Charney，"Rocks That Cannot·Sustain Human Habitation"，*AJIL*，Vol. 93，1999，p. 871.

〔2〕　参见 〔日〕 林司宣：《现代海洋法的成形与课题》，信山社 2008 年版，第 195 页。

〔3〕　See B. Kwiatkowska and A. H. A. Soons，"Entitlement to Maritime Areas of Rocks Which Cannot Sustanin Human Habitation or Economic Life of Their Own"，*Netherlands YBIL*，Vol. 21，1990，pp. 164 – 165.

〔4〕　参见 〔日〕 林司宣：《现代海洋法的成形与课题》，信山社 2008 年版，第 195 页。

判断，积累多数的国家实践，逐步在国际社会形成这些活动为"经济生活"的共识，从而赋予其符合"经济生活"的要件。当然，在目前的情形下，这种共识还很难达成。

另外，也有观点认为，岩礁的"经济生活"不应仅限于在岩礁本身陆地上的经济活动，也应包括在其领海内的经济活动。因为，即使是不能维持经济生活的岩礁，也应拥有领海，所以，在领海内的诸如渔业养护和管理活动、矿物资源开发活动等，当然地属于《公约》第121条第3款规定的"经济生活"；相反，在其领海外的经济活动就不属于上述条款的"经济生活"。

实际上，现今多数的国家通过制定国内法，在距海岸很远的无人岛处已设立了专属经济区和大陆架，并在该无人岛周边（不是在其领海，而是在其专属经济区和大陆架内）进行开发石油和其他矿物资源、生物资源的活动了。[1]

最后，关于"不能维持"的时间范围。上已言及，《公约》第121条第3款中"不能维持"的含义不仅包括现在的状态，还应包括将来可能维持的状态。在国家实践中，尽管是较少的实践，该观点已得到确认。例如，在挪威面积约为13.2平方千米的无人岛（Abel）上，政府规定禁止捕猎北极熊，对此，1996年挪威最高法院指出，如果在上述岛屿不加禁止的话，则可维持大量的狩猎活动，为此，其判定该岛不是《公约》第121条第3款的岩礁，而是岛屿。[2]

第四，本身的经济生活中的"本身"的含义。《公约》第121条第3款关于"本身的经济生活"中"本身"的含义，是指其经济生活只依赖于该岩礁的资源而维持本身的活动，还是指包括通过外部的支援维持本身的经济生活，很不确定。在条文的起草过程中，也有国家提出了应强调本身自给生活的必要性的建议，甚至有学者强调了具备安定而有组织的共同体的必要性，但其同时指出自给并不是完全必要的。[3]

---

〔1〕 参见［日］林司宣：《现代海洋法的成形与课题》，信山社2008年版，第196页。

〔2〕 See A. Oude Elferink, "Is It Either Necessary or Possible to Clarify the Provision on Rocks of Article 121 (3) of the Law of the Sea Convention?" in M. A. Pratt and J. A. Brown, eds., *Borderlands under Stress*, 2000, p. 392.

〔3〕 参见［日］林司宣：《现代海洋法的成形与课题》，信山社2008年版，第197页。

　　如果该岩礁本身包括其领海且具有经济价值，例如，存在渔业资源及石油和天然气、观光资源、利用风力和海水温度差等发电资源，同时，如果该岩礁具备适合作为卫星基地条件的话，也能产生经济价值，所以，对这些资源的开发和利用成功的话，只需从外部购买必要品就能支撑其经济活动，从而充分地维持经济生活。

　　在此，问题的关键在于何种程度的外部支援，才能被认为是符合"本身"条件的经济活动。众所周知，即使是在大陆内地的一些区域，如果完全没有外部的支援，则维持其经济活动在现代社会也几乎是不可能的，所以，要求处于完全与外部隔离的孤岛满足自给经济活动的要件，是绝对不合理的、无理由的。那么，何种形式、何种程度的支援才是合理的呢？对此，国际社会并没有明确的标准。一般来说，在依靠外部支援时，对外部的依赖度越高，则发展其本身的经济活动会越困难，其本身的活动也不太可能维持。但这也不是绝对的，因为随着各种活动种类的增加及科技的进一步的发展，情形会发生很大的变化，也可能改变上述的一般观点，所以，对于外部的依赖程度和支援方式也只能考虑今后的国家实践，并根据各种状况和情形作出判断。

　　3. 自然形成的陆地区域的含义

　　《公约》第 121 条第 1 款规定，岛屿是四面环水并在高潮时高出水面的自然形成的陆地区域，且第 121 条第 3 款的岩礁是岛屿的一种，所以，也应适用岛屿的要件，即岩礁也应是自然形成的陆地区域。那么，自然形成的陆地区域是指什么呢？大家知道，在低潮高地建设的诸如灯塔及平台等那样的建筑物属于人工设施或结构，很明显它们不是自然形成的，所以，无法在其周围设定领海[1]

　　从条文内容来看，所谓自然形成的陆地区域，其含义是不明确的，即它关注的是形成或扩张陆地的材料，还是在形成的过程中试图排除人类活动的参与（或加入），并不清楚。对此，国际社会存在两种观点或解释。[2] 为便于阐述，笔者将它们称为两要件论和单要件论。

　　第一，两要件论。持这种观点的学者认为，自然形成的陆地区域

<hr/>

[1]　参见《联合国海洋法公约》第 60 条、第 80 条。

[2]　参见［日］山本草二：《海洋法》，三省堂 1997 年版，第 83—85 页。Also see D. P. O' Connell, *The International Law of the Sea*, Oxford：Clarendon Press，1982，p. 196.

既要强调形成材料的自然属性，也要强调形成过程的自然属性。

第二，单要件论。其分为强调材料要件论和过程要件论两种。材料要件论者认为，使用珊瑚礁及土砂等自然材料填埋低潮高地，制造出高潮时也高于水面的陆地，就被认为满足了自然形成的要件。过程要件论者认为，根据上述材料形成的陆地不能作为新岛处理；持这种观点的人是完全排除人工的加入，还是同意因人工的加入促进了陆地区域的自然过程，仍可认为是自然形成的陆地区域，对此，他们并没有作出回答。例如，因自然的力量出现了一小块干燥的陆地，通过人工的方法使其能保持干燥，或将处于满潮时没入水面的礁通过人工的方法使其通常保持露出水面而干燥等，此时，既不能说它们完全是非自然地形成的陆地区域，也不能说是完全自然形成的陆地区域。

可见，对于何谓自然形成的陆地区域，国际社会也并未形成统一的解释，仍有待跟踪和观察。

（四）完善岛屿制度若干建议

从上面的分析可以看出，国际社会对海洋法岛屿制度，即对《公约》岛屿制度（第121条）的规定存在不同的解释，重点是对岛屿和岩礁的地位判断存在分歧。但不可否认的是，国际社会多认为，《公约》第121条第1—3款是应作为整体加以认识和理解的，这也符合岛屿制度的发展历程，以及制定《公约》岛屿制度的宗旨。即便如此，《公约》第121条第3款相关术语的模糊性依然存在。

为能使国际社会统一对《公约》第121条的认识和理解，需要考虑修改和完善关于岛屿制度的内容，包括增加岩礁的定义。而从修改《公约》的第312条规定来看，修正案需以协商一致达成协议的方式进行，这并不是一时可以做到的。[1] 从《公约》第313条以简化程序进行修正的规定来看，如果缔约国给联合国秘书长书面通知，提议以简

---

[1] 例如，《联合国海洋法公约》第312条规定："自本公约生效之日起十年期间届满后，缔约国可给联合国秘书长书面通知，对本公约提出不涉及'区域'内活动的具体修正案，并要求召开会议审议这种提出的修正案……适用于修正会议的作出决定的程序应与适用于第三次联合国海洋法会议的相同，除非会议另有决定。会议应作出各种努力就任何修正案以协商一致方式达成协议，且除非为谋求协商一致已用尽一切努力，不应就其进行表决。"

化程序修正《公约》的话，则只要有一个缔约国反对提出的修正案或反对以简化程序通过修正案的提案，该提案应视为未通过[1]。所以，要对《公约》岛屿制度作出修改完善是相当困难的。

在无法修改《公约》岛屿制度，国际社会又未能对岛屿和岩礁地位形成共识的情形下，我们应该严格地解释岛屿制度中的相关术语，避免扩大解释，进而造成对公海制度和国际海底区域制度的损害。这样做是符合《公约》制定岛屿制度的初衷、宗旨的，特别是第3款的主要目的在于否定若干岩礁享有专属经济区和大陆架的权利，以免该款失去对第2款的限制意义。同时，这也是《公约》第300条要求缔约国诚意履行义务、避免滥用权利的体现[2]。而所谓的对岩礁的严格解释，主要体现在以下方面：

（1）岩礁是岛屿的一种特别形态，其必须是自然形成的陆地区域，这种自然形成的陆地区域强调构成材料和过程的自然属性。

（2）岩礁必须在相当长时期内能维持人类居住，而不是短期内的维持人类居住。

（3）岩礁维持本身经济生活所需资源应限于岩礁本身所产，而不应包括其领海内及外地输入的资源，否则会造成扩大化的趋势，甚至出现滥用该权利的行为。

（4）开发岩礁本身资源必须符合经济原则，保护海洋环境。因为一些国家为使岩礁能符合"经济生活"的要件，一定会试图开发岩礁本身的资源，而不讲求经济开发原则，并污染海洋环境，违反缔约国保护和保全海洋环境的义务。

此外，从上面的分析也可以看出，日本针对冲之鸟问题的立场与做法是无法获得国际社会的认可的，其企图扩张海域面积，获取更多的海洋资源的目的也是无法实现的。因为冲之鸟主要存在以下几个无法克服的问题。

---

〔1〕　例如，《联合国海洋法公约》第313条规定："缔约国可给联合国秘书长书面通知，提议将本公约的修正案不经召开会议，以本条规定的简化程序予以通过，但关于'区域'内活动的修正案除外……如果在从分送通知之日起12个月内，一个缔约国反对提出的修正案或反对以简化程序通过修正案的提案，该提案应视为未通过。"

〔2〕　例如，《联合国海洋法公约》第300条规定："缔约国应诚意履行根据本公约承担的义务并应以不致构成滥用权利的方式，行使本公约所承认的权利、管辖权和自由。"

第一，以冲之鸟为基点主张专属经济区和大陆架，违反公平原则。因为，以冲之鸟为基点主张的专属经济区面积（约42万平方千米）远远超过了冲之鸟的实际面积，并严重地损害了其他国家在此海域的航行和测量活动等方面的公海自由，损害国际海底区域制度，严重违反公平原则。

第二，对冲之鸟的人工加工工事，依然满足不了自然形成的陆地区域的要件。日本政府斥巨资强化了对冲之鸟的保护，包括构筑了钛制网、防波堤等，目的是避免其沉入水下，显然，这种人工方法的引入，依然改变不了其无法满足自然形成的陆地区域要件之事实。即冲之鸟依然是岩礁，而不能成为岛屿。[1]

第三，日本的相关行为损害、污染海洋环境。日本试图通过调查冲之鸟周边海域的珊瑚生存环境，培养适合其生长的条件，并企图利用珊瑚的残片和有孔虫壳构筑洲岛，以满足所谓的经济生活的要件。而这种以培养和繁殖珊瑚的行为有损海洋环境、引发海洋污染。《公约》第192条规定，各国有保护和保全海洋环境的义务。所谓的"海洋环境的污染"，根据《公约》第1条第1款的规定，是指人类直接或间接把物质或能量引入海洋环境，以致造成或可能造成损害生物资源和海洋生物、危害人类健康、妨碍包括捕鱼和海洋的其他正当用途在内的各种海洋活动、损坏海水使用质量和减损环境优美等有害影响。

三、南海仲裁案对海洋法的冲击

南海依其空间位置和地理禀赋具有重要的地缘政治和战略地位，尤其是南海区域具有重要的安全和资源价值，是多个国家长期以来竞相争夺的重要场所。特别是菲律宾于2013年1月22日依据《联合国海洋法公约》第286条、第287条和附件七（仲裁）的规定单方面提起南海仲裁案，以及仲裁庭无视中国政府的立场（不接受、不参与）执意推进仲裁程序，并于2015年10月29日作出了关于管辖权和可受

---

〔1〕 关于日本针对冲之鸟的具体政策和措施，参见金永明：《日本针对冲之鸟的政策与措施及我国的对策建议》，载《上海法学研究》2010年第3期，第22—27页。

理性问题的裁决，2016 年 7 月 12 日，仲裁庭作出所谓的最终裁决，整个事件引发国际社会的极大关注。

笔者认为，菲律宾无视中国政府的反对立场，单方面提起南海仲裁案，仲裁庭执意推进仲裁程序，利用其责权及《联合国海洋法公约》体系的制度性缺陷，超越和扩大自身权限，作出了在事实认定和法律适用等方面存在严重错误的违法裁决。这样的裁决不仅不能解决争议，反而使南海问题更为复杂，解决更为困难，同时，使海洋法体系出现混乱，遭遇冲击和破坏。南海仲裁案的提出及裁决不仅不能促进海洋法的发展，反而使国际海洋秩序面临重大挑战，即该仲裁案裁决严重损抑国际仲裁机构的基本功能。

（一）南海仲裁案无法解决南海争议

国际司法或仲裁的基本功能之一是解决争端，即所谓的"定分止争"的功能。而菲方提起的诉求既非完全属于《联合国海洋法公约》的解释或适用的争端，也非中菲两国之间存在的真实的争端，所以根本无法解决中菲两国之间存在的南海争议包括核心争议和附属争议。

众所周知，中菲两国之间在南海的核心争议是针对南沙部分岛礁的领土争议以及由此引发的海域划界争议，而依据《公约》第 288 条的规定和中国于 2006 年 8 月向联合国秘书长提交的排除性书面声明，在中菲两国无特殊协议的情形下，仲裁庭对上述事项无管辖权。换言之，仲裁庭无权解决南海核心争议。

那么，菲律宾提交仲裁的事项，是否为中菲两国之间存在的真实的争议或同一的争议呢？换言之，仲裁庭的裁决可以解决中菲两国之间在南海所谓的附属争议吗？

从菲方所提仲裁 15 项诉求内容看，依据《中华人民共和国关于菲律宾共和国所提南海仲裁案管辖权问题的立场文件》（简称《中国立场文件》）可将菲律宾所提的仲裁事项主要归纳为三类。[1] 第一，中国在《公约》规定的权利范围以外，对"九段线"（即中国南海断续线）内的水域、海床和底土所主张的"历史性权利"与《公约》不符。第二，

---

〔1〕《中国立场文件》内容，参见中国政府网，http：//www. gov. cn/xinwen/2014 - 12/07/content_ 2787663. htm，最后访问日期：2014 年 12 月 8 日。

中国依据南海若干岩礁、低潮高地和水下地物提出的200海里甚至更多权利主张与《公约》不符。第三，中国在南海所主张和行使的权利非法干涉菲律宾基于《公约》所享有和行使的主权权利、管辖权以及航行权利和自由。[1] 针对菲律宾的主张，笔者进行如下分析：

1. 中菲双方对南沙岛礁地位及属性问题不存在争议

对于南沙群岛内的海洋地物，仲裁庭认为，人类居住不是在某个地物上的短暂性居住，需要的是稳定的人类群体的居住；而在南沙群岛上，没有任何迹象表明，稳定的人类群体曾经形成于这些群岛上。所以，仲裁庭认为，南沙群岛上的所有高潮地物（包括太平岛、中业岛、西月岛、南威岛、南子岛和北子岛）都不能维持《公约》第121条第3款意义上的人类居住或其本身的经济生活，所以它们是《公约》第121条第3款规定的法律意义上的岩礁，都不能产生专属经济区或大陆架。[2]

尽管仲裁庭具有对《公约》的解释或适用的争端的权限，但其只具有解释《公约》条款的功能，不具有立法的功能。从仲裁庭对岛屿制度的严苛解释的内容看，实际上是一种新的立法，所以超越了其自身的权限，具有违法性和无效性。相应地，仲裁庭对岛屿制度的这种严苛解释很难被国际社会及后续案例所接受，对海洋法的发展很难有积极的促进作用，反而会冲击海洋法的体系和权威。[3]

---

[1] 参见《中国立场文件》，第8段。

[2] See In the Matter of the South China Sea Arbitration before an Arbitral Tribunal Constituted under Annex VII to the 1982 United Nations Convention on the Law of the Sea between the Republic of the Philippines and the People's Republic of China Award, July 12, 2016, pp. 252 – 260, paras. 618, 621, 625 and 646.

[3] 仲裁庭对岛屿制度的严苛解释，体现在以下方面：第一，对于维持人类居住，不仅要保持人类生活和提供健康的必需品，并需要支持一定时期及符合适当的标准；第二，对于维持经济生活，提供的必需品，不仅要满足经济生活的开始，而且要保证经济生活的继续，以及该经济活动要保持一定时期；第三，对于人类居住，仅仅有少量人群存在并不能构成永久性居住或惯常性居住，维持人类居住需要该地物能够提供支持，保持和提供食物、饮料和住处，以便人员可以永久地或惯常地居住于此，并持续一段时间；第四，对于本身的经济生活，要使经济活动成为一个地物的经济生活，维持经济生活的资源必须是本地的，而不是进口的。See In the Matter of the South China Sea Arbitration before an Arbitral Tribunal Constituted under Annex VII to the 1982 United Nations Convention on the Law of the Sea between the Republic of the Philippines and the People's Republic of China Award, July 12, 2016, pp. 252 – 260, paras. 487, 489 – 490 and 500.

其实，仲裁庭对这些事项进行裁定之前，首先要确定相关岛礁的领土主权，并完成相关海域划界。可见，菲律宾要求在不确定相关岛礁主权归属的情况下，先适用《公约》的规定确定中国在南海的海洋权利，并提出一系列仲裁要求，违背了解决国际海洋争端所依据的一般国际法和国际司法实践。仲裁庭对菲律宾提出的任何仲裁请求作出判定，都将不可避免地直接或间接对本案涉及的相关岛礁以及其他南海岛礁的主权归属进行判定，都将不可避免地产生实际上海域划界的效果。因此，中国政府认为，仲裁庭对本案的这些事项明显没有管辖权。[1] 相应地，即使仲裁庭对这些仲裁事项作出裁决，也无法解决南海核心争议问题。

同时，从《公约》岛屿制度的条款结构看，第 121 条第 1—3 款都是关于岛屿制度的规定。具体体现为：第 1 款是指广义的岛屿，即《公约》规定了广义的岛屿概念；第 2 款是关于一般意义上的岛屿的规定，即具有与陆地领土相同地位的岛屿可主张相应的海域方面的规定；第 3 款是关于岩礁的规定，其不是从岩礁的概念直接出发作出的规定，而是从岩礁效力的角度作出的规定。换言之，能维持人类居住或其本身的经济活动的岩礁与岛屿一样，可主张专属经济区和大陆架，即岩礁有可以主张专属经济区和大陆架的岩礁与不能主张专属经济区和大陆架的岩礁两种类型。同时，第 3 款是对第 2 款的制约，也就是说，并不是所有的岩礁都能与第 2 款的岛屿一样可主张专属经济区和大陆架。可见，《公约》第 121 条中的第 1—3 款各具不同的特点，且构成岛屿制度的全部内容。《公约》第 121 条第 3 款作出如此模糊规定的主要原因，是因为对岩礁的概念包括人类居住和本身的经济生活等无法作出统一的定义。

鉴于岛屿制度的复杂性和国际社会岛屿及岩礁形态的多样性，对于岛礁属性的判定问题，国际法院和国际海洋法法庭均予以回避。[2] 尽管仲裁庭具有《公约》的解释或适用于争端的权限，但中国迄今并未定性或明确南海诸岛尤其是南沙岛礁的属性，且中国是以"群岛"

〔1〕　参见《中国立场文件》，第 26—29 段。
〔2〕　参见邹克渊：《岛礁建设对南海领土争端的影响：国际法上的挑战》，载《亚太安全与海洋研究》2015 年第 3 期，第 10 页。

的方式整体主张海洋权利的。例如，中国常驻联合国代表团于 2009 年
5 月 7 日向联合国秘书长所提交的就马来西亚和越南联合外大陆架划
界案，以及越南单独外大陆架划界案的照会中指出，中国对南海诸岛
及其附近海域拥有无可争辩的主权，并对相关海域及其海床和底土享
有主权权利和管辖权；中国政府的这一立场为国际社会所周知。[1] 所
以关于南沙岛礁尤其是中国在南沙占据的岛礁地位问题，并不是中菲
两国之间真正或真实的争议。所谓的争端，是指二者间在法律或事实
论点上的不一致，在法律主张或利害上的冲突及对立，即针对特定主
题，二者互相对抗的主张出现明显化的状况。[2] 换言之，在南沙岛礁
尤其是中国在南沙占据的岛礁地位或属性问题上，由于中国政府迄今
未表明它们的性质和地位，也未依其单独的海洋地物主张相应的海域
及权利，所以并不存在真实的争端，具有不可仲裁性。

2. 仲裁事项为中国排除的争端事项，具有不可仲裁性

众所周知，《公约》体系（《公约》及其九个附件和两个执行协
定）的重要特征之一为建立了全面而系统的争端解决机制。不仅消除
了 1958 年"日内瓦海洋法四公约"将争端解决机制单独规定的缺陷，
而且设立了专门的解决机构——国际海洋法法庭。同时，依据不同的
争端规定了不同的解决方法。[3] 其要旨为：要求各国以和平方法解决
争端，尊重各国协议所规定的自行选择的和平方法解决争端，并根据
国家主权平等原则，赋予各国自主选择争端解决方法的权利。[4] 其特
征主要为：

第一，依据争端种类存在各种不同的规定。即一般性的海洋争端
由第 15 部分的第 279—299 条处理；国际海底区域争端由第 15 部分的

---

[1] 参见《中国对有关国家大陆架划界案和初步信息致联合国秘书长的照会》，国家海洋
    局海洋发展战略研究所课题组编：《中国海洋发展研究报告》，海洋出版社 2011 年版，
    第 593—598 页。

[2] See *PCIJ*, Series A, No. 2, p. 11. 国际法院关于印度领域通过权案的本案判决，参见
    ICJ Reports, 1960, p. 34. 国际法院关于萨尔瓦多和洪都拉斯之间的陆地、岛屿和海上
    边界争端案判决，参见 *ICJ Reports*, 1992, p. 555, para. 326.

[3] John Collier and Vaughan Lowe, *The Settlement of Disputes in International Law*, Oxford,
    2000, p. 84.

[4] A. R. Carnegie, "The Law of the Sea Tribunal", *International and Comparative Law
    Quarterly*, Vol. 28, 1979, pp. 669 – 684.

第 5 节（第 186—191 条）处理；海洋科学研究争端由第 13 部分第 6 节（第 264 条）处理；在第 15 部分，也存在根据争端事项的性质的不同规定。[1]

第二，存在选择性程序和强制性程序。选择性程序基本以《联合国宪章》第 33 条规定的方法为基础（《公约》第 297 条）。即缔约国具有用和平方法解决争端的义务，并要求用《联合国宪章》第 33 条第 1 款的方法解决争端；如果争端方之间存在解决争端的协议（双边和区域性协议），则此协议优先。同时，第 15 部分规定的强制性程序，只有在当事国选择的和平方法未能解决争端且不排除任何其他程序的情形下才可适用（《公约》第 280 条、第 281 条第 1 款）。即如果当事国仍在继续外交谈判或磋商，则不能采取强制性程序；同时，如果当事一方提起强制性仲裁程序，则其应就不能通过规定的程序解决争端进行举证。[2]

第三，对适用强制性程序的限制。对于强制性程序，尽管《公约》规定了多种方法，但基本依据争端当事国的选择性声明，并限制了国际法院或法庭的强制性管辖权（《公约》第 297—298 条）。即在第 15 部分存在多处排除适用强制性程序的防卫性规定，所以其并不是一种彻底并完整的强制性解决争端的制度。[3]

为此，我国于 2006 年 8 月 25 日根据《公约》第 298 条的规定，向联合国秘书长提交了书面声明。该声明指出，对于《公约》第 298 条第 1 款第（a）、（b）和（c）项所述的任何争端（涉及海洋划界、领土主权、军事活动等争端），中国政府不接受《公约》第 15 部分第 2 节规定的任何国际司法或仲裁管辖。[4]

中国于 2006 年 8 月 25 日作出的排除性声明的效果是一经作出即自动适用。在对排除性事项存在争议时，未经中方同意，其他国家不

---

[1] 参见［日］林司宣、岛田征夫、古贺卫：《国际海洋法》（第二版），有信堂 2016 年版，第 175 页。

[2] 参见［日］林司宣、岛田征夫、古贺卫：《国际海洋法》（第二版），有信堂 2016 年版，第 176 页。

[3] 参见［日］林司宣、岛田征夫、古贺卫：《国际海洋法》（第二版），有信堂 2016 年版，第 176 页。

[4] 关于《中国依联合国海洋法公约第 298 条规定提交排除性声明》内容，参见《中国海洋法学评论》2007 年第 1 期，第 178 页。

得针对中国就相关争端单方面提交强制争端解决程序。

对于管辖权包括排除性事项的争议问题，《公约》第 288 条第 1 款规定，"法院或法庭，对于按照本部分向其提出的有关本公约的解释或适用的任何争端，应具有管辖权"；第 4 款规定，"对于法院或法庭是否具有管辖权如果发生争端，这一问题应由该法院或法庭以裁定解决"。

为此，仲裁庭认为，对于中国作出排除性事项的"关于海域划界的争端"，应作狭义解释，仅包括与海域划界本身有关的事项。而对于排除性争端事项，中国认为"关于海域划界的争端"，应作广义的解释，包括与海域划界争端有关的一切事项或要素。因为关于海域划界是一项整体、系统工程，它既涉及权利基础、岛礁效力等问题，也涉及划界的原则和方法以及为实现公平解决所必须考虑的所有相关因素。菲律宾将中菲海域划界问题拆分并将其中的部分问题提交仲裁，势必破坏海域划界问题的整体性和不可分割性，违背海域划界应以《国际法院规约》第 38 条所指国际法为基础以及必须"考虑所有相关因素"的原则，将直接影响今后中菲海域划界问题的公平解决。[1]

在此的问题是，如果对排除性事项的解释发生争端，则由仲裁庭予以裁决，而这种裁决是以仲裁员自我满足为条件的，在事实认定和法律适用方面，以及在如何确保不出庭一方的权利上，《公约》体系存在严重缺陷。[2] 因为它不存在合理可行的具体救济措施。[3] 换言之，即使国家作出排除性事项的声明，这些事项是否属于可仲裁的事项，是由仲裁庭决定的，这造成国家对排除性事项的不可预见性，也影响国家自主选择解决争端方法的权利，损害国家主权，破坏《公约》争端解决机制，进而影响《公约》体系的完整性和权威性。

---

[1] 参见《中国立场文件》，第 67 段。例如，《联合国海洋法公约》第 74 条第 1 款规定，"海岸相向或相邻的国家间专属经济区的界限，应在国际法院规约第 38 条所指国际法的基础上以协议划定，以便得到公平解决"。

[2] 附件七"仲裁"第 9 条规定，"如争端一方不出庭或对案件不进行辩护，他方可请示仲裁法庭继续进行程序并作出裁决，争端一方缺席或不对案件进行辩护，应不妨碍程序的进行。仲裁法庭在作出裁决前，必须不但查明对该争端确有管辖权，而且查明所提要求在事实上和法律上均确有根据"（Before making its award, the arbitral tribunal must satisfy itself not only that it is jurisdiction over the dispute but also that the claim is well bounded in fact and law）。

[3] 例如，附件七第 12 条第 1 款规定，"争端各方之间对裁决的解释或执行方式的任何争议，可由任何一方提请作出该裁决的仲裁法庭决定"。

尽管菲律宾认为其所提仲裁事项不属于中方 2006 年声明所涵盖的争端，但在中国对此持不同看法的情况下，菲律宾应先行与中国解决该问题，然后才能决定能否提交仲裁。如果按照菲律宾的逻辑，任何国家只要单方面声称有关争端不是另一国排除性声明所排除的争端，即可单方面启动强制仲裁程序，那么《公约》第 299 条的规定就变得毫无意义[1]。相应地，国家依据《公约》第 298 条的规定作出排除性事项的声明因存在不确定性，也无价值，从而动摇国家对《公约》体系的信心，损害《公约》维护海洋秩序的效果和作用。

（二）南海仲裁案冲击海洋法体系的完整性

在作为《公约》缔约国的中菲两国均没有作出书面声明就《公约》第 287 条所列程序作出选择的情形下，尽管依据《公约》第 286 条和第 287 条第 5 款以及附件七第 1 条，菲方有单方面提起仲裁的权利，菲方指称依据《公约》第 286 条、第 287 条和附件七提起强制仲裁程序，"以求和平并永久地解决"双方争端。从形式上看，菲方提起的仲裁满足上述要件。换言之，菲方单方面提起仲裁并不需要他方的同意，菲方具有提起仲裁的主体资格，即主体适格性。但不可否认的是，其提起仲裁需要满足多项前提条件，特别应用尽相关协议规定的解决方法和交换意见的义务并履行用尽上述方法无法解决的举证义务，即解决仲裁的可受理性问题。这些条件是《公约》体系的根本性要求。

1. 双方没有用尽和平方法谈判解决争端的义务

根据《公约》第 281 条，作为有关《公约》的解释或适用的争端各方的缔约各国，如已协议用自行选择的和平方法来谋求解决争端，则只有在诉诸这种方法而仍未得到解决以及争端各方间的协议并不排除任何其他程序的情形下，才适用本部分所规定的程序。《公约》第

---

[1]　参见《中国立场文件》，第 73 段。《联合国海洋法公约》第 299 条第 1 款规定，"根据第 297 条或以一项按照第 298 条发表的声明予以除外，不依第二节所规定的解决争端程序处理的争端，只有经争端各方协议，才可提交这种程序"。即适用《公约》第 297 条和第 298 条的作用在于防止单方面将争端提交《公约》中的程序，而不损害双方通过合意适用该程序的权利。参见〔英〕J. G. 梅里尔斯：《国际争端解决》（第五版），韩秀丽、李燕纹等译，法律出版社 2013 年版，第 221 页。

286 条规定，在第三节（适用第二节的限制和例外）限制下，有关《公约》的解释或适用的任何争端，如已诉诸第一节（一般规定）而仍未得到解决，经争端任何一方请求，应提交根据第二节（导致有拘束力裁判的强制程序）具有管辖权的法院或法庭。

在此的问题是，中菲两国之间的协议包括在中菲系列联合声明和文件以及其他区域性文件中，是否用尽了协议规定的解决方法并排除了强制仲裁程序？其实，中菲之间就通过友好协商和谈判最终解决两国在南海的争端早有共识。

中菲关于南海问题的共识体现在以下文件中。1995 年 8 月 10 日《中华人民共和国和菲律宾共和国关于南海问题和其他领域合作的磋商联合声明》指出，双方"同意遵守"下列原则：有关争议应通过平等和相互尊重基础上的磋商和平友好地加以解决；双方承诺循序渐进地进行合作，最终谈判解决双方争议；争议应由直接有关国家解决，不影响南海的航行自由。1999 年 3 月 23 日《中菲建立信任措施工作小组会议联合公报》指出，双方承诺遵守继续通过友好协商寻求解决分歧方法的谅解；双方认为，中菲之间的磋商渠道是畅通的，同意通过协商和平解决争议。2000 年 5 月 16 日《中华人民共和国政府和菲律宾共和国政府关于 21 世纪双边合作框架的联合声明》规定，双方致力于维护南海的和平与稳定，同意根据公认的国际法原则，包括 1982 年《公约》，通过双边友好协商和谈判促进争议的和平解决；双方重申 1995 年中菲两国关于南海问题的联合声明。2001 年 4 月 4 日《中国—菲律宾第三次建立信任措施专家组会议联合新闻声明》指出，双方认识到两国就探讨南海合作方式所建立的双边磋商机制是富有成效的，双方所达成的一系列谅解与共识对维护中菲关系的健康发展和南海地区的和平与稳定发挥了建设性作用。

同时，上述中菲关于以谈判方式解决有关争端的共识在多边合作文件中也得到确认。例如，2002 年 11 月 4 日签署的《南海各方行为宣言》第 4 条规定，有关各方承诺根据公认的国际法原则，包括 1982 年《公约》，由直接有关的主权国家通过友好磋商和谈判，以和平方式解决它们的领土和管辖权争议。中菲两国于 2004 年 9 月 3 日发表的《中华人民共和国政府与菲律宾共和国政府联合新闻公报》规定，双方一致认为尽快积极落实中国与东盟于 2002 年签署的《南海各方行为宣言》有助于将南海变成合作之海。2011 年 9 月 1 日，中菲发表的《中华人民共和国与菲律宾共和国联合声明》指出，重申将通过和平对话处理争议，并重申尊重和遵守中国与东盟于 2002 年签署的《南海各方行为宣言》。

可见，在中菲双边文件中以谈判方式解决有关争端所使用的"同意"术语，确立两国之间相关义务的意图非常明显。同时，在《南海各方行为宣言》中使用的"承诺"术语，表明同意接受谈判的义务，所以对双方具有拘束力。换言之，尽管《南海各方行为宣言》整体是一份政治性质的文件，但并不能否定其某些条款是具有法律拘束力的，例如，《南海各方行为宣言》第 4 条。即双方受到通过友好磋商和谈判解决两国之间的领土和管辖权争议的拘束。同时，尽管在上述中菲双边文件和《南海各方行为宣言》中没有明文使用"排除其他程序"的表述，但正如 2000 年南方蓝鳍金枪鱼仲裁案裁决所称："缺少一项明示排除任何程序的规定不是决定性的。"[1]

此外，中国在涉及领土主权和海洋权益等重大问题上，一贯坚持由直接有关国家通过谈判的方式解决争端，并取得了一定的成绩。[2] 对此，国际社会包括菲律宾是知晓的。

换言之，对于中菲两国在南海争端中的所有问题，包括菲律宾提出的仲裁事项，双方在协议中同意的争端解决方式只是谈判，排除了其他任何方式，不适用强制仲裁程序。[3]

2. 双方没有用尽以谈判解决争端的交换意见的义务

《公约》第 283 条规定，"如果缔约国之间对本公约的解释或适用发生争端，争端各方应迅速就以谈判或其他和平方法解决争端一事交换意见。如果解决这种争端的程序已经终止，而争端仍未得到解决，

---

[1] 参见《中国立场文件》，第 38—41 段。

[2] 自 20 世纪 60 年代以来，中国通过谈判协商已经与 14 个陆地邻国中的 12 个国家解决了边界问题，划定的边界达到了 20000 公里，占中国陆地边界的 90%。此外，中国和越南通过谈判协商划定了两国在北部湾的海上界线（《中越北部湾划界协定》和《中越北部湾渔业协定》，2014 年 6 月 30 日生效）。参见《外交部边海司司长欧阳玉靖就南海问题接受中外媒体采访实录》（2016 年 5 月 6 日），载外交部官网，http://www.fmprc.gov.cn/web/wjbxw_ 673019/t1361270.shtml，最后访问日期：2016 年 5 月 8 日。

[3] 依据国际法，一项文件无论采用何种名称和形式，只要其为当事方创设了权利和义务，这种权利和义务就具有拘束力。参见《中国立场文件》，第 38 段。

或如已达成解决办法，而情况要求就解决办法的实施方式进行协商时，争端各方也应迅速着手交换意见"。

菲律宾声称，1995 年以后中菲两国就菲律宾仲裁请求中提及的事项多次交换意见，但未能解决争端；菲律宾有正当理由认为继续谈判已无意义，因而有权提起仲裁。事实上，迄今为止，中菲两国从未就菲律宾所提仲裁事项进行过谈判。相反，中菲之间就有关争端交换意见，主要是应对在争议地区出现的突发事件，围绕防止冲突、减少摩擦、稳定局势、促进合作的措施而进行的。即使按照菲律宾列举的证据，这些交换意见也远未构成谈判。[1]

在和平解决国际争端的方法中，所谓的谈判是指，直接由争端当事国通过外交手段或程序协调双方的主张，并寻求解决争端的方法；其是一种一般性的最原始的争端处理方式。[2] 换言之，谈判是处理各种国际争端的基本方法。具体体现在谈判不仅是一种解决争端的可能方法，而且也是预防争端产生的策略。[3]

国际法院在美国与加拿大的缅因湾划界案的判决（1984 年 10 月 12 日）中指出，争端国有责任进行谈判以达成协议，并且以诚意达成此协议，以真实的意图获致积极且正面的结果。[4] 国际法院在北海大陆架案的判决（1969 年 2 月 20 日）中指出，争端相关各方应有义务进行谈判并寻求达成协议，而且这并不是形式上进行谈判而已，而是有义务要使谈判具有意义，而非各方持续坚持立场，甚至不打算修改原有立场。[5] 即在谈判过程中，争端当事国主要应遵守诚意义务、积极努力义务、达成协议义务等。

---

〔1〕 参见《中国立场文件》，第 45 段和第 47 段。

〔2〕 参见［日］田佃茂二郎：《国际法新讲》（下册），东信社 1995 年版，第 70 页。

〔3〕 参见［英］J. G. 梅里尔斯：《国际争端解决》（第五版），韩秀丽、李燕纹等译，法律出版社 2013 年版，第 2—3 页。

〔4〕 See International Court of Justice（ICJ），"Case Concerning Delimitation of the Maritme Boundary in the Gulf of Maire Area（Canada v. United States of America）"，Judgment of 12 October 1984，*I. C. J Reports* 1984，para. 87. 参见何思慎、王冠雄主编：《东海及南海争端与和平展望》，财团法人两岸交流远景基金会 2012 年版，第 265 页。

〔5〕 See International Court of Justice（ICJ），"North Sea Continental Shelf Case（Federal Republic of Germany v. Netherlands）"，*I. C. J Reports* 1969，p. 47. 参见何思慎、王冠雄主编：《东海及南海争端与和平展望》，财团法人两岸交流远景基金会 2012 年版，第 265 页。

同时，依据国际法和司法实践，一般性的、不以争端解决为目的的交换意见不构成谈判。例如，2011 年 4 月 1 日，国际法院在格鲁吉亚—俄罗斯联邦案的判决中表示，谈判不仅是双方法律意见或利益的直接对抗，或一系列的指责和反驳，或对立主张的交换，谈判……至少要求争端一方有与对方讨论以期解决争端的真诚的努力，且谈判的实质问题必须与争端的实质问题相关，后者还必须与相关条约下的义务相关。[1]

以谈判解决争端的交换意见义务，也得到联合国大会于 1998 年 12 月 8 日通过的决议的确认。在《谈判的原则和指针》的联大决议中，规定了国家进行谈判的原则和各种义务。主要包括：谈判应诚实地履行；国家应在相互达成的框架内实施谈判；国家应努力维持谈判的建设性气氛，谨慎采取可能损害谈判及其进程的所有行动；国家应经常致力于谈判的主要目的，完成或促进谈判的进程；谈判遇到阻碍时，国家应为相互可能接受的合理解决争端进行持续的最大努力。[2]

此外，如上所述，2011 年 9 月 1 日，中菲两国发表了《中华人民共和国和菲律宾共和国联合声明》，双方再次承诺通过谈判解决南海争端，但未待谈判正式开始，菲律宾却于 2012 年 4 月 10 日出动"德尔·皮拉尔"军舰，进入中国黄岩岛海域抓扣中国的渔船和渔民，蓄意挑起黄岩岛事件。对于菲律宾的挑衅性行动，中国被迫采取了维护主权的反制措施。2012 年 6 月，经中国多次严正交涉，菲律宾从黄岩岛撤出相关船只和人员。[3] 此后，中国再次向菲律宾建议重启中菲建立信任措施磋商机制，仍未得到菲律宾的回应。2012 年 4 月 26 日，菲律宾外交部照会中国驻菲律宾大使馆，提出要将黄岩岛问题提交第三方司法机构，没有表达任何谈判的意愿。[4]

可见，中菲两国不仅没有充分地交换意见，而且交换意见的争端并不是菲方提交仲裁的事项，所以菲方无任何理由及权利将所谓的争

---

[1]　参见《中国立场文件》，第 46 段。

[2]　参见［日］田中则夫、药师寺公夫、坂元茂树主编：《基本条约集（2014 年）》，东信堂 2014 年版，第 881 页。

[3]　参见中国国务院新闻办公室：《中国坚持通过谈判解决中国与菲律宾在南海的有关争议》（2016 年 7 月），人民出版社 2016 年版，第 37 页。

[4]　参见《中国立场文件》，第 48 段。

端事项单方面提交仲裁。

3. 仲裁庭对历史性权利的裁决损害《公约》体系完整性

中国在南海拥有的主权、主权权利和管辖权，并不完全依据《公约》，还可依据一般国际法或习惯国际法、时际法，以及历史性权利。菲律宾所提的第 1 项和第 2 项诉求的争议涉及中菲两国在南海区域的海洋权利来源和海洋权利范围；仲裁庭认为，中国在南海区域超出《公约》规定范围并声索的历史性权利、其他权利和管辖权，已为《公约》的规定所废止，这一声索不符合《公约》的规定，没有法律效力。同时，仲裁庭认为，历史性权利在性质上是一般的，可以用来描述任何权利包括主权。[1]

第一，历史性权利与《公约》的相容性。历史性权利起源于历史性海湾，1951 年 12 月 18 日国际法院英挪渔业案的判决中提出了历史性水域的概念；国际法院确认，沿海国对海域的主权不限于海湾，也可及于邻接海岸的其他海域。[2] 即历史性权利的渊源是一般国际法；同时，历史性权利包括排他性的权利（所有权）和非排他性的权利（使用权）。

尽管第三次联合国海洋法会议就历史性海湾和历史性水域等问题进行了多次协商，但在最后通过的《公约》体系中未能就历史性海湾、历史性水域和历史性所有权的定义、性质、要件等作出明确的具体规定。而《公约》在相关条款中使用了历史性所有权、历史性海湾等内容，例如，《公约》第 10 条、第 15 条、第 50 条和第 298 条。《公约》这些条款对历史性权利作出了一般性的规定或例外性的规定，并没有排斥历史性权利，所以，它们具有相容性。

第二，历史性权利的位阶高于《公约》海域所涉的各种权利。如上所述，历史性权利既包括排他性权利，也包括非排他性权利。而沿海国在《公约》规定的海域尤其是在专属经济区和大陆架内的权利，

---

[1] In the Matter of the South China Sea Arbitration before an Arbitral Tribunal Constituted under Annex VII to the 1982 United Nations Convention on the Law of the Sea between the Republic of the Philippines and the People's Republic of China Award, July 12, 2016, pp. 116 – 117 and 96, paras. 276 – 278 and 225.

[2] 参见贾宇：《试论历史性权利的构成要件》，载《国际法研究》2014 年第 2 期，第 37—38 页。

主要为主权权利和管辖权。《公约》在上述海域的主权权利体现在沿海国对海域内资源（生物资源和非生物资源）的勘探、开发、养护和管理，以及从事经济开发和勘探等活动上；在上述海域的管辖权体现在沿海国对海域内的人工岛屿、设施和结构的建造和使用，海洋科学研究，海洋环境保护和保全等方面。[1]

诚然，《公约》对包括传统捕鱼权和航行权等在内的历史性权利内容有所规范，但并未穷尽，这在部分条款（例如，《公约》第10条、第15条、第298条）内有所体现。所以，历史性权利内涵被《公约》全部吸收的观点是不能成立的。[2] 换言之，《公约》规范沿海国在其海域内的权利不能剥夺依据历史性权利所包含的所有权利，例如，沿海国依据历史性权利对海底和海床及其底土资源的专属性管辖权。

第三，中国依历史性权利对南海诸岛行使了排他性的管控。从历史上看，中国在南海海域行使的权利主要为包含在历史性权利内的捕鱼权和航行权，这是事实。仲裁庭对中国并未在该海域内行使过排他性权利的认定在事实上存在错误。例如，1956年8月，美国驻台机构一等秘书韦士德向中国台湾当局提出申请，美军人员拟前往黄岩岛、双子群礁、景宏岛、鸿庥岛、南威岛等中沙和南沙群岛岛礁进行地形测量，对此，中国台湾当局随后同意了美方的申请；1960年12月，美国政府致函中国台湾当局，"请求准许"美军事人员赴南沙群岛双子群礁、景宏岛、南威岛进行实地测量，中国台湾当局批准了上述申请。中国也对其他国家在南海断续线内的资源开发活动长期持续地予以反对，但为维系南海区域的和平，保持了最大的克制，并未采取实质性的阻止活动，这不能成为中国未对南海断续线内海域行使管辖的依据。

不可否认的是，我国的国内法和我国政府有关声明对于我在南海的历史性权利的内涵及依据历史性权利所主张的海域范围依然不清，仍有待进一步深化和明晰。例如，《中国专属经济区和大陆架法》第14条规定，"本法的规定不影响中华人民共和国享有的历史性权利"。

---

〔1〕　例如，《联合国海洋法公约》第56条，第77条。

〔2〕　In the Matter of the South China Sea Arbitration before an Arbitral Tribunal Constituted under Annex VII to the 1982 United Nations Convention on the Law of the Sea between the Philippines and the People's Republic of China Award, July 12, 2016, p. 111, paras. 261 – 262.

《中国海洋环境保护法》第 2 条第 1 款规定，"本法适用于中华人民共和国内水、领海、毗连区、专属经济区、大陆架以及中华人民共和国管辖的其他海域"。根据《中华人民共和国政府关于在南海的领土主权和海洋权益的声明》（2016 年 7 月 12 日）第 3 条，中国在南海的领土主权和海洋权益包括：第一，中国对南海诸岛，包括东沙群岛、西沙群岛、中沙群岛和南沙群岛拥有主权；第二，中国南海诸岛拥有内水、领海和毗连区；第三，中国南海诸岛拥有专属经济区和大陆架；第四，中国在南海拥有历史性权利。[1]

（三）南海仲裁案无助于海洋秩序的稳定和发展

从菲律宾所提仲裁事项内容可以看出，菲律宾提起仲裁的目的是为了抹杀中国在南海依据历史性权利可以主张的海域权利；降低中国在南沙所占岛礁的法律地位和属性，使中国无法依据所占岛礁主张更多的海域，并呈现岛礁孤立化的趋势；认定中国在南沙岛礁及其周边海域的行为和活动侵犯菲律宾依据《公约》所拥有的权利，从而为菲方在南海获得更多的权利寻找"理据"。换言之，借用学者傅莹和吴士存的观点，菲律宾发起的南海仲裁案的意图在于，选择性利用《公约》有关专属经济区等制度条款，力促传统的南海法理斗争核心发生转移，即从南沙岛礁归属问题转向对岛礁法律地位和南海断续线法律效力的质疑，达到其规避领土主权争议实质、侵蚀中国岛礁主权和海洋权益的目的。

1. 仲裁庭作出的中期裁决和最终裁决内容

2015 年 10 月 29 日，仲裁庭作出了关于管辖权和可受理性问题的裁决。[2] 其内容为：仲裁庭根据《公约》及附件七的规定合法组成；中国在程序中的不出庭并不剥夺仲裁庭的管辖权；菲律宾启动本次仲裁的行为不构成程序滥用；不存在其缺席将剥夺仲裁庭的管辖权的必要第三方；根据《公约》第 281 条或第 282 条之规定，2002 年 11 月

---

[1] 《中华人民共和国政府关于在南海的领土主权和海洋权益的声明》内容，参见人民网，http://world.people.com.cn/n1/2016/0712/c1002 - 28548370.html，最后访问日期：2016 年 7 月 12 日。

[2] See The Republic of the Philippines v. The People's Republic of China, Award on Jurisdiction and Admissibility, October 29, 2015.

《南海各方行为宣言》《中菲联合声明》《东南亚友好合作条约》以及《生物多样性公约》不排除《公约》强制程序的适用；争端双方已经根据《公约》第 283 条的规定交换了意见；仲裁庭对菲律宾第 3 项、第 4 项、第 6 项、第 7 项、第 10 项、第 11 项和第 13 项诉求具有管辖权；关于仲裁庭对菲律宾第 1 项、第 2 项、第 5 项、第 8 项、第 9 项、第 12 项和第 14 项诉求是否具有管辖权的决定将涉及不具有完全初步性质问题的审议，保留对其管辖权问题的审议至实体问题阶段；指令菲律宾对第 15 项诉求澄清内容和限缩其范围，并保留对第 15 项诉求的管辖权问题的审议至实体阶段；保留对本裁决中未裁决的问题进行进一步审议和指令。[1]

2016 年 7 月 12 日，常设仲裁法院公布南海仲裁案最终裁决。[2]所谓的"最终裁决"全面支持甚至超越菲律宾的诉求，否定中国在南海的立场与主张，造成中国在南海的权益严重受损，明显缺失公正性和合理性，引发强烈的批判及争议。仲裁庭最终裁决内容包括两个方面。（1）对于管辖权的裁决。仲裁庭认为，菲律宾的每一诉求均涉及《公约》的争端，仲裁庭有管辖权。（2）对于实体性问题的裁决。第一，仲裁庭裁定中国在《公约》规定的权利范围以外，不存在对"九段线"（南海断续线）内海域资源享有历史性权利的法理基础。第二，仲裁庭裁定南沙群岛的所有高潮时高于水面的岛礁（包括太平岛、中业岛、西月岛、南威岛、北子岛、南子岛）在法律上均为无法产生专属经济区或者大陆架的岩礁。同时，仲裁庭认为，《公约》并未规定如南沙群岛的一系列岛屿可以作为一个整体共同产生海域区域。第三，仲裁庭认为，中国干扰菲律宾在礼乐滩的石油开采，试图阻止菲律宾渔船在其专属经济区内的捕鱼，保护并不阻止中国渔民在美济礁和仁爱礁附近的菲律宾专属经济区内的捕鱼，以及未经菲律宾许可在美济礁建设设施和人工岛屿，侵犯了菲律宾对其专属经济区和大陆架的主权权利。在黄岩岛海域，仲裁庭认为，中国非法限制和阻止菲律宾渔

〔1〕 The Republic of the Philippines v. The People's Republic of China, Award on Jurisdiction and Admissibility, October 29, 2015, p. 149, para. 413.

〔2〕 See In the Matter of the South China Sea Arbitration before an Arbitral Tribunal Constituted under Annex VII to the 1982 United Nations Convention on the Law of the Sea between the Republic of the Philippines and the People's Republic of China Award, July 12, 2016.

民的传统捕鱼权。在海洋环境方面，仲裁庭认为，中国的岛礁建设活动破坏了海洋环境；中国对渔民破坏环境的捕鱼方法和捕捞濒危物种的行为没有履行阻止义务。第四，菲律宾请求仲裁庭裁定中国的某些行为，尤其是自该仲裁启动之后在南沙群岛大规模填海和建设人工岛屿的活动，非法地加剧并扩大了双方之间的争端。对此，仲裁庭认为，中国违反了在争端解决过程中争端当事方具有防止争端的加剧和扩大的义务。[1]

2. 仲裁庭的裁决损害仲裁机构功能并对中国无拘束力

从《公约》体系条款看，即使中国不出庭，仲裁庭的最终裁决对中国有拘束力。例如，《公约》附件七第 9 条规定，"如争端一方不出庭或对案件不进行辩护，他方可请示仲裁法庭继续进行程序并作出裁判。争端一方缺席或不对案件进行辩护，应不妨碍程序的进行。仲裁庭在作出裁判前，必须不但查明对该争端确有管辖权，而且查明所提要求在事实上和法律上均确有根据"。附件七第 11 条规定，"除争端各方事前议定某种上诉程序外，裁决应有确定性，不得上诉，争端各方均应遵守裁决"。附件七第 12 条规定，"争端各方之间对裁决的解释或执行方式的任何争议，可由任何一方提请作出该裁决的仲裁庭决定。为此目的，法庭的任何出缺，应按原来指派仲裁员的方法补缺。任何这种争执，可由争端所有各方协议，提交第 287 条所规定的另一法院或法庭"。《公约》第 296 条规定，根据第二节（导致有拘束力裁判的强制程序）具有管辖权的法院或法庭对争端所作的任何裁判应有确定性，争端所有各方均应遵从。

但在中国自始至终坚持"不接受、不参与、不承认"的政策立场下，仲裁庭作出的裁决对解决南海争议及海洋法的发展显然无任何的效果和作用，因为仲裁庭的裁决无法得到中国的认可，所以其裁决也是无法得到执行的。

一般而言，国际司法或仲裁机构的功能主要为以下三个方面：第一，解决争议的功能。第二，法律解释或适用功能。第三，法律秩序

[1] In the Matter of the South China Sea Arbitration before an Arbitral Tribunal Constituted under Annex VII to the 1982 United Nations Convention on the Law of the Sea between the Republic of the Philippines and the People's Republic of China Award, July 12, 2016, pp. 471 – 477.

促进功能。[1] 如果将国际司法或仲裁机构的三大功能对照南海仲裁案的裁决效果进行评价，则可得出如下结论。

首先，仲裁庭不能解决中菲之间存在的核心争议（南沙岛礁领土主权争议及海域划界争议），因为仲裁庭对此无管辖权；同时，中菲两国之间的所谓附属争议，因菲律宾提起的诉项不是中菲之间的真实争议，所以在中方不承认的情况下，也无法产生"定分止争"的作用，无任何执行力和效果。换言之，仲裁庭作出的所谓裁决无法发挥解决争议的功能。

其次，对于法律解释或适用的功能，由于中国不出庭、不正式答辩等，仲裁庭无法全面地收集和厘清事实，因而在事实认定和法律适用方面存在自我满足的情形，无法作出准确的判定，尤其是仲裁庭扩大和超越权限，包括对太平岛地位的认定和变相作出划界，以及对岛屿制度的严苛解释等，超越了仲裁庭法律解释或适用的功能，自然无任何效力。[2]

最后，对于法律秩序的促进功能，尽管仲裁庭的裁决仅对本案的当事国具有效力，但国际案例无疑在国际法包括海洋法的发展过程中具有促进法律制度完善的功能，所以仲裁庭作出的对岛屿制度的"严苛立法"，对南沙群岛无岛屿存在的认定，否定中国在南海的历史性权利的合法性等裁决内容，能否被国际社会后续类似的司法裁判及国家实践所引用，依然存在极大的疑问。换言之，仲裁庭裁决对国际法包括海洋法的促进不产生积极作用，更无法依其裁决维护包括南海在内的海洋秩序，所以此裁决毫无法律秩序的促进作用。[3]

依据《国际法院规约》第 59 条和第 60 条，结合《公约》附件七

---

[1]　参见［日］玉田大：《论国际判决的效力》，有斐阁 2012 年版，第 148 页。

[2]　一般来说，法院判决或仲裁裁决的无效原因主要为：协议的无效，超越权限，缺乏判决的理由，仲裁员的腐败，以及严重违反基本的程序规则。参见［日］玉田大：《论国际判决的效力》，有斐阁 2012 年版，第 55 页。而对于法院判决错误的修正程序是复核（再审）程序，行使此再审的要件为：原判决的事实误认，以及新事实的发现。具体要求规定在《国际法院规约》的第 61 条；而依据《联合国海洋法公约》附件七第 12 条，对于仲裁引起的对裁决的解释或执行方式的争议，则仍由该仲裁庭决定。

[3]　例如，《国际法院规约》第 38 条第 1 款第 4 项规定，在第 59 条（法院之裁判除对于当事国及本案外，无拘束力）规定之下，司法判例及各国权威最高公法学家学说，作为确定法律原则之补助资料者（裁判时应适用）；第 60 条规定，法院之判决系属确定，不得上诉。

第 11 条和《公约》第 296 条的规定可以看出，法院判决或法庭裁决的既判力（拘束力，force of res judicata）限于当事国及本案，原则上不拘束第三方，即所谓的排除先例拘束（stare decisis）的原则。但如果国际法院或法庭作出的判决或裁决涉及对习惯国际法的存在和内容的确认，关联多边条约的有效性及对其条文的解释，则其对第三方是有影响力的。[1]

对于《公约》第 296 条，其效力为："被称为拘束力的内容是确定的；法庭的最终判决对当事方有拘束力。"但对上述拘束力原则的限制为："该原则仅在……诉争问题具有同一性时方可适用。"[2] 而诉争的同一性主要体现在三个方面：当事者相同，请求事项及其原因相同。[3] 从上述的分析可以看出，中菲两国之间的诉争不存在同一性，仲裁庭的裁决显然无此功效。同时，仲裁庭在没有客观和全面地认定事实，适用法律方面存在的缺陷，《公约》缺少认定标准和救济机制，无法确保不参与者的权益等因素，也是中国无法接受仲裁裁决的重要理据。

3. 南海仲裁案裁决的不利影响

如上所述，菲律宾单方面提起的南海仲裁案对《公约》体系及南海争议本身都带来不利影响，也无助于海洋法的发展，相反将带来众多消极的影响。其影响主要表现在以下方面：

第一，严重地损害《公约》体系的权威性和整体性。包括破坏《公约》的立法宗旨和目的，损害国家自主选择争议解决方法的权利，尤其是对国家作出排除性声明事项有无管辖权的不可预见性，这将使国家对《公约》体系失去信心。同时，国际社会也将出现对历史性权利与《公约》之间的关系、岛屿新要件论等问题广泛的争议。

第二，影响国家间通过双边和多边文件解决争议的应有作用。因为仲裁庭将双边或多边的"协议"，狭义地解释为"法律协议"，即仲裁庭认为《南海各方行为宣言》成员国无意使其成为一项涉及争端解决的具有法律拘束力的协议，只是一个具有意愿性的政治文件的共识，

---

〔1〕 参见［日］杉原高岭：《国际法院制度》，有斐阁 1996 年版，第 341 页，第 344—348 页。

〔2〕 参见高圣惕：《论中菲南海仲裁案的不可受理性、仲裁裁决的无效性及仲裁庭无管辖权的问题》，载《中国海洋法学评论》2015 年第 2 期，第 12—13 页。

〔3〕 参见［日］玉田大：《论国际判决的效力》，有斐阁 2012 年版，第 39 页。

这样就使得国家间利用此政治方法达成共识的意愿减少，国家间的信任措施无法提升和落实，从而使南海问题的解决更为困难。[1]

第三，在仲裁庭最终裁决的"权利"无法得到满足的情况下，菲律宾或其他国家势必会对执行所谓的裁决作出多种反应，以迫使中国遵守执行，为此，它们可能在国际组织包括联合国安理会、联合国大会上提出要求中国遵行最终裁决的议案，使中国处于政治外交严重不利的围攻态势，损害中国的国际形象，恶化外交关系。

第四，他国仿效菲律宾的做法。如个别国家在南海、东海问题上不断提起对中国进行仲裁或司法的程序，以稳固其自身更多的海洋权益，破坏海洋秩序，使相关争议更为复杂，进而损害我国国家主权和利益。

第五，某些国家尤其是美国将依据所谓的最终裁决增加在南海的行为和活动，包括以单独或联合他国的方式实施所谓的航行自由活动，增强对我国在南海的安全威胁和应对难度，呈现持续的南海法理应对困局，并出现军备竞赛的情势。

第六，仲裁庭越权将美济礁、仁爱礁以及礼乐滩纳入菲律宾专属经济区内的变相划界违法裁决，损害我国在南海诸岛的权益，减少我国管辖海域的范围，增加我国的执法难度，损害我国渔民的作业范围和利益。此举甚至可能造成菲方提出我国应拆除岛礁建设工程设施的非法要求，造成南海争议混乱局面。

（四）若干思考

众所周知，中国针对南海仲裁案的基本立场为"不接受、不参与和不承认"。所谓的"不接受"，就是不接受菲律宾单方面提起的南海仲裁案，具体表现为 2013 年 2 月 19 日，中国政府退回菲律宾政府的照会及所附仲裁通知。所谓的"不参与"，即中国政府不参与仲裁庭的任何程序，包括不指派仲裁员，不提交书面意见、答辩状，以及不参加庭审等一切正式活动，自始至终游离于仲裁庭之外。所谓的"不承认"，即无论仲裁庭最终结果如何，中方都不会接受和承认裁决，更

---

[1] See The Republic of the Philippines v. The People's Republic of China, Award on Jurisdiction and Admissibility, October 29, 2015, pp. 82 – 88, paras. 212 – 226.

不会执行。为此，中方不同意任何国家以此裁决为基础与中方商谈南海问题，也不会接受任何国家、机构和个人以仲裁裁决为基础提出的一切诉求和主张。中国政府的上述政策和立场是一贯的，今后也不会改变。

南海仲裁案是我国批准加入《公约》以来首起被动应对的海洋争议仲裁案件，可以预见，今后我国还会遭遇类似的案件。无法否认的是，菲律宾恶意提起的南海仲裁案，仲裁员利用其职权，借用《公约》体系的制度性缺陷，超越权限，尤其是在事实认定和法律适用上存在严重错误作出的所谓裁决，不仅无法解决争议，无法发挥"定分止争"的作用；相反，使南海争议更为复杂，损害《公约》体系的完整性和权威性，剥夺《公约》成员国自主选择争议解决方法的权利，不可避免地损害第二次世界大战以来确立的国际法原则和制度，损害战胜国中国在南海诸岛的权益，所以中国政府"不接受、不参与、不承认"的政策立场，具有国际法依据，目的是维护《公约》的权威性和完整性，理应受到尊重。

为此，我国应以南海仲裁案为契机，不仅应系统地研究《公约》的争端解决机制，还应就《公约》内的制度性缺陷提出修改和完善的意见和建议，为进一步丰富和完善《公约》体系作出贡献。同时，我国应进一步理顺海洋体制机制，确立海洋战略目标，包括制定和实施海洋（基本）法，修改和完善海洋部门法规，为中国推进海洋强国战略进程、维护国家海洋权益提供保障。这无疑是中国的担当和责任，也是时代的呼唤和要求。

四、南沙岛礁周边海域的航行自由行动

一般而言，南海的航行自由是安全的，但也存在一些安全隐患。例如，依据国际海事组织于 2017 年 3 月 30 日发布的《海盗行为及武装抢劫船舶年度报告（2016）》，1985 年至 2016 年，在南海发生海盗行为及武装抢劫船舶的事件由 3 件（1985 年）发展为 68 件（2016 年）。在此期间，海盗及抢劫船舶事件发生频率最高为 2003 年（152 件），次高为 2013 年（142 件）。其中，2012 年 90 件，2014 年 93 件，2015 年 81 件，2016 年 68 件。即在 2013—2016 年间，海盗行为及武装抢劫船

舶事件在南海基本呈现递减的趋势，相应地南海（区域）呈现比较安全的态势。[1]

自 2013 年 1 月 22 日菲律宾单方面提起南海仲裁案以来，美国为表示对菲律宾的支持和固化所谓的最终裁决案内容，多次派遣军舰擅自进入中国西沙群岛的领海、南沙群岛的周边海域，实施所谓的航行自由行动，严重威胁中国在南海诸岛的主权和安全利益，引发中美在南海尤其是在南沙岛礁有关海域的航行自由活动的对立和分歧，进而在南海产生舰机冲突安全事故隐患。

美国所谓的"航行自由计划"（Freedom of Navigation Program，FON）于 1979 年由卡特政府提出，自 1983 年开始执行，挑战在全球各地被美国依据海洋法（包括习惯国际法、1958 年"日内瓦海洋法公约"，以及 1982 年《联合国海洋法公约》）片面认定的"过度海洋主张"（Excessive Maritime Claims），以维护美国的海洋利益尤其是在公海的航行自由与安全目标。[2]

美国军舰未经中国政府许可擅自进入西沙群岛领海、南沙群岛周边海域的所谓航行自由活动，不仅损害中国在南海的领土主权和安全利益，违反《中国政府关于领海的声明》《中国领海及毗连区法》等，而且极易造成安全冲突事故，危害中美两国军事部门有关协议的实施及效果，自然遭到中国政府的强烈反对和严正抗议。美国的行为不仅不利于南海区域的安定，而且对南海问题的解决进程造成不利影响。

鉴于南海尤其是南沙岛礁周边海域在航行自由与安全上的重要性，下文分析美国在南海实施的所谓航行自由行动的性质及影响等问题，以探究关于南海的航行自由与安全问题中美合作的途径及效果，为维

---

[1] See Reports on Acts of Piracy and Armed Robbery Against Ships Annual Report – 2016 (March 30, 2017) MSC. 4/Circ. 245, p. 16.

[2] 依据美国国防部 2017 年 3 月公布的 2016 年度"航行自由计划"执行报告，其对 22 个国家进行了挑战，而被美国认定的"过度海洋主张"原因包括"过度的直线基线""军舰通过领海事先取得许可""历史性海湾主张"等。参见宋燕辉：《南海仲裁，〈联合国海洋法公约〉第 121 条第 3 款之解释及国家实践：美国之例》，载吴士存主编：《南海评论 2》，世界知识出版社 2018 年版，第 4 页。在被挑战的 22 个声索国（Claimant）中，既有日本、菲律宾、韩国、泰国等美国的同盟国，也有中国、巴西、印度、印度尼西亚、马来西亚和越南等美国的非同盟国。对美国航行自由行动的评析及批判内容，参见包毅楠：《中美海洋法论争的"美国之声"》，载《国际法研究》2019 年第 2 期，第 3—10 页。

护南海区域安全秩序发挥作用。

（一）美国军舰擅入南海诸岛海域事例及中国的态度

近年（2015 年 10 月—2019 年 4 月），美国军舰未经中国政府许可擅自进入中国西沙群岛领海、中沙群岛和南沙群岛周边海域（邻近海域、近岸水域）实施所谓的航行自由活动，依据媒体报道内容，且由中国外交部和国防部（南部战区）专门发表谈话的事例，主要为以下 15 件。

（1）2015 年 10 月 27 日，美国"拉森"号军舰进入南沙渚碧礁 12 海里内进行所谓的航行自由活动。[1]（2）2016 年 1 月 30 日，美国"威尔伯"号导弹驱逐舰未经许可进入中国西沙领海，实施所谓的无害通过制度。[2]（3）2016 年 5 月 10 日，美国海军"劳伦斯"号驱逐舰未经中国允许，非法进入中国南沙群岛有关岛礁邻近海域，实施所谓的航行自由活动。[3]（4）2016 年 10 月 21 日，美国军舰"迪凯特"号驱逐舰擅自进入我国西沙领海，实施所谓的航行自由活动。[4]（5）2017 年 5 月 25 日，美国海军"杜威"号军舰未经中国政府许可，

---

〔1〕《外交部发言人陆慷就美国"拉森"号军舰进入中国南沙群岛有关岛礁邻近海域答记者问》内容，参见外交部官网，http://www.fmprc.gov.cn/web/fyrbt_ 673021/t1309393.shtml，最后访问日期：2015 年 10 月 28 日；《国防部新闻发言人杨宇军就美舰进入中国南沙群岛有关岛礁近岸水域发表谈话》内容，参见国防部官网，http://news.mod.gov.cn/headlines/2015 - 10/27/content_ 4626242.htm，最后访问日期：2015 年 10 月 28 日。

〔2〕《外交部发言人华春莹就美军舰进入我西沙群岛中建岛领海事答记者问》内容，参见外交部官网，http://www.fmprc.gov.cn/fyrbt_ 673021/t1336605.shtml，最后访问日期：2016 年 1 月 31 日；《国防部新闻发言人杨宇军就美国军舰擅自进入我西沙领海发表谈话》内容，参见国防部官网，http://news.mod.gov.cn/headlines/2016 - 01/30/content_ 4638189.htm，最后访问日期：2016 年 1 月 31 日。

〔3〕《外交部发言人陆慷主持例行记者会》的相关内容，参见外交部官网，http://www.fmprc.gov.cn/web/fyrbt_ 673021/t1361960.shtml，最后访问日期：2016 年 5 月 11 日；《国防部新闻发言人杨宇军就美国军舰进入中国南沙群岛有关岛礁邻近海域发表谈话》内容，参见国防部官网，http://www.mod.gov.cn/shouye/2016 - 05/10/content_ 4655672.htm，最后访问日期：2016 年 5 月 11 日。

〔4〕《外交部发言人华春莹就美国军舰擅自进入中国西沙领海答记者问》内容，参见外交部官网，http://www.fmprc.gov.cn/web/fyrbt_ 673021/t1407844.shtml，最后访问日期：2016 年 10 月 22 日；《国防部发言人吴谦就美国军舰擅自进入我西沙领海发表谈话》内容，参见国防部官网，http://www.mod.gov.cn/topnews/2016 - 10/21/content_ 4751133.htm，最后访问日期：2016 年 10 月 22 日。

擅自进入中国南沙群岛有关岛礁的邻近海域，实施所谓的航行自由活动。[1]（6）2017 年 7 月 2 日，美国"斯坦塞姆"号导弹驱逐舰擅自进入中国西沙群岛领海，实施所谓的航行自由行动。[2]（7）2017 年 8 月10 日，美国海军"麦凯恩"号导弹驱逐舰擅自进入中国南沙群岛有关岛礁邻近海域，中国海军"淮北"号、"抚顺"号导弹护卫舰当即行动，对美舰进行识别查证，并予以警告驱离。[3]（8）2017 年 10 月 10 日，美国海军"查菲"号导弹驱逐舰擅自进入中国西沙群岛领海，实施所谓的航行自由行动，中国海军"黄山"号导弹驱逐舰和两架歼-11B 战斗机、1 架直-8 直升机紧急应对，对美舰予以警告驱离。[4]（9）2018 年 1 月17 日，美国海军"霍珀"号导弹驱逐舰未经中国政府许可，擅自进入中国黄岩岛 12 海里内海域，中国海军"黄山"号导弹驱逐舰当即行动，对美舰进行识别查证，并予以警告驱离。[5]（10）2018 年 3 月 23 日，美国海军"马斯廷"号导弹驱逐舰未经中国政府许可，擅自进入中国

---

[1]　《外交部发言人陆慷主持例行记者会》的相关内容，参见外交部官网，http：//www.fmprc. gov. cn/web/fyrbt_ 673021/t1465186. shtml，最后访问日期：2017 年 5 月 28 日；《国防部对美舰识别查证、警告驱离》内容，参见国防部官网，http：//www. mod.gov. cn/topnews/2017－05/25/content_ 4781368. htm，最后访问日期：2017 年 5 月 25 日。

[2]　《外交部发言人陆慷就美国"斯坦塞姆"号导弹驱逐舰擅自进入中国西沙群岛领海事答记者问》内容，参见外交部官网，http：//www. fmprc. gov. cn/web/fyrbt_ 673021/t1474743. shtml，最后访问日期：2017 年 7 月 3 日；《国防部新闻发言人吴谦就美国军舰擅自进入中国西沙群岛领海发表谈话》内容，参见国防部官网，http：//www. mod.gov. cn/info/2017－07/03/content_ 4788202. htm，最后访问日期：2017 年 7 月 3 日。

[3]　《外交部发言人耿爽就美国军舰擅自进入中国南沙群岛有关岛礁邻近海域答记者问》内容，参见外交部官网，http：//www. fmprc. gov. cn/web/fyrbt_ 673021/t1483938.shtml，最后访问日期：2017 年 8 月 11 日；《国防部新闻发言人吴谦就美舰擅自进入中国南沙群岛有关岛礁邻近海域发表谈话》内容，参见国防部官网，http：//www. mod.gov. cn/topnews/2017－08/11/content_ 4788473. htm，最后访问日期：2017 年 8 月 11 日。

[4]　《外交部发言人华春莹主持例行记者会》的相关内容，参见外交部官网，http：//www. fmprc. gov. cn/web/fyrbt_ 673021/t1500839，最后访问日期：2017 年 10 月 11 日；《国防部新闻发言人就美国军舰擅自进入中国西沙领海发表谈话》内容，参见国防部官网，http：//www. mod. gov. cn/topnews/2017－10/11/content_ 4794392. htm，最后访问日期：2017 年 10 月 11 日。

[5]　《外交部发言人陆慷答记者问》内容，参见外交部官网，http：//www. fmprc. gov. cn/web/fyrbt_ 673021/t1527156. shtml，最后访问日期：2018 年 1 月 20 日；《国防部新闻发言人吴谦就美舰擅自进入中国黄岩岛邻近海域发表谈话》内容，参见国防部官网，http：//www. mod. gov. cn/topnews/2018－01/20/content_ 4802823. htm，最后访问日期：2018 年 1 月 20 日。

南海有关岛礁邻近海域，中国海军 570 舰、524 舰迅即行动，依法依规对美舰进行识别查证，并予以警告驱离。[1] （11）2018 年 5 月 27 日，美国海军"希金斯"号和"安提坦"号军舰未经中国政府允许，擅自进入中国西沙群岛领海；中国海军依法对美舰实施查证识别，并予以警告驱离。[2] （12）2018 年 9 月 30 日，美国海军"迪凯特"号驱逐舰未经中国政府允许，擅自进入南沙群岛有关岛礁附近海域，中国海军 170 舰依法依规对美舰进行了识别查证，并予以警告驱离。[3] （13）2018 年 11 月 26 日，美国海军导弹巡洋舰"切斯劳维尔"（Chancellorsville）号未经中方允许，擅自进入中国西沙群岛领海；中方随即派出军舰军机依法对美舰实施了查证识别，并予以警告驱离；中方也向美方提出了严正交涉。[4] （14）2019 年 1 月 7 日，美国海军"麦克坎贝尔"号军舰未经中方允许，擅自进入中国西沙群岛领海；中国人民解放军南部战区组织海空兵力全程监控美舰情况，并进行识别查证、警告驱离；

[1] 《外交部发言人华春莹就美舰进入我南海岛礁邻近海域答记者问》内容，参见外交部官网，http://www.fmprc.gov.cn/web/fyrbt_ 673021/t1545024.shtml，最后访问日期：2018 年 3 月 24 日；《国防部新闻发言人任国强就美国军舰进入中国南海岛礁邻近海域发表谈话》内容，参见国防部官网，http://www.mod.gov.cn/topnews/2018 – 03/23/content_ 4807714.htm，最后访问日期：2018 年 3 月 23 日。

[2] 《外交部发言人陆慷就美国军舰擅自进入中国西沙群岛领海答记者问》内容，参见外交部官网，http://www.fmprc.gov.cn/web/fyrbt_ 673021/t1562830.shtml，最后访问日期：2018 年 5 月 28 日；《国防部新闻发言人吴谦就美舰擅自进入中国西沙群岛领海答问》内容，参见国防部官网，http://www.mod.gov.cn/topnews/2018 – 05/27/content_ 4815313.htm，最后访问日期：2018 年 5 月 28 日。此外，2018 年 8 月 31 日，英国"海神之子"号船坞运输舰未经中国政府许可，擅自非法进入中国西沙群岛领海，中国军队依法依规派出舰机对英舰实施查证识别，并予以警告驱离，向英方提出严正交涉。《国防部新闻发言人任国强就英国军舰擅自进入中国西沙群岛领海发表谈话》内容，参见国防部官网，http://www.mod.gov.cn/topnews/2018 – 09/06/content_ 4824306.htm，最后访问日期：2018 年 9 月 6 日；《外交部发言人华春莹在 2018 年 9 月 6 日主持例行记者会问答》内容，参见外交部官网，http://www.fmprc.gov.cn/web/fyrbt_ 673021/t1592689.shtml，最后访问日期：2018 年 9 月 6 日。

[3] 《外交部发言人华春莹就美舰非法进入南沙岛礁有关岛礁邻近海域答记者问》内容，参见外交部官网，http://www.fmprc.gov.cn/web/fyrbt_ 673021/t1601544.shtml，最后访问日期：2018 年 10 月 2 日；《国防部发言人吴谦就美舰擅自进入中国南海岛礁邻近海域发表谈话》内容，参见国防部官网，http://www.mod.gov.cn/topnews/2018 – 10/02/content_ 4826058.htm，最后访问日期：2018 年 10 月 2 日。

[4] 《外交部发言人耿爽主持例行记者会》的回答，参见外交部官网，http://www.fmprc.gov.cn/fyrbt_ 673021/t1617774.shtml，最后访问日期：2018 年 11 月 30 日。

同时就此向美方提出严正交涉。[1]（15）2019 年 2 月 11 日，美国海军"斯普鲁恩斯"号和"普雷贝尔"号军舰未经中国政府允许，擅自进入中国南沙群岛仁爱礁和美济礁邻近海域；中国海军依法对美舰进行识别查证，并予以警告驱离。[2]

从上述美国军舰擅自进入我国管辖海域的范围看，主要是西沙群岛的领海，南沙群岛的周边海域（邻近海域、近岸水域）。即其依据单方认定的所谓"过度海洋主张"和所谓的南海仲裁案最终裁决内容实施"航行自由行动"，挑战中国在南海诸岛的权益（主权和安全利益）。[3] 中国政府的态度是，及时发表专门的谈话，派遣中国军舰进行识别查证并予以警告驱离，指出美国的行为极易引发海空意外事故，对此中国坚决反对，要求美国停止诸如此类的挑衅活动。因为其违反国际法和中国的国内法，且这种炫耀武力的单方面行为极易推动地区军事化进程，也不利于南海问题的解决，更损害包括军事互信在内的中美关系发展大局，影响海洋法律秩序。

（二）美国军舰航行自由行动涉及的法律问题

针对美国军舰擅自进入我国西沙群岛领海、南沙岛礁周边海域实施所谓的航行自由行动，有必要考察美国军舰实施该行动涉及的法律问题，尤其是其行为所处海域的地位及其性质问题。如上所述，从美国军舰实施所谓的航行自由行动的活动范围看，主要涉及的海域为西沙群岛的领海（7 次）和南沙岛礁的周边海域（邻近海域、近岸水域，

---

〔1〕 《南部战区新闻发言人就美"麦克坎贝尔"号驱逐舰擅闯我西沙领海发表谈话》内容，参见国防部官网，http://www.mod.gov.cn/topnews/2019 - 01/07/content_4833825.htm，最后访问日期：2019 年 1 月 8 日；《外交部发言人陆慷主持例行记者会回答》内容，参见外交部官网，http://www.fmprc.gov.cn/web/fyrbt_ 673021/t1627554.shtml，最后访问日期：2019 年 1 月 8 日。

〔2〕 《南部战区新闻发言人就美军军舰擅闯我南沙岛礁邻近海域发表谈话》内容，参见国防部官网，http://www.mod.gov.cn/topnews/2019 - 02/11/content_ 4836053.htm，最后访问日期：2019 年 2 月 12 日；《外交部发言人华春莹主持例行记者会回答》内容，参见外交部官网，http://www.fmprc.gov.cn/web/fyrbt_ 673021/t1636893.shtml，最后访问日期：2019 年 2 月 12 日。

〔3〕 关于"过度海洋主张"理论以及"航行自由行动"的演变过程内容，参见包毅楠：《美国"过度海洋主张"理论及实践的批判性分析》，载《国际问题研究》2017 年第 5 期，第 106—128 页。

7 次），其行为主要涉及领海的无害通过制度及南沙有关岛礁周边海域的地位等法律问题。

1. 领海的无害通过制度

依据《联合国海洋法公约》第 2 条的规定，领海是指沿海国的主权及于其陆地领土及其内水以外邻接的一带海域；该项主权及于领海的上空及其海床和底土。沿海国对领海拥有完全的权利（立法、执法和司法管辖权），因为领海是沿海国家的自然而不可分的附属物，即《公约》采用了领海是"领土说"的观点。所谓的"领土说"，是指领海是沿海国陆地领土的延伸，沿海国对其具有排他性的管辖权。[1]

众所周知，领海制度的例外是，外国船舶包括军舰在领海内的无害通过权。其法律依据为：第一，《联合国海洋法公约》第 17 条规定，"在本公约的限制下，所有国家的船舶均享有无害通过领海的权利"；第二，《联合国海洋法公约》第 30 条规定，"如果任何军舰不遵守沿海国关于通过领海的法律和规章，而且不顾沿海国向其提出遵守法律和规章的任何要求，沿海国可要求该军舰立即离开领海"。

尽管如此，军舰在领海内的无害通过制度在理论上存在模糊性，在实践上存在不同的做法。原因在于，现代海洋法体系（在成文法或条约中，现代海洋法体系内容主要为 1958 年"日内瓦海洋法公约"和 1982 年《联合国海洋法公约》）在实体上将判断"无害"的标准让渡于沿海国，从而导致不同的国家实践。在程序上，军舰在领海内的无害通过的争议的焦点为："事先通知论"（"事先许可论"）还是"自由使用论"。[2] 多数发展中国家坚持"事先通知论"，以确保沿海国在领海内的权益尤其是安全利益不受侵害；[3] 而海洋强国多坚持"自

---

[1] See D. P. O'Connell, "The Juridical Nature of the Territorial Sea", *British Year Book of International Law* 45, 1971, p.381. 领海是"领土说"的观点，也体现在《领海及毗连区公约》的第 1—2 条中。同时，领海是陆地领土的自然延伸及不可分的附属物的效果是，仅领海是无法让渡给他国的。参见〔日〕林司宣、岛田征夫、古贺卫：《国际海洋法》（第 2 版），有信堂 2016 年版，第 18 页。

[2] 参见金永明：《论领海无害通过制度》，载《国际法研究》2016 年第 2 期，第 66—68 页。

[3] 对于军舰在领海内的无害通过作出程序性（事先许可或通知）限制的国家有 40 多个。See J. Ashley Roach and Robert W. Smith, *Excessive Maritime Claims* (Third Edition), Maritinus Nijhoff Publishers, 2012, pp.250 - 251, pp.258 - 259. 这些国家在国内法上作出军舰在领海内无害通过的限制性规定的法律依据是《联合国海洋法公约》第 310 条，目的是使该国国内法律和规章同《公约》的规定相协调。

由使用论"，以扩大其包括军舰在内的武器装备在他国的领海内有更多的活动空间和自由，以实施所谓的航行自由行动。[1]

2. 通过和无害通过的要件

（1）通过的要件。《联合国海洋法公约》第 18 条第 1 款规定，"通过"是指为下列目的，通过领海的航行："（a）穿过领海但不进入内水或停靠内水以外的泊船处或港口设施；或（b）驶往或驶出内水或停靠这种泊船处或港口设施。"第 2 款规定，"通过应继续不停和迅速进行。通过包括停船和下锚在内，但以通常航行所附带发生的或由于不可抗力或遇难所必要的或为救助或遭难的人员、船舶或飞机的目的为限"。

（2）无害通过的要件。《联合国海洋法公约》第 19 条第 1 款规定，"通过只要不损害沿海国的和平、良好秩序或安全，就是无害的；这种通过的进行应符合本公约和其他国际法规则"。第 2 款规定，"如果外国船舶在领海内进行下列任何一种活动，其通过即应视为损害沿海国的和平、良好秩序或安全"。

从《联合国海洋法公约》第 18 条和第 19 条的内容及结构看，如果"通过"不符合第 18 条规定的要件，则可由第 19 条规定的行为予以判断，即《联合国海洋法公约》采取了将"通过"的要件和"无害通过"的要件分开立法并规定的做法（分离性），以区别于"日内瓦海洋法公约"中的《领海及毗连区公约》第 14 条第 2 款和第 4 款对"通过"包含"无害通过"要件的整体性规定。[2]

而针对《联合国海洋法公约》第 19 条第 1 款与第 2 款之间的关系，学界存在两种观点。第一，列举说。这种观点认为，第 19 条第 2 款是依据船舶的行为或状态分类予以规制的，其只不过是对第 19 条第 1 款的列举，其行为是否有害应结合第 19 条第 2 款进行判断；第二，

---

〔1〕　发展中国家和海洋强国依据国内法或《联合国海洋法公约》第 310 条对军舰在领海内的无害通过作出限制性规定及声明的内容，参见张新军：《美国航行自由计划在南海的新进展："去管制"还是"再平衡"》，载吴士存主编：《南海评论 1》，南京大学出版社 2017 年版，第 49—53 页。

〔2〕　例如，《领海及毗连区公约》第 14 条第 2 款规定，"通过是指为了横渡领海但不进入内水，或驶入内水或自内水驶往公海而通过领海的航行"；第 4 款规定，"通过只要不损害沿海国的和平、良好秩序或安全，就是无害的；此项通过的进行应符合本公约各条款和其他国际法规则"。

非列举说。该观点认为，第 19 条第 2 款不需要等待沿海国的举证，其是依据船舶的行为或状态标准设计的"推定性"规定，并不是对第 19 条第 1 款的全部列举。这些观点的法律效果是，如果外国船舶的"通过"行为即使不是第 19 条第 2 款的有害行为，或可能被认为不是第 19 条第 1 款的有害行为，沿海国仍可通过规定领海使用的条件，对这些船舶的"通过"进行管辖，因为《联合国海洋法公约》第 21 条赋予沿海国可对 8 种行为进行规范的权利。[1]

（3）外国军舰应遵守领海无害通过的规章。如上所述，对于外国军舰在领海内的无害通过，国际社会在程序上存在"自由使用论"和"事先通知论"的对立，但外国军舰在领海内的无害通过最低限度应遵守沿海国关于领海无害通过的法律和规章，则是毫无异议的，且其已成为习惯国际法规则，所有国家均须遵守。[2] 领海无害通过的法律依据是《联合国海洋法公约》第 30 条，具体要求为：第一，遵守沿海国制定的法律（《联合国海洋法公约》第 25 条和第 21 条第 1 款）；第二，遵守沿海国指定或规定的海道航行（《联合国海洋法公约》第 22 条）；第三，对违反沿海国法律的处置措施（《联合国海洋法公约》第 30 条）。

3. 南沙岛礁邻近海域及近岸水域用语的模糊性

如上所述，针对美国军舰"拉森"号事件（2015 年 10 月 27 日），《中国外交部发言人就美国军舰进入中国南沙群岛有关岛礁邻近海域答

---

〔1〕 参见〔日〕山本草二：《海洋法》，三省堂 1997 年版，第 125—127 页。

〔2〕 在对待《联合国海洋法公约》的态度上，美国基于其有关深海海床采矿制度的条款具有"无法弥补的缺陷"，拒绝签署《联合国海洋法公约》；里根政府强调美国支持《联合国海洋法公约》的其他部分，并且如果第十一部分中的异议条款内容（包括在授予采矿合同方面缺乏确定性，海床矿产产量的人为限制以及难于负担的经济要求）能被修正的话，美国政府将会支持批准。参见〔美〕路易斯·B. 宋恩等：《海洋法精要》（第 2 版），傅崐成等译，上海交通大学出版社 2014 年版，第 192 页。但随着联合国对《公约》第十一部分内容修改的"执行协定"（即《关于执行 1982 年 12 月 10 日〈联合国海洋法公约〉第十一部分协定》，1994 年）的制定，美国主张的不满足《公约》第十一部分的内容已基本消除。克林顿政府时期，美国曾有意愿加入《联合国海洋法公约》，并得到了美国国务院、国防部、商务部等部门官员及学者们的支持，但在美国参议院外交委员会上因受保守委员对《公约》条款误解和曲解等的影响，美国迄今仍未批准加入《联合国海洋法公约》。参见〔日〕林司宣、岛田征夫、古贺卫：《国际海洋法》（第 2 版），有信堂 2016 年版，第 124—125 页。

记者问》《国防部新闻发言人就美国军舰进入中国南沙群岛有关岛礁近岸水域发表谈话》以及在中国政府后续的声明或谈话中，均涉及"邻近海域"和"近岸水域"的用语。那么，在此语境下的南沙岛礁的"邻近海域"和"近岸水域"在现代海洋法体系下是具有何种地位的海域，这就需要分析南沙岛礁邻近海域和近岸水域的法律地位问题。

（1）现代海洋法体系对海域的分类。海洋法是国际法的重要组成部分，其法律渊源自然包括条约（成文法）、国际习惯、一般法律原则、司法判例及各国权威最高之公法学家学说等内容。[1] 为此，现代海洋法体系可分为狭义说和广义说两种类型。广义说涵盖现代海洋法体系（成文法）、习惯国际法以及与海洋有关的所有规章和制度，包括国际组织诸如国际海事组织通过的决议及制定的制度等；狭义说是指海洋法的两大体系（现代海洋法体系），即1958年"日内瓦海洋法公约"体系和1982年《联合国海洋法公约》体系。为便于分析，本文采用现代海洋法体系的狭义说。

依据1958年"日内瓦海洋法公约"体系，领海以外即公海，即所谓的海域"二元论"结构。例如，《公海公约》第1条规定，"公海"一词是指不包括在一国领海或内水内的全部海域；《领海及毗连区公约》第24条第1款规定，沿海国在毗连其领海的公海区域内，得行使下列事项所必要的管制：①防止在其领土或领海内违犯其海关、财政、移民或卫生规章；②惩罚在其领土或领海内违犯上述规章的行为。

与此不同，1982年《联合国海洋法公约》体系，其将海域分为：领海、群岛水域、专属经济区/大陆架、公海、国际海底区域等，即所谓的"多元论"结构。[2]

（2）1958年"日内瓦海洋法公约"与1982年《联合国海洋法公约》体系之间的关系。《联合国海洋法公约》第311条第1款规定，"在各缔约国间，本公约应优于1958年4月29日日内瓦海洋法

---

〔1〕　参见《国际法院规约》第38条。

〔2〕　《联合国海洋法公约》体系主要指《联合国海洋法公约》前言、正文和九个附件。例如，《联合国海洋法公约》第318条规定，"各附件为本公约的组成部分，除另有明文规定外，凡提到本公约或其一个部分也就包括提到与其有关的附件"。

公约"。在此应注意的是，尽管美国不是《联合国海洋法公约》的成员国，但《公约》规定的领海制度、专属经济区制度等已成为习惯国际法，所以美国也应遵守《联合国海洋法公约》规范的相关制度。

（3）邻近海域和近岸水域性质的模糊性。可见，美国军舰在南沙岛礁周边（中国占据的南沙岛礁的周边海域）实施所谓的航行自由行动的海域，也就是我国外交部和国防部所称的邻近海域和近岸水域，不是狭义现代海洋法体系下的具有合法地位的海域，也不是现代海洋法体系下的专有术语。

同时，针对马来西亚和越南联合提交的外大陆架划界案（2009年5月6日）、越南单独提交的外大陆架划界案（2009年5月7日），中国政府于2009年5月7日向联合国秘书长提交的照会（含断续线附图）中指出，中国对南海诸岛及其附近海域拥有无可争辩的主权，并对相关海域及其海床和底土享有主权权利和管辖权[1]。在此，南海诸岛的附近海域、相关海域的性质和范围也是不确定的[2]。而从中国政府于2011年4月14日向联合国秘书长提交的补充照会内容看，南海诸岛尤其是南沙群岛的"附近海域"是指领海，"相关海域"主要是指专属经济区和大陆架。因为该补充照会指出，按照《联合国海洋法公约》、1992年《中国领海及毗连区法》和1998年《中国专属经济区和大陆架法》有关规定，中国对南沙群岛拥有领海、专属经济区和大陆架[3]。

此外，《中国政府关于在南海的领土主权和海洋权益的声明》（2016年7月12日）指出，中国在南海的领土主权和海洋权益包括：

---

[1] 中国政府提交照会的内容参见联合国官网，http://www.un.org/depts/los/clcs_new/shbmissions_files/vnm37_09/chn_2009re_vnm_c.pdf，最后访问日期：2011年5月5日。

[2] 从"附近海域"对应的是"主权"表述看，此处的"附近海域"主要为领海；而从"相关海域"对应的是"主权权利和管辖权"的表述看，此处的"相关海域"主要为专属经济区和大陆架。参见金永明：《海上丝路与南海问题》，载《南海学刊》2015年第4期，第1—2页。

[3] 中国政府提交的补充照会内容参见联合国官网，http://www.un.org/depts/los/clcs_new/submissions_files/vnm37_09/chn_2011_re-phl.pdf，最后访问日期：2011年5月5日。

（1）中国对南海诸岛，包括东沙群岛、西沙群岛、中沙群岛和南沙群岛拥有主权；（2）中国南海诸岛拥有内水、领海和毗连区；（3）中国南海诸岛拥有专属经济区和大陆架；（4）中国在南海拥有历史性权利。[1]即中国在南海除拥有《联合国海洋法公约》下的领海、毗连区和专属经济区及大陆架外，还在南海拥有历史性权利，但其内涵不仅是不清楚的，而且以此为基础的海域范围也是模糊的。换言之，"历史性权利"的性质和具体内涵如《中国专属经济区和大陆架法》第14条规定那样，内容依然没有清晰化。[2]

既然美国军舰在南沙岛礁的邻近海域和近岸水域实施所谓的航行自由行动的地点，不属于严格意义上现代海洋法体系下的海域，那么它们是具有何种性质和地位的海域？为此，有必要分析《联合国海洋法公约》体系内涵，以界定南沙岛礁邻近海域和近岸水域的真实地位及作用。

（三）《联合国海洋法公约》体系发展阶段及其适用

1. 《联合国海洋法公约》体系发展阶段

一般认为，现代海洋法体系中的核心之一《联合国海洋法公约》体系，经历了两个发展阶段。[3]第一阶段即其通过阶段，《联合国海洋法公约》体系主要包括前言、正文和九个附件。而1994年《关于执行1982年12月10日〈联合国海洋法公约〉第十一部分的协定》和1995年《执行1982年〈联合国海洋法公约〉有关养护和管理跨界鱼

---

〔1〕　该声明的详细内容参见人民网，http：//world. people. com. cn/n1/2016/0712/c1002 – 28548370. html，最后访问日期：2016年7月12日。

〔2〕　《中国专属经济区和大陆架法》第14条规定，"本法的规定不影响中华人民共和国享有的历史性权利"（historical right/rights）。从该法的适用范围及内容可以看出，我国除依据距离原则享有专属经济区和大陆架外，还可依历史性权利对不同的海洋地物主张相应的管辖海域。

〔3〕　如果将联合国大会于2015年6月19日作出的就国家管辖范围外区域海洋生物多样性的养护和可持续利用问题拟定一份具有法律拘束力的国际文书的决议（A/RES/69/292）内容，并自2018年9月启动政府间会议的协商进程内容纳入，则《联合国海洋法公约》将迎来第三个发展阶段。鉴于此新执行协定现处于审议讨论阶段，因而未将其纳入，仍依两个发展阶段进行分类。国家管辖范围外区域海洋生物多样性问题内容，参见金永明：《国家管辖范围外区域海洋生物多样性的养护和可持续利用问题》，载《社会科学》2018年第9期，第12—21页。

类种群和高度洄游鱼类种群之规定的协定》是对《联合国海洋法公约》体系的补充和完善，这两个补充协定与《公约》共同构成《联合国海洋法公约》体系的第二阶段。例如，《第十一部分执行协定》第2条第1款规定，"本协定和第十一部分的规定应作为单一文书来解释和适用；本协定和第十一部分如有任何不一致的情况，应以本协定的规定为准"。《跨界鱼类执行协定》第4条规定，"本协定的任何规定不应妨碍《联合国海洋法公约》所规定的国家权利、管辖权和义务；本协定应参照《联合国海洋法公约》的内容并以符合《联合国海洋法公约》的方式予以解释和适用"。

这种在《联合国海洋法公约》外以"执行协定"的方式对原来规范的相关内容进行补充和完善的立法模式，既避免了利用"修正会议"（第312条）和"简易程序"（第313条）修改《联合国海洋法公约》的困难性，也符合《维也纳条约法公约》第30条、第59条的内容，所以，《第十一部分执行协定》和《跨界鱼类执行协定》的有关规定具有合理性，并与《联合国海洋法公约》具有兼容性，即上述两个执行协定也是《联合国海洋法公约》体系的重要组成部分。[1]

2. 《公约》体系确定各类海域的原则及效果

如上所述，《公约》中的海域范围依陆地支配海洋的原则和距离原则（如12海里的领海，24海里的毗连区，200海里的专属经济区和大陆架等）确定。其中"陆地支配海洋原则"发轫于北海大陆架案（1969年），在1978年的爱琴海大陆架案和2009年的黑海划界案中得到确认。而确定海域范围的"距离原则"是在《公约》中加以确立的。[2] 换言之，"距离原则"可以根据条约内容的变化而变更，所以，在确定海域范围时，"陆地支配海洋原则"起主导的作用，而"距离原则"仅起辅助的作用。据此可将界定《公约》体系内海域范围的方式分为如下四种类型。

---

[1] 《第十一部分执行协定》主要为改善深海探矿尤其是在财政和技术转让等方面的规范，以增加《联合国海洋法公约》的普遍性；《跨界鱼类执行协定》主要是为了解决公海生物资源尤其是跨界鱼类被过度捕捞的问题。

[2] 例如，《联合国海洋法公约》第3条，第33条第2款，第57条，第76条第1款和第5款。

（1）需要国家宣布或声明的海域。例如，领海、群岛水域和专属经济区、海洋安全区、海洋开发区、海洋保护区等[1]。

（2）不需要国家宣布或声明的海域。例如，关于200海里内的大陆架，《公约》第77条第3款规定，沿海国对大陆架的权利并不取决于有效或象征的占领或任何明文公告。

（3）需要国际机构（大陆架界限委员会、国际海底管理局）建议或核准的海域（矿区）。例如，200海里外的大陆架、国际海底区域矿区。《公约》第76条第8款规定，从测算领海宽度的基线量起200海里以外大陆架界限的情报应由沿海国提交根据附件二（大陆架界限委员会）在公平地区代表制基础上成立的大陆架界限委员会；委员会应就有关划定大陆架外部界限的事项向沿海国提出建议，沿海国在这些建议的基础上划定的大陆架界限应有确定性和拘束力。

（4）潜在的管辖海域。即沿海国虽未公布领海的基点和基线，但依据现代海洋法体系尤其是《公约》及国内法，沿海国对一定范围内的海域拥有潜在管辖权的海域。美国军舰在南沙岛礁周边海域实施所谓的航行自由行动的海域的法律地位即为此类性质的海域，即依据国内法，中国对南沙岛礁周边一定范围内的海域拥有潜在的管辖权。《中国海洋环境保护法》第2条规定，"本法适用于中华人民共和国内水、领海、毗连区、专属经济区、大陆架以及中华人民共和国管辖的其他海域"；《中国渔业法》第2条规定，"在中华人民共和国的内水、滩涂、领海、专属经济区以及中华人民共和国管辖的一切其他海域从事养殖和捕捞水生动物、水生植物等渔业生产活动，都必须遵守本法"；《中国专属经济区和大陆架法》第14条规定，"本法的规定不影响中国享有的历史性权利"。即中国可依据国际法（包括一般国际法）尤其是《公约》和国内法，确定在南沙岛礁周边海域的管辖范围，以对不同性质的海域实施和管制航行自由。

3. 各种管辖海域的基本功能

沿海国对于确定的管辖海域具有主权、主权权利和管辖权，但在

---

[1]　与海洋安全区有关的内容，例如，《联合国海洋法公约》第25条第3款，第52条第2款，第60条第4—5款。与海洋开发区有关的内容，例如，《联合国海洋法公约》第246条第6款。与海洋保护区有关的内容，例如，《联合国海洋法公约》第211条第6款，第234条。

行使这些权利时特别应"适当顾及"其他国家（使用国）的权利，包括航行和飞越自由在内的权利，以实现沿海国和使用国之间的权利平衡。例如，《公约》第87条第2款规定，公海自由应由国家行使，但须适当顾及其他国家行使公海自由的利益。此处的"适当顾及"是对各国行使公海自由权利的限制，同时，"适当顾及"具有相互性。换言之，"适当顾及"要求所有国家在行使公海自由权利时，要意识和考虑到其他国家在公海的利益，并避免有干扰其他国家行使公海自由权利的活动；各国要避免对其他国家的国民使用公海造成不利影响的行为的任何可能。[1] 实际上，海洋法的发展史就是沿海国的权益和使用国的权利即公海自由，尤其是航行和飞越自由权利的协调和平衡的历史。换言之，海洋法的历史即为沿海国家主张的管辖权和其他国家主张的海洋自由，沿海国的个别利益和国际社会的一般、普遍性利益相互对立和调整的历史。[2]

4. 美国军舰航行自由行动的海域性质

（1）南沙岛礁邻近海域及近岸水域的性质。中国对南海诸岛拥有无可争辩的主权，所以中国可依据陆地支配海洋原则和《公约》的距离原则在南沙群岛主张管辖海域，但由于各种原因，中国迄今未公布南沙群岛的领海基点和基线，所以在形式上中国在南沙群岛的管辖海域范围并不明确。依据《中国政府关于领海的声明》（1958年9月4日）、《中国领海及毗连区法》（1992年2月25日）、《全国人民代表大会常务委员会关于批准〈联合国海洋法公约〉的决定》、《中国政府关于中国领海基线的声明》（1996年5月15日），以及《中国专属经济区和大陆架法》（1998年6月26日）、《中国海洋环境保护法》、《中国渔业法》等的相关规定，中国对南沙岛礁周边一定范围内的海域拥有潜在的管辖权。换言之，中国对南沙群岛周边一定范围内的管辖海域可依据国内法包括基于历史性权利和《公约》制度确定。对于美国军舰在其周边海域尤其是12海里内实施的所谓航行自由行动即无害通过应具

---

〔1〕 参见［美］路易斯·B. 宋恩等：《海洋法精要》（第2版），傅崐成等译，上海交通大学出版社2014年版，第17页。

〔2〕 参见［日］水上千之：《海洋自由的形成（1）》，载《广岛法学》第28卷第1期（2004），第1—2页。

有管制权。[1] 美国军舰在南沙岛礁 12 海里内的行动应遵守中国关于外国军舰在领海内的无害通过制度的法律和规章。

换言之，中国在南沙群岛的管辖海域由以中国作为《公约》缔约国的身份可以声明的海域（领海、毗连区和专属经济区）和依据历史性权利可以主张的海域（历史性特殊海域）组成。在它们之间的关系上，前者为主要部分，后者为次要部分，且它们的来源和依据不同，共同构成中国在南沙群岛的管辖海域范围。[2]

在此特别应注意的是，中国能否以南沙群岛整体主张管辖海域，依据历史性权利可以主张的海域范围如何，历史性权利的特殊性及其具体权利是否全部被《公约》所覆盖，以及南沙群岛海洋地物的地位与性质如何，则是需要另外继续论证的重要问题。这些内容构成南海问题的关键，包括南海断续线的性质，历史性权利的位阶及其与《公约》之间的关系，以及群岛水域制度和海洋地物（岛屿、岩礁、低潮高地等）的认定和作用等方面。[3]

（2）美国军舰在南沙岛礁周边海域实施航行自由行动的意图。不可否认，美国军舰在南海实施所谓的航行自由行动目的和意图具有多重性。在政治安全方面，美国须履行对同盟国的保护义务以及通过执行国内国防预算以"确保"国际社会安全的义务；在外交方面，美国须履行诸如

---

〔1〕　例如，《中国政府关于领海的声明》第 1 条规定，"中华人民共和国的领海宽度为 12 海里。这项规定适用于中华人民共和国的一切领土，包括中国大陆及其沿海岛屿，和同大陆及其沿海岛屿隔有公海的台湾及其周围各岛、澎湖列岛、东沙群岛、西沙群岛、中沙群岛、南沙群岛以及其他属于中国的岛屿"。《中国领海及毗连区法》第 2 条规定，"中华人民共和国领海为邻接中华人民共和国陆地领土和内水的一带海域。中华人民共和国的陆地领土包括中华人民共和国大陆及其沿海岛屿、台湾及其包括钓鱼岛在内的附属各岛、澎湖列岛、东沙群岛、西沙群岛、中沙群岛、南沙群岛以及其他一切属于中国的岛屿"。其第 3 条规定，"中华人民共和国领海的宽度从领海基线量起为 12 海里"。《全国人民代表大会常务委员会关于批准〈联合国海洋法公约〉的决定》第 3 条声明："中国重申对 1992 年 2 月 25 日颁布的《中国领海及毗连区法》第 2 条所列各群岛及岛屿的主权"。《中国政府关于中国领海基线的声明》规定，"中华人民共和国政府将再行宣布中华人民共和国其余领海基线"。

〔2〕　金永明：《中国南海断续线的性质及线内水域的法律地位》，载《中国法学》2012 年第 6 期，第 36—48 页。

〔3〕　中国国际法学会：《南海仲裁案裁决之批判》，外文出版社 2018 年版，第 183—299 页。针对南海仲裁案仲裁庭对岛屿和岩礁裁决的批判性内容，参见高圣惕：《论南海仲裁案对〈联合国海洋法公约〉第 121（3）条的错误解释》，载《太平洋学报》2018 年第 12 期，第 24—34 页。

七国集团首脑、外长系列声明中对南海问题的表述内容；[1] 在法律方面，美国需要维系在南沙岛礁周边海域的所谓航行自由安全规则，表现在采用美国自身的标准遏制"过度"的直线基线做法，固化南海仲裁案最终裁决内容，对毗连区安全事项行使管辖权予以反对，专属经济区内的军事活动事先须获得同意加以反对等方面。[2] 但从法律层面看，中美两国在南沙岛礁上的争议焦点为：中国在南沙群岛占据和建设的海洋地物属于何种法律地位，即它们是岛屿、岩礁，还是低潮高地。

美国认为，中国在南沙群岛占据的海洋地物是低潮高地，所以依据《公约》第 13 条的规定，如果低潮高地全部与大陆或岛屿的距离超过领海的宽度，则该高地没有其自己的领海。此条款的目的是阻止沿海国为主张远离海岸的基线，从低潮高地蛙跳到另一低潮高地所作出的规定。[3] 同时，《公约》第 7 条第 4 款规定，除在低潮高地上筑有永

---

[1] 例如，《海洋安全保障七国集团外长宣言》（2015 年 4 月 15 日）指出，七国首脑要求所有国家，应依据国际法包括国际社会普遍承认的法律争端解决机制，和平管理和解决海洋争议，应完全履行对国家有拘束力的相关法院/法庭作出的判决/裁决，强调沿海国在未划界的海域采取的对海洋环境产生永久性的物理变更的单方面的行动应予慎重和控制。《七国集团首脑宣言》（2015 年 6 月 8 日）指出，依据国际法的各项原则，七国集团首脑承诺以规则为基础维持海洋秩序，担忧东海及南海的紧张局势；强调和平解决争议、不阻碍世界海洋自由而适用法律的重要性；强力反对威胁、强制或行使武力，包括采取大规模填埋方式试图改变现状的单方行动。参见日本外务省官网，http：//www. mofa. go. jp/mofaj/ecm/ec/page4_001250. html，最后访问日期：2015 年 6 月 10 日。《海洋安全保障七国集团外长声明》（2016 年 4 月 11 日）内容，参见日本外务省官网，http：//www. mofa. go. jp/mofaj/files/000147443. pdf，最后访问日期：2016 年 4 月 13 日。《亚洲情势七国集团外长声明》（2016 年 9 月 20 日）内容，参见日本外务省官网，http：//www. mofa. go. jp/mofaj/files/000189834. pdf，最后访问日期：2016 年 9 月 22 日。《七国集团首脑声明》（2017 年 5 月 26—27 日）内容，参见日本外务省官网，http：//www. mofa. go. jp/mofaj/files/000260041. pdf，最后访问日期：2017 年 5 月 28 日。

[2] 美国对中国西沙直线基线的立场文件，参见美国国务院于 1996 年 6 月 9 日发布的《海洋的界限——中国的直线基线要求》（No. 117）报告。美国对航行自由包括对南海岛礁周边海域航行自由的政策发展历程，参见金永明：《海上丝路与南海问题》，载《南海学刊》2015 年第 4 期，第 2—3 页。而美国依据"过度海洋主张"行使所谓"航行自由行动"的目的，参见包毅楠：《美国"过度海洋主张"理论及实践的批判性分析》，载《国际问题研究》2017 年第 5 期，第 117 页。

[3] 参见〔美〕路易斯·B. 宋恩等：《海洋法精要》（第 2 版），傅崐成等译，上海交通大学出版社 2014 年版，第 64 页。美国认为，除非中国的陆域吹填工程已经使渚碧礁等获得岛屿地位，否则它们仅仅是低潮高地，本身并没有领海，因而也没有行使无害通过之必要。参见张新军：《美国航行自由计划在南海的新进展："去管制"还是"再平衡"》，载吴士存主编：《南海评论 1》，南京大学出版社 2017 年版，第 47—48 页。

久高于海平面的灯塔或类似设施，或以这种高地作为划定基线的起讫点已获得国际一般承认者外，直线基线的划定不应以低潮高地为起讫点。而近岸设施和人工岛屿不应视为海港工程（《公约》第 11 条）。所谓的"海港工程"是指作为"陆地组成部分"的"结构"和"设施"，在某种意义上包围和防护其中的水域，并"连接海岸"[1] 为此，美国以国际社会利益保护者的身份在南沙岛礁周边海域实施所谓的航行自由行动，以挑战中国在南海的权益主张，并以遏制所谓的"过度海洋主张"为理由。在本质上，"航行自由行动"不仅符合美国在南海区域内的国家利益，而且是美国涉入南海事务的机会和借口。换言之，美国的"航行自由行动"乃是包裹着"维护航行自由权"的国际法律外衣，实质目的是推行保障美"航行"权利的国内政策在南海区域采取的行动[2]

　　鉴于中国现今已在南沙岛礁占据的有关岛礁完成了陆域吹填工程并建设了相关设施，美国认为中国此举对其所谓的"航行和飞越自由"带来损害，为遏制中国依此主张管辖海域并扩大管辖范围，进行了诸如派遣其军舰进入南沙群岛有关岛礁 12 海里内的所谓航行自由行动，以遏制、抹杀中国在南海尤其在南沙岛礁的权利主张[3]

---

〔1〕　参见〔美〕路易斯·B. 宋恩等：《海洋法精要》（第 2 版），傅崑成等译，上海交通大学出版社 2014 年版，第 64 页。

〔2〕　参见王冠雄：《美国军舰航行自由行动：法律与政策的冲撞》，载《南海学刊》2018 年第 4 期，第 71 页。

〔3〕　外交部发言人华春莹主持例行记者会（2015 年 6 月 30 日）时指出，根据既定作业计划，中国在南沙群岛部分驻守岛礁上的建设已于近日完成陆域吹填工程，下阶段中方将开展满足相关功能的设施建设。这些建设主要是为各类民事需求服务，以便更好地履行中国在海上搜救、防灾减灾、海洋科研、气象观察、生态环境保护、航行安全、渔业生产服务等方面承担的国际责任和义务，也包括满足必要的军事防卫需求。参见外交部官网，http://www.fmprc.gov.cn/mfa_chn/fyrbt_602243/t1277205.shtml，最后访问日期：2015 年 7 月 1 日。在南海区域的基础设施建设方面，中国交通运输部有关负责人员指出，自 2014 年起中国逐步加大建设力度，使南海海域民用航海保障基础设施网络初步形成。除在南沙群岛有关进驻岛礁开工建设了 5 座灯塔外，我国还在西沙水域建成了晋卿岛等 4 座灯桩；在永兴岛等地设置了 4 座船舶自动识别系统基站，实现了西沙重点水域信号的全覆盖；开播了海上安全信息广播业务，实现了对西沙、中沙水域信号的覆盖。同时，在完善巡航机制方面，通过巡视检查，初步掌握了南海海域的水文气象、通航环境、船舶交通和作业、海域污染等情况，也制止和纠正了船舶在海上航行、停泊和作业中发生的各种违法行为。以上内容，参见《交通运输部介绍南海岛礁 5 座灯塔建设情况 指出我国始终追求维护南海船舶航行安全》，载《人民日报》2016 年 7 月 11 日，第 6 版。

（3）美国军舰擅入中国南海诸岛管辖海域行为的不利影响和后果。主要体现在以下方面：

第一，严重损害我国南海诸岛主权及管辖海域安全，挑战我国相关法律和规章的合法性。例如，国防部发言人吴谦就美舰擅自进入中国南沙群岛有关岛礁邻近海域发表谈话（2017 年 8 月 11 日）时指出，美方打着"航行自由"的幌子寻衅滋事，派军用舰机非法进入中国南海岛礁邻近海域，严重威胁中国主权和安全利益，严重危及双方一线人员生命安全，严重破坏地区和平稳定。[1] 同时，《中国领海及毗连区法》第 6 条第 2 款规定，"外国军用船舶进入中华人民共和国领海，须经中华人民共和国政府批准"。[2] 从中国政府应对美国军舰擅自进入南海岛礁所谓的航行自由行动看，不论美方采何种挑衅行动，中国军队都将采取一切必要措施，坚决维护国家的主权和安全利益。因为《中国领海及毗连区法》第 10 条规定，"外国军用船舶……在通过中华人民共和国领海时，违反中华人民共和国法律、法规的，中华人民共和国有关主管机关有权令其立即离开领海，对所造成的损失或者损害，船旗国应当负国际责任"。换言之，我国应依据《联合国海洋法公约》第 21 条第 1 款的规定进一步完善关于无害通过领海的法律，以及相应的国内规章包括事先许可或通知沿海国的程序和主管机构等方面的内容。

第二，美国军舰持续实施所谓的航行自由行动，损害中美两国军事部门于 2014 年 10 月达成的《重大军事行动相互通报机制谅解备忘录》《海空相遇安全行为准则谅解备忘录》以及于 2015 年 9 月

---

〔1〕 该谈话详细内容参见国防部官网，http：//www.mod.gov.cn/topnews/2017 - 08/11/content_4788473.htm，最后访问日期：2017 年 8 月 11 日。

〔2〕 《中国领海及毗连区法》第 6 条针对外国军舰在我国领海内的无害通过规定须经中国政府许可或事先批准，此内容与《全国人民代表大会常务委员会关于批准〈联合国海洋法公约〉的决定》的声明内容并不完全一致。其第 4 条规定，"中华人民共和国重申：《联合国海洋法公约》有关领海内无害通过的规定，不妨碍沿海国按其法律规章要求外国军舰通过领海必须事先得到该国许可或通知该国的权利"。从制定和解释法律的主体看，它们具有同样的地位，均是由全国人大常委会通过和决定的；从法律本身的位阶看，"法律"高于"决定"；从制定的时间看，对于同样的事项，应遵守"后法"优于"先法"的原则，那么这就面临需修改"先法"规定以及补充实施无害通过领海的程序性内容，以协调和统一针对同一事项的具体规范，并按程序行事。

签署的后续附件内容，不利于两国军事部门间的交流及互信的提升。[1] 国防部发言人吴谦就美舰擅自进入中国南沙群岛有关岛礁邻近海域发表谈话（2017 年 8 月 11 日）时指出，"美方上述挑衅行为严重损害双方战略互信，为两军关系的发展制造了困难与障碍；我们强烈敦促美方立即改正错误，停止以所谓的航行自由为名行违法挑衅之实；美国的挑衅行动只会促使中国军队进一步加强各项防卫能力建设，坚定捍卫国家主权和安全"。[2]

第三，美国军舰在南海诸岛周边海域实施的所谓航行自由行动，损害中国与东盟国家、中菲两国之间达成的共识和意愿，为南海问题的解决带来变数及不可预见性。例如，《中国和东盟国家外交部长关于全面有效落实〈南海各方行为宣言〉的联合声明》（2016 年 7 月 25日）重申《南海各方行为宣言》在维护地区和平稳定中发挥的重要作用；承诺全面有效完整落实《南海各方行为宣言》，并在协商一致基础上实质性推动早日达成"南海行为准则"；声明有关各方承诺根据公认的国际法原则，包括 1982 年《联合国海洋法公约》，由直接有关的主权国家通过友好磋商和谈判，以和平方式解决它们的领土和管辖权争议，而不诉诸武力或以武力相威胁等。[3] 《中华人民共和国与菲律宾共和国联合声明》（2016 年 10 月 21 日）第 40 段指出，双方重申南海争议问题不是中菲双边关系的全部；双方就以适当方式处理南海争议的重要性交换了意见；双方重申维护及促进和平稳定、在南海的航行和自由的重要性，根据包括《联合国宪章》和 1982 年《公约》在内公认的国际法原则，不诉诸武力或以武力相威胁，由直接有关的

---

〔1〕 中美两国军事部门达成的《重大军事行动相互通报机制谅解备忘录》内容，参见美国 国 防 部 官 网，http：//www. defense. gov/pubs/141112 _ MemoradumOfUnderstandingOn Notication. pdf；《海空相遇安全行为准则谅解备忘录》内容，参见美国国防部官网，http：//www. defense. gov/pubs/141112 _ MemorandumOfUnderstandingRegardingRules. pdf，最后访问日期：2015 年 2 月 10 日。

〔2〕 该谈话内容详见国防部官网，http：//www. mod. gov. cn/topnews/2017 – 08/11/content_ 4788473. htm，最后访问日期：2017 年 8 月 11 日。

〔3〕 《中国和东盟国家外交部长关于全面有效落实〈南海各方行为宣言〉的联合声明》，载外交部官网，http：//www. fmprc. gov. cn/web/zyxw/t1384157. shtml，最后访问日期：2016 年 7 月 25 日。

主权国家通过友好磋商和谈判，以和平方式解决领土和管辖权争议[1] 这些内容不仅在《中华人民共和国与菲律宾共和国联合声明》（2018 年 11 月 21 日）中得到确认，而且得到了发展。例如，上述声明的第 25 段指出，双方认为，在中国和包括菲律宾在内的东盟国家共同努力下，南海形势更趋稳定；双方将同其他东盟国家一道，全面、有效落实《南海各方行为宣言》，保持"南海行为准则"单一磋商文本草案积极磋商势头，争取在协商一致的基础上早日达成有效的"南海行为准则"。第 26 段指出，双方认识到建立信任措施对增进互信意义重大，并肯定了中菲南海问题双边磋商机制和海警海上合作联委会合作机制的重要性。第 27 段指出，双方欢迎签署《中华人民共和国政府与菲律宾共和国政府关于油气开发合作的谅解备忘录》，愿积极商讨包括海上油气勘探和开发，矿产、能源及其他海洋资源可持续利用等在内的海上合作[2]

第四，美国军舰如依据所谓的南海仲裁案最终裁决内容继续实施所谓的航行自由行动，则中美两国之间的安全对抗将加剧，南海区域将不会安宁，中美关系也将受到不利影响。无论美国在中国西沙群岛领海，还是在南沙岛礁周边海域包括在 12 海里内的潜在管辖海域实施所谓的航行自由行动，均应遵守我国领海及潜在管辖海域（领海）内的无害通过制度，而超越无害通过的任何行为（有害行为）均是对中国管辖海域的安全威胁和利益损害的挑衅行为，自然会持续遭到中国政府的强烈反对和严正抗议。我国国防部发言人就美国军舰擅自进入中国西沙群岛发表谈话（2017 年 10 月 11 日）时指出，美方派军舰再次进入中国领海挑衅，侵犯中国主权和安全利益，损害中美两国两军战略互信，破坏地区和平稳定，极易引发意外事件，中国国防部坚决反对；中国军队将针对美军的一再挑衅行动，进一步加强海空战备建设和提高防卫能力水平，坚定捍卫国家主权和安全利益[3]

---

〔1〕《中华人民共和国与菲律宾共和国联合声明》，载外交部官网，http://www.fmprc. gov.cn/web/zyxw/t1407676.shtml，最后访问日期：2016 年 10 月 21 日。

〔2〕《中华人民共和国与菲律宾共和国联合声明》，载外交部官网，http://www.fmprc. gov.cn/web/zyxw/t1615198.shtml，最后访问日期：2018 年 11 月 21 日。

〔3〕《国防部新闻发言人就美国军舰擅自进入中国西沙群岛领海发表谈话》，载国防部官网，http://www.mod.gov.cn/topnews/2017‐10/11/content_4794392.htm，最后访问日期：2017 年 10 月 11 日。

（四）　中国维系南海权益的若干措施及展望

美国政府派遣军舰在南沙周边海域实施所谓的航行自由行动（主要目的是依其自身的判断遏制沿海国"过度"的权利主张），并不会因中国的强力抗议、严正交涉及警告驱离等而停止，因为美国出于遏制中国的海洋活动及权利主张、履行对同盟国的义务、维系所谓的航行自由规则等目的，依然会擅自以"1＋X"模式派遣军舰不时地赴南海诸岛周边海域实施所谓的航行自由行动。为此，中国维系南海权益包括航行自由与安全的举措，主要为：

第一，应极力消除南海仲裁案最终裁决的消极影响，尤其是在法律上的不利影响。中国重点应批驳仲裁庭对此案件的无管辖权及不可受理性问题，以及仲裁庭利用和扩大《公约》体系的制度性缺陷特别是在事实认定和法律适用上作出错误裁决的无效性[1]。同时，应进一步强化对岛屿制度的构成要件、群岛水域制度在远洋大陆国家适用的可能性、历史性权利与《公约》之间的关系，以及国际司法制度等方面的研究。

第二，利用中美两国之间已有的对话渠道，加强与美国的沟通和协调。尤其应切实履行两国军事部门缔结的《重大军事行动相互通报机制谅解备忘录》和《海空相遇安全行为准则谅解备忘录》及其后续附件内容，以共同管控包括南海区域在内的海洋安全秩序。

第三，进一步明确中国在南海诸岛的法律制度。在南沙岛礁，包括依据陆域吹填后的新状态区域适时宣布南沙岛礁的最新位置，重新命名部分南沙岛礁的名称，创造条件逐步公布南沙岛礁的基点和基线，更重要的是应明确南海断续线的性质以及历史性权利的具体内涵，避免他国尤其是美国继续误解和误判。对于在西沙群岛的领海制度，一方面，应依据《公约》第21条的规定，充实与无害通过有关的法律和规章；另一方面，对于美国军舰擅自持续地进入西沙领海内的活动，可以从航行安全和国家安全角度依据《公约》第22条和第25条的规定，指定领海内的海道和分道通航制以及为保护国家安全在领海内设

---

[1]　金永明：《论南海仲裁案对海洋法的冲击》，载《政治与法律》2017年第7期，第105—116页。对南海仲裁案的系统性批判内容，参见中国国际法学会：《南海仲裁案裁决之批判》，外文出版社2018年版，第1—446页。

立保护区等措施。

第四，中美主导创设航行自由的国际法论坛会议。以举行航行自由为主题的多次论坛的共识为基础，结合国际社会现存的针对航行自由的制度（例如，2005 年 9 月的《专属经济区内水域航行与上空飞越的行动指针》，2013 年 10 月的《亚太专属经济区内互信和安全构筑原则》），为缔结《公约》关于航行自由与安全问题的新执行协定作出贡献，以避免美国以自身的标准采取航行自由行动遏制沿海国的权利主张行为延续，并控制以航行自由行动为名损害航行自由制度事件的发生。[1]

最后应该强调指出的是，美国所追求的包括南海在内的航行和飞越自由，同时也是中国所追求的核心利益。因为中国的原材料和商品进出口、社会经济活动等均依赖于海洋航行和飞越自由安全的保障，所以，中美两国在海洋的航行和飞越自由方面存在共同而广泛的利益，是必须且可以合作的重要领域。

不可否认，针对航行和飞越自由的海洋法规范，因《公约》的妥协性和模糊性，中美两国存在不同的理解和对立的实践，所以只有加强双方的交流和磋商，才能消弭不同认识和理解，从而为进一步丰富和发展现代海洋法体系相关制度作出贡献，这是双方应该共同努力的方向和目标。而美国依单方面认定的"过度海洋主张"所采取的航行自由行动在效果上具有局限性，即其他国家并不因此而改变自身原有的法律立场和主张，相反会增加对立，无助于问题的解决。只有加强中美之间的交流和合作，增进互信，才能实现依法治海的目标，并对现代海洋法体系的理解和实践起主导作用，进而维护包括南海区域在内的海洋安全秩序，确保航行和飞越自由。

---

〔1〕 关于《专属经济区水域航行和上空飞越的行动指针》内容，参见日本海洋政策研究财团编：《海洋白皮书：日本的动向、世界的动向（2006 年）》，2006 年 3 月，第 195—197 页；《亚太专属经济区内互信和安全构筑原则》内容，参见 Ocean Policy Research Foundation Edition：Principles for Building Confidence and Security in the Exclusive Economics Zones of the Asia - Pacific, 30th October 2013，pp. 1 - 12。

第六章　新时代中国海洋治理的目标愿景

在新时代，海洋命运共同体成为现今和未来较长时期指导我国海洋事务、加快建设海洋强国、推进 21 世纪海上丝绸之路建设的重要指导方针和目标愿景。为此，有必要论述海洋命运共同体的基本内涵、发展途径及保障措施等内容，以观察和评估我国针对海洋事务的成就及处置海洋问题的能力，考察我国海洋治理体系及海洋治理能力现代化水平。鉴于海洋命运共同体倡议提出的时间较短，相应的研究成果也不多见，所以，本章对海洋命运共同体的基本内涵予以系统思考和论述，具有一定的价值和意义。

一、海洋命运共同体的提出及渊源

2019 年 4 月 23 日，国家主席、中央军委主席习近平在青岛集体会见应邀出席中国人民解放军海军成立 70 周年多国海军活动的外方代表团团长时，从海洋的本质及其地位和作用、构建 21 世纪海上丝绸之路的目标、中国参与海洋治理的作用和海军的贡献，以及国家间处理海洋争议的原则等视角，指出了合力构建海洋命运共同体的必要性和重要性。这为我国加快建设海洋强国、21 世纪海上丝绸之路，完善全球海洋治理体系等提供了方向和指针，具有重要的时代价值和现实意义。[1]

习近平主席从海洋的空间及资源的本质和特征作出的概括性总结，揭示了海洋的空间和资源对人类社会发展的依赖性和重要性，

---

〔1〕　参见《习近平集体会见出席海军成立 70 周年多国海军活动外方代表团团长》，载新华网，http://www.xinhuanet.com/politics/leaders/2019 - 04/23/c_ 1124404136. htm，最后访问日期：2019 年 4 月 23 日。

同时，随着海洋科技、装备的发展及各国对海洋空间和资源依赖程度的加深，各国在开发和利用海洋时，因存在不同的利益主张和权利依据，在有限的海域范围内无法消除各国之间存在的争议，而对于这些问题，应优先使用政治或外交方法予以沟通和协调，以取得妥协和平衡，消除因海洋争议带来的危害，更好地共同利用海洋的空间和资源。

当政治或外交方法无法解决海洋争议及问题时，则可采取管控危机的手段，包括制定管理危机的制度，以提升政治互信和合作利益，反对或禁止以使用武力或威胁使用武力等方法解决争议。当然，在解决海洋争议的条件并未完全成熟时，可采取搁置争议、共同开发的模式。这种做法和价值取向体现了尊重各方的权利主张和要求，照顾了各方的关切，以实现共同获益的目标，体现共商、共建、共享的全球治理观的基本精神。换言之，我国提出的海洋命运共同体理念或愿景符合时代发展趋势，符合海洋治理体系原则，符合海洋秩序的维系要求，并且是我国长期以来针对海洋问题的政策的延展和深化，所以合力构建"海洋命运共同体"是必须坚持和遵循的重要目标和方向。

当然，海洋命运共同体理念并不是应景地或随意性地提出，它是对和谐世界、和谐海洋理念的细化和发展，也是人类命运共同体在海洋领域的运用和深化，即海洋命运共同体具有广泛和深厚的渊源及法律基础。

众所周知，我国在 2009 年 4 月中国人民解放军海军成立 60 周年之际，根据国际国内形势发展需要，提出了构建"和谐海洋"的倡议，以共同维护海洋持久和平与安全。构建"和谐海洋"理念的提出，也是我国时任国家主席胡锦涛于 2005 年 9 月 15 日在联合国成立60 周年首脑会议上提出构建"和谐世界"理念在海洋领域目标的具体化，体现了国际社会对海洋问题的新认识、新要求，标志着我国对国际海洋法发展的新贡献。[1] 所以，"海洋命运共同体"是对"和谐海

---

[1] 我国提出的"和谐海洋"理念内容为：坚持联合国主导，建立公正合理的海洋；坚持平等协商，建设自由有序的海洋；坚持标本兼治，建设和平安宁的海洋；坚持交流合作，建设和谐共处的海洋；坚持敬海爱海，建设天人合一的海洋。参见金永明：《中国海洋法理论研究》（增订版），上海社会科学院出版社 2016 年版，第 305—306 页。

洋"的继承和发展。

　　一般认为，人类命运共同体理念的提出源于 2013 年 10 月 24—25 日在北京举行的中国周边外交工作座谈会。国家主席习近平指出，要让命运共同体意识在周边国家落地生根[1] 人类命运共同体理念的成形源于国家主席习近平在联合国大会上的表述。2015 年 9 月 28 日，在第 70 届联合国大会一般性辩论时国家主席习近平指出，我国要继承和弘扬《联合国宪章》的宗旨和原则，构建以合作共赢为核心的新型国际关系，打造人类命运共同体[2] 人类命运共同体的深化，体现在国家主席习近平于 2017 年 1 月 18 日在联合国日内瓦总部的演讲，表现在五个方面（政治、安全、经济、文化和生态），这些内容构成人类命运共同体的基本体系[3] 人类命运共同体的固化及升华，体现在《中国共产党第十九次全国代表大会报告》及在《宪法》和《中国共产党党章》上的规范[4] "推动构建人类命运共同体"成为指导中国特色社会主义现代化建设的重要方针和行动指南，也成为习近平新时代中国特色社会主义外交思想的核心内容和行动纲领，更成为学者们持续

---

[1]　习近平：《坚持亲诚惠容的周边外交理念》，载习近平：《论坚持推动构建人类命运共同体》，中央文献出版社 2018 年版，第 67 页。其实，《中国的和平发展》白皮书（2011 年 9 月）中在经济领域、发展路径和目标取向上提出"人类命运共同体之目标"的用语，参见中华人民共和国国务院新闻办公室：《中国的和平发展》，人民出版社 2011 年版，第 23—24 页、第 18 页。当然，在周边外交工作座谈会前习近平主席的有关讲话中，也出现了诸如"中非命运共同体""亚洲命运共同体""命运共同体意识""中国—东盟命运共同体""亚太命运共同体意识"等用语。参见习近平：《论坚持推动构建人类命运共同体》，中央文献出版社第 2018 年版，第 15—16 页、第 29 页、第 38 页、第 51 页、第 54 页、第 62—63 页。

[2]　习近平：《携手构建合作共赢新伙伴，同心打造人类命运共同体》，载习近平：《论坚持推动构建人类命运共同体》，中央文献出版社 2018 年版，第 254 页。

[3]　习近平：《共同构建人类命运共同体》，载习近平：《论坚持推动构建人类命运共同体》，中央文献出版社 2018 年版，第 416—422 页。

[4]　例如，"我们呼吁，各国人民同心协力，构建人类命运共同体，建设持久和平、普遍安全、共同繁荣、开放包容、清洁美丽的世界；中国人民愿同各国人民一道，推动人类命运共同体建设，共同创造人类的美好未来"。参见习近平：《决胜全面建成小康社会　夺取新时代中国特色社会主义伟大胜利——在中国共产党第十九次全国代表大会上的报告》（2017 年 10 月 18 日），人民出版社 2017 年版，第 58—60 页。

研究的热点和重要问题。[1]

二、海洋命运共同体的目标愿景与基本范畴

如上所述，海洋命运共同体是人类命运共同体在海洋领域的运用和深化，所以有必要考察人类命运共同体的基本体系包括其内容和原则、路径和目标，进而为海洋命运共同体的构建提供方向和遵循。

从人类命运共同体的形成过程可以看出，其基本内容主要包括以下方面：第一，坚持对话协商，建设一个持久和平的世界；第二，坚持共建共享，建设一个普遍安全的世界；第三，坚持合作共赢，建设一个共同繁荣的世界；第四，坚持交流互鉴，建设一个开放包容的世界；第五，坚持绿色低碳，建设一个清洁美丽的世界。[2] 这些内容不仅指出了构建人类命运共同体的具体方式和方法，而且规范了具体的方向和目标，构成人类命运共同体的基本内容。

在构建人类命运共同体的过程中应遵守的原则及要求，主要为：第一，要相互尊重、平等协商，坚决摒弃冷战思维和强权政治，走对话而不对抗、结伴而不结盟的国与国之间交往新路，即尊重各国主权平等原则，并建立平等相待、互商互谅的伙伴关系；第二，要坚持对话解决争端、以协商化解分歧，统筹应对传统和非传统安全威胁，反对一切形式的恐怖主义，即利用和平方法解决争端并综合消除安全威

---

〔1〕 在中国知网上查询（载至 2019 年 8 月 22 日），与"人类命运共同体"和"国际法"有关的成果，主要为：（1）黄德明、卢卫彬：《国际法语境下的"人类命运共同体意识"》，载《上海政法学院学报》2015 年第 6 期；（2）李赞：《建设人类命运共同体的国际法原理与路径》，载《国际法研究》2016 年第 6 期；（3）龚柏华：《"三共"原则是构建人类命运共同体的国际法基石》，载《东方法学》2018 年第 1 期；（4）罗欢欣：《人类命运共同体思想对国际法的理念创新——与"对一切的义务"的比较分析》，载《国际法研究》2018 年第 2 期；（5）张辉：《人类命运共同体：国际法社会基础理论的当代发展》，载《中国社会科学》2018 年第 3 期；（6）张乃根：《试探人类命运共同体的国际法理念》，载《中国国际法年刊（2017）》，法律出版社 2018 年版；（7）徐宏：《人类命运共同体与国际法》，载《国际法研究》2018 年第 5 期；（8）张乃根：《人类命运共同体入宪的若干国际法问题》，载《甘肃社会科学》2018 年第 6 期；（9）人类命运共同体与国际法课题组：《人类命运共同体的国际法构建》，载《武大国际法评论》2019 年第 1 期。

〔2〕 习近平：《共同构建人类命运共同体》，载习近平：《论坚持推动构建人类命运共同体》，中央文献出版社 2018 年版，第 418—422 页。

胁的原则，营造公道正义、共建共享的安全格局；第三，要同舟共济，促进贸易和投资自由化便利化，推动经济全球化朝着更加开放、包容、普惠、平衡、共赢的方向发展，即尊重公平和开放的自由贸易并实现共同发展的原则，谋求开放创新、包容互惠的发展前景；第四，要尊重世界文明多样性，以文明交流超越文明隔阂、文明互鉴超越文明冲突、文明共存超越文明优越，即应遵守包容互鉴共进并消除歧视的原则，促进和而不同、兼收并蓄的文明交流；第五，要坚持环境友好，合作应对气候变化，保护好人类赖以生存的地球家园，即应遵守环境保护并集约使用资源的原则，构筑崇尚自然、绿色发展的生态体系。[1]

从上述原则和要求可以看出，人类命运共同体应遵循的原则是包括《联合国宪章》在内的国际法的基本原则和国际关系准则，因为人类命运共同体的构建需要以国际法为基础并提供保障，所以它们与"共商、共建、共享"原则所蕴含的内涵完全一致，必须得到全面贯彻和执行。换言之，人类命运共同体构建和实施的基础为国际规则，这些国际规则的建立和运作需要各国的参与和协调并反映其意志，而在此应体现和贯彻"共商、共建、共享"的原则，这样的国际法才能持续发挥应有的作用。

同时，如前所述，海洋命运共同体起源于"和谐海洋"理念，所以"和谐海洋"理念蕴含的价值目标也是构建海洋命运共同体时应遵循的目标。

从"和谐海洋"理念内容可以看出，其包含了如下的递进关系，体现了"和谐海洋"理念的本质。换言之，"和谐海洋"理念既是时代发展的需要，也具有深厚的国际法基础。因为海洋问题复杂、敏感，且彼此关联，需要综合考虑和应对。[2] 事实证明，海洋问题，单靠一个国家显然是无法应对和处置的，所以需要发挥国际组织尤其是联合

---

〔1〕　参见习近平：《决胜全面建成小康社会 夺取新时代中国特色社会主义伟大胜利——在中国共产党第十九次全国代表大会上的报告》，人民出版社 2017 年版，第 58—59 页；习近平：《携手构建合作共赢新伙伴，同心打造人类命运共同体》，载习近平：《论坚持推动构建人类命运共同体》，中央文献出版社 2018 年版，第 254—258 页。

〔2〕　例如，《联合国海洋法公约》前言指出，"本公约各缔约国意识到各海洋区域的种种问题都是彼此关联的，有必要作为一个整体加以考虑"。

国的主导作用，以构建公正合理的海洋管理制度。各国在开发利用海洋时，由于利益和立场不同，势必会产生各种纠纷，所以，在遇到海洋问题的纠纷时，需要通过协商解决，在此应确保各方谈判过程中的平等地位，坚持国际法的基本原则——国家主权平等原则，以维护海洋的正常秩序。同时，由于海洋问题的关联性和复杂性，需要实施综合管理，所以，在处理海洋问题时必须坚持标本兼治的原则。此外，国际问题包括海洋问题的解决需要各种力量的组合，尤其需要通过合作解决，而合作具有国际法的基础。例如，《联合国宪章》第 1 条、第 2 条、第 11 条和第 49 条；《联合国海洋法公约》第 100 条、第 108 条、第 117—118 条、第 123 条、第 197 条、第 242 条、第 266 条、第 270 条、第 273 条和第 287 条；以及"各国依照宪章彼此合作之义务"的原则，也得到联合国大会于 1970 年 10 月 24 日通过的《关于各国依照联合国宪章建立友好关系及合作之国际法原则之宣言》决议确认。最后，为合理开发利用海洋资源，为人类服务，应保护海洋，以实现天人合一目标，实现可持续发展。[1] 可见，"和谐海洋"理念内容之目标，为我国构建"海洋命运共同体"提供了重要基础和行为规范，必须得到全面有效执行。

为此，海洋命运共同体的基本含义和价值目标，可界定为：在政治上的目标是，不称霸及和平发展。中国坚定奉行独立自主的和平外交政策，尊重各国人民自主选择发展道路的权利，维护国际公平正义，反对把自己的意志强加于人，反对干涉别国内政，反对以强凌弱，中国无论发展到什么程度，永远不称霸，永远不搞扩张。在安全上的目标是，坚持总体国家安全观和新安全观（互信、互利、平等、协作），坚决维护国家主权、安全和发展利益。中国决不会以牺牲别国利益为代价发展自己，也决不放弃自己的正当权益，任何人不要幻想让中国吞下损害自身利益的苦果，中国奉行防御性的国防政策，中国发展不对任何国家构成威胁。[2] 在经济上的目标是，运用新发展观（创新、

---

〔1〕 参见金永明：《中国海洋法理论研究》（增订版），上海社会科学院出版社 2016 年版，第 305—306 页；金永明：《新时代中国海洋强国战略研究》，海洋出版社 2018 年版，第 79—80 页。

〔2〕 习近平：《决胜全面建成小康社会 夺取新时代中国特色社会主义伟大胜利——在中国共产党第十九次全国代表大会上的报告》，人民出版社 2017 年版，第 59 页。

协调、绿色、开放和共享）发展和壮大海洋经济，共享海洋空间和资源利益，实现合作共赢目标。其对外的具体路径是通过构筑新型国际关系推动"一带一路"倡议尤其是 21 世纪海上丝绸之路建设进程，加强与其他国家在海洋多领域上的合作；对内的具体路径为坚持陆海统筹，发展和壮大海洋经济，实现海洋综合性管理目标。在文化上的目标是，通过弘扬中国特色社会主义核心价值观，构建开放包容互鉴的海洋文化。构建和而不同、兼收并蓄的全球新型海洋文化观。在生态上的目标是，通过保护海洋环境构建可持续发展的海洋生态系统，实现"和谐海洋"理念倡导的人海合一目标，进而实现绿色和可持续发展目标。

三、海洋命运共同体的实践路径和制度保障

为实现海洋命运共同体的目标愿景和价值，必须找到合适和可行的构建海洋命运共同体的具体实践路径。鉴于各国发展程度不同、利益诉求不同、发展战略不同、所处环境和要求不同、文化及制度规范相异等，海洋命运共同体的构建如人类命运共同体的构建一样，需要有阶段、分步骤、有重点地推进实施。这也是由海洋命运共同体的本质属性或法律属性所决定的。

不可否认，海洋命运共同体的推进和实施的主体是人类。这里的"人类"是指全人类，既包括今世的人类，也包括后世的人类，体现了海洋是公共产品及人类共同继承财产、遵循代际公平原则的本质要求。而其行动的主体为国家、国际组织及其他重要非政府组织，其中国家是构建海洋命运共同体的主要及绝对的主体，起主导及核心的作用。这是由国家在国际法的主体地位或核心地位决定的。在客体上，海洋命运共同体规范的是海洋的整体，既包括人类开发利用海洋空间和资源的一切活动或行为，也包括对赋存在海洋中的一切生物资源和非生物资源的保护和养护，体现了有效合理使用海洋空间和资源的整体性要求，这是由海洋的本质属性（如公益性、关联性、流动性、承载力、净化力等）所决定的，也体现了对海洋的规范性和整体性要求，

以实现可持续利用和发展目标。[1] 在运作方式上，应坚持共商共建共享的原则以及其他符合国际法的基本原则，采取多维多向合作的方式予以推进，以实现共同发展、共同管理、共同获益、共同进步的目标。

为实现上述目标愿景，海洋命运共同体的构建应通过双边和区域协议优先在南海、东海问题上予以实施，以实现和平、友好、合作之海目标。换言之，在南海和东海问题上的作为和贡献，是中国构建海洋命运共同体的具体路径和实践平台。这是由南海问题和东海问题在我国经济社会建设和发展过程中的地位和作用所决定的，也是我国建设海洋强国的重要指标性问题。所以，南海问题和东海问题的政策取向及解决模式，不仅考验中国政府和人民的智慧，也关联中国海洋强国战略目标进程，更关系我国国家治理体系及治理能力现代化水平的巩固和提升。

对于南海问题，主要包括两个方面。第一，南沙岛礁领土主权问题以及由此延伸出的海域划界争议和资源开发问题，这是中国与东盟国家之间存在的争议问题。第二，中国与美国为首的国家针对南海诸岛周边海域的地位及其在周边海域的航行自由问题。[2]

这些争议涉及的法律问题主要为：中国南海断续线的性质及线内水域的法律地位，岛屿与岩礁的性质和地位及其在划界中的作用，历史性权利与《联合国海洋法公约》之间的关系问题，历史性权利的来源及具体内涵，大陆国家远洋岛屿（群岛）适用群岛水域直线基线的可能性，低潮高地是否为领土以及可否占有的问题，国家依据《联合

---

[1] 例如，《联合国海洋法公约》前言指出，"本公约缔约各国应在妥为顾及所有国家主权的情形下，为海洋建立一种法律秩序，以便利国际交通和促进海洋的和平用途，海洋资源的公平而有效的利用，海洋生物资源的养护以及研究、保护和保全海洋环境"。

[2] 关于美国军舰在南海诸岛的航行自由行动问题，参见金永明：《南海航行自由与安全的海洋法分析》，载中国国际法学会：《中国国际法年刊（2018）》，法律出版社 2019 年版，第 410—438 页；包毅楠：《美国军舰擅闯我国南海岛礁邻近海域的国际法实证分析》，载《太平洋学报》2019 年第 6 期，第 52—63 页。中美两国与"航行自由行动"有关的文件，主要为：中美两国军事部门达成的《重大军事行动相互通报机制谅解备忘录》和《海空相遇安全行为准则谅解备忘录》，参见美国国防部官网，http：//www.defense.gov/pubs/141112_ MemoradumOfUnderstandingOnNotication.pdf 和 http：//www.defense.gov/pubs/141112_ MemoradumOfUnderstandingRegardingRules.pdf，最后访问日期：2015 年 2 月 10 日。

国海洋法公约》作出的排除性声明事项的范围及解释问题等方面[1]。
这些法律问题需要与相关国家通过协商谈判予以解决，即优先使用政
治方法或外交方法予以解决，而运用法律方法包括仲裁在相关方无法
缔结协议或未明确同意仲裁的情况下存在一些缺陷和不足，这已由南
海仲裁案予以证明[2]。所以，在双边层面，利用"双轨思路"（有关
争议由直接当事国通过友好协商谈判寻求和平解决，而南海的和平与
稳定则由中国与东盟国家共同维护）依据历史和国际法包括《联合国
海洋法公约》与直接有关的国家协商是可行而有效的途径，这可由中
菲两国之间的具体实践及成果予以证明[3]。在区域层面，重要的是遵
守《南海各方行为宣言》（2002 年 11 月 4 日）、落实《南海各方行为
宣言》指导方针（2011 年 7 月 20 日）、实施《中国与东盟国家应对海
上紧急事态外交高官热线平台指导方针》和《中国与东盟国家关于在
南海使用"海上意外相遇规则"的联合声明》两个共识文件以及《中
国和东盟国家外交部长关于全面有效落实"南海各方行为宣言"的联
合声明》（2016 年 7 月 25 日），核心是制定和实施"南海行为准则"，
以消除《南海各方行为宣言》存在的缺陷，实现对南海区域空间和资
源活动的规范性统一目标，并为最终解决南海争议问题提供指导[4]。

---

[1] 关于南海断续线内容，参见高之国、贾兵兵：《论南海九段线的历史、地位和作用》，
海洋出版社 2014 年版，第 1—49 页；傅崐成、崔浩然：《南海 U 形线的法律性质与历
史性权利的内涵》，载《厦门大学学报》（哲学社会科学版）2019 年第 4 期，第 66—
75 页。中国针对南海仲裁案的立场及态度内容，参见中国国际法学会：《南海仲裁案
裁决之批判》，外文出版社 2018 年版，第 1—446 页。

[2] 参见金永明：《南沙岛礁领土争议法律方法不适用性之实证研究》，载《太平洋学报》
2012 年第 4 期，第 20—30 页；金永明：《论南海仲裁案对海洋法的冲击》，载《政治
与法律》2017 年第 7 期，第 105—116 页。

[3] 例如，中国国家主席习近平于 2019 年 8 月 29 日在北京会见来华访问的菲律宾总统杜
特尔特，根据《中菲油气开发合作的谅解备忘录》和《关于建立政府间联合指导委员
会和企业间工作的职责范围》，中菲双方宣布成立油气合作政府间联合指导委员会和
企业间工作组，推动共同开发尽快取得实质性进展。参见《中菲宣布成立油气合作政
府间联合指导委员会和企业间工作组》，载新华网，http://www.xinhuanet.com/
politics/leaders/2019-08/29/c_ 1124938959. htm，最后访问日期：2019 年 8 月 30 日。

[4] 2019 年 5 月 18 日，落实《南海各方行为宣言》第 17 次高官会在中国杭州举行，会议
确认了"南海行为准则"单一磋商文本草案阶段性审读成果，同意加快推进磋商，力
争早日达成"南海行为准则"。《落实"南海各方行为宣言"第 17 次高官会在华成功举
行》，参见外交部官网，https://www.fmprc.gov.cn/web/wjbxw_ 673019/t1664675.
shtml，最后访问日期：2019 年 5 月 20 日。

对于东海问题，主要包括两个方面的争议。第一，针对钓鱼岛及其附属岛屿的主权争议问题，包括是否存在"主权争议"和"搁置争议"共识；第二，由岛屿领土主权争议引发的资源开发争议、海域划界争议和海空安全争议等。对于这些争议，中日两国存在一些共识和协议，例如，《中日渔业协定》（1997 年 11 月 11 日签署，2000 年 6 月 1 日生效）、《中日关于东海问题的原则共识》（2008 年 6 月 18 日）、《中日处理和改善两国关系的四点原则共识》（2014 年 11 月 7 日），以及《中国国防部和日本防卫省之间的海空联络机制谅解备忘录》（2018 年 5 月 9 日签署，2018 年 6 月 8 日生效）和《中日政府之间的海上搜救合作协定》（2018 年 10 月 26 日签署，2019 年 2 月 14 日生效）。所以，如何切实实施这些共识和协议，合理兼顾对方关切，是稳定东海安全局势的重要方面，以切实构建契合新时代要求的中日关系，进而实现东海为和平、友好、合作之海的目标，这是中日两国应该努力的方向。[1]

应该指出的是，为保障南海和东海区域稳定，重要的是在倾听各方主张和立场的基础上，通过平等协商，分析存在的问题，并依据历史和国际法予以解决，以实现"依法治海"的目标。换言之，依据规则主张权利，使用规则利用和维持权利，依靠规则解决权利争议，是保障实现南海、东海命运共同体的重要基础。当然，此处的规则主要是双方、多方接受的国际法规则（包括国际习惯和成文法），即被多数国家所接受的国际法尤其是海洋法规则。如果对这些规则存在不同的理解和认识，则需要对其进行举证，其理据被其他方接受才可适用。

为此，我国针对海洋争议问题的基本立场和态度，可归纳为以下

〔1〕 中国国家主席习近平于 2019 年 6 月 27 日在大阪会见日本首相安倍晋三时指出，我们要共同致力于构建契合新时代要求的中日关系，使中日关系成为维护世界和平、促进共同发展的重要积极因素；希望日方恪守迄今共识和承诺，妥善处理好历史等敏感问题，共同维护东海和平稳定。《习近平会见日本首相安倍晋三》，参见新华网，http：//www. xinhuanet. com/politics/leaders/2019 – 06/27/c_ 1124681266. htm，最后访问日期：2019 年 6 月 28 日。《外交部官员：习近平会见安倍晋三 双方达成十点共识》（2019 年 6 月 27 日）第八点指出，（中日）两国领导人同意，妥善处理敏感问题，建设性管控分歧；双方将继续推动落实东海问题原则共识，共同努力维护东海和平稳定，实现使东海成为和平、友好、合作之海的目标。参见新华网，http：//www. xinhuanet. com/politics/leaders/2019 – 06/27/c_ 1124681233. htm，最后访问日期：2019 年 6 月 28 日。

方面：通过平等协商努力达成协议；无法达成协议，则制定管控危机的制度，包括兼顾对方的立场和关切，实施主权属我、搁置争议、共同开发的制度；通过加强合作尤其是在海洋低敏感领域（如海洋环保、海洋科学研究、海上航行和交通安全、搜寻与救助、打击跨国犯罪等）的合作，增进互信，为最终解决争议夯实基础、创造条件，以规范各方的行为和活动，实现海洋功能性和规范性的统一，实现合理有效利用海洋的空间和资源目标。[1] 这种立场和态度完全符合构建海洋命运共同体的价值取向和目标愿景，所以，合理处置南海问题和东海问题，是我国推动构建海洋命运共同体的重要实践步骤和平台，直接关系到构建海洋命运共同体的使命和成败。

四、海洋命运共同体愿景展望

如上所述，我国根据海洋自身的本质和特点，以及海洋的空间和资源在经济社会发展中的地位和作用，提出了合理使用海洋和解决海洋问题的政策，最终目标是构建海洋命运共同体。这不仅符合人类对海洋秩序的要求，而且符合我国长期以来针对海洋的政策和立场，是对"和谐海洋"理念的细化和发展，更是人类命运共同体在海洋领域

---

[1]　中国关于南海问题及南海仲裁案的立场及态度内容，主要体现在：《中国政府关于菲律宾共和国所提南海仲裁案管辖权问题的立场文件》，参见中国政府网，http：//www. gov. cn/xinwen/2014－12/07/content_ 2787671. htm，最后访问日期：2014 年 12 月 8 日；《中国外交部关于坚持通过双边谈判解决中国和菲律宾在南海有关争议的声明》，参见外交部官网，http：//www. fmprc. gov. cn/web/zyxw/t13704. shtml，最后访问日期：2016 年 6 月 8 日；《中华人民共和国关于在南海的领土主权和海洋权益的声明》，参见人民网，http：//world. people. com. cn/n1/2016/0712/c1002－28548370. html，最后访问日期：2016 年 7 月 12 日；中华人民共和国国务院新闻办公室：《中国坚持通过谈判解决中国与菲律宾在南海的有关争议》白皮书（2016 年 7 月），参见中华人民共和国外交部边界与海洋事务司编：《中国应对南海仲裁案文件汇编》，世界知识出版社 2016 年版，第 97—124 页。中国政府关于东海油气资源的政策与立场内容，体现在：《中国东海油气开发活动正当合法》，参见外交部官网，http：//www. fmprc. gov. cn/mfa_ chn/wjbxw_ 602253/t1283725. shtml，最后访问日期：2015 年 7 月 29 日。中国政府针对钓鱼岛问题的政策性文件，主要体现在：《中华人民共和国外交部声明》（1971 年 12 月 30 日，2012 年 9 月 10 日），参见国家海洋信息中心编：《钓鱼岛——中国的固有领土》，海洋出版社 2012 年版，第 25—30 页；中华人民共和国国务院新闻办公室：《钓鱼岛是中国的固有领土》白皮书（2012 年 9 月），人民出版社 2012 年版，第 1—16 页。

的运用和深化。但正如构建人类命运共同体一样，构建海洋命运共同体并实现其目标，需要克服多种困难和挑战，需要运用多种模式包括双边、区域和国际层面的合作加以推进，特别需要处理好我国面临的诸如南海问题、东海问题等那样的重大问题，这对于构建和实现海洋命运共同体目标具有重大的意义。

要解决这些海洋重大问题，并实现海洋命运共同体的目标，需要运用和平的方法，通过协商对话解决，尤其是应运用国际社会存在并广泛接受的国际规则（国际法和《联合国海洋法公约》）予以处理。依法治海，就是要积极参与国际海洋新规则的制定工作并发表意见，特别应该遵守已经达成的共识和协议，并为最终解决争议创造条件和基础，包括制定危机管控制度，以缓和和消除紧张态势，为实现和平、友好、合作之海作出贡献。

为逐步推进海洋命运共同体建设进程，"一带一路"建设的平台十分重要。我们既可以运用已有平台（海上丝路基金、中国—东盟投资合作基金），也可以通过创设新的平台（海洋安全论坛、海洋生态论坛、海洋文化论坛、海洋经济论坛），推动海洋命运共同体的构建，以逐步实现海洋命运共同体的愿景目标，为人类可持续利用海洋作出新的更大的贡献。

总之，海洋命运共同体目标愿景是美好的，但构建海洋命运共同体的进程是曲折的，需要我们付出长期而艰巨的努力，核心是确保和拓展共同利益、强化多维合作进程，尤其需要合理地处理影响海洋秩序的重大海洋争议问题，使其不影响或少影响构建海洋命运共同体的进程。这应该是我们长期持续努力的方向和追求的目标。

第七章　中国维系与拓展海洋规则的机会

为遵循重要海洋政策（和谐海洋理念、海洋强国战略、"一带一路"建设）所蕴含的原则和精神，中国要结合自身的地位，尤其是总结在改革开放后取得的经验及成果，在国际海洋规则的完善和构建中应发挥重要的作用，作出中国的贡献，以实现依法治海的目标，包括维系和拓展海洋规则，实现人类命运共同体视阈下的人类海洋命运共同体目标。

一、中国维系海洋秩序的基本方针和指导思想

伴随着70年的发展历程，我国提出了和谐海洋理念、建设海洋强国、推进"一带一路"的建设等重要方针和政策。这些海洋政策性理念的贯彻和落实，需要以我国长期以来形成的海洋政策作为保障，包括和平解决争端的原则，"主权属我、搁置争议、共同开发"，"双轨思路"等。因为这些原则和解决思路符合国际法的原则和国际关系准则，符合时代发展潮流。

同时，为实现这些海洋政策性理念，需要运用国际法和国际关系准则处理海洋事务，尤其应以习近平新时代中国特色社会主义思想中的外交思想指导海洋事务，实现人类命运共同体视阈下的人类海洋命运共同体目标。

在新时代中国外交思想中，比较重要的理念为新发展观、新安全观、亲诚惠容理念、正确的义利观等，运用这些理念的目标是构建人类命运共同体，路径是新型国际关系和"一带一路"建设。这些理念和具体路径完全可以适用于海洋领域，并体现在"一带一路"的具体实践中。

应该说，"一带一路"建设契合中国、"一带一路"沿线国家和本地区发展需要，符合有关各方共同利益，顺应了地区和全球合作潮流，具有强大的生命力。因为"一带一路"建设框架兼顾各国需求，统筹陆海两大方面，涵盖面宽，包容性强，辐射作用大。中国提出"一带一路"倡议，就是要加强传统陆海丝绸之路沿线国家互联互通，实现经济共荣、贸易互补、民心相通，以共同构建互信、包容、合作、共赢的国家间伙伴关系。[1]

在共建"一带一路"时，应该坚持共商、共建、共享原则。共商，就是集思广益，好事大家商量着办，使"一带一路"建设兼顾双方利益和关切，体现双方智慧和创意，体现国际关系民主化和国家主权平等原则。共建，就是各施所长，各尽所能，把双方优势和潜能充分发挥出来，聚沙成塔，积水成渊，持之以恒加以推进，发挥国际社会各主体的优势和功能。共享，就是让建设成果更多更公平惠及各国人民，打造区域和人类命运共同体，以促进人类共同进步和繁荣。[2] 共商、共建和共享贯穿"一带一路"事业发展的全过程，以体现合理分工、发挥优势和责任担当的特色，共同推动繁荣和发展，以实现共同进步的目标。

从现实看，当今世界，人类生活在不同文化、种族、肤色、宗教和不同社会制度所组成的世界里，同时，随着国际社会经济全球化、社会信息化、文化多样化等，各国人民形成了你中有我、我中有你的命运共同体。所以，构建人类命运共同体具有实然性和必然性。而在构建人类命运共同体过程中，应坚持各国相互尊重、平等相待；应坚持合作共赢、共同发展；应坚持实现共同、综合、合作、可持续的安全；应坚持不同文明兼容并蓄、交流互鉴的方针与政策。这些内容体现了在构建人类命运共同体过程中政治、经济、安全和文化上的合理要求，符合时代发展潮流和趋势，容易被国际社会所接受。

二、中国在制定国际海洋新规则中的地位与作用

新中国经过 70 年的发展，在海洋事务的处理上已形成了国内海洋

---

〔1〕 参见习近平：《习近平谈"一带一路"》，中央文献出版社 2018 年版，第 68 页、第 51 页和第 41 页。

〔2〕 参见习近平：《习近平谈"一带一路"》，中央文献出版社 2018 年版，第 35 页。

法律体系，初步构筑了中国海洋法律制度，为中国海洋事业的发展作出了重要贡献，但在这些国内海洋法律制度中，也存在一些被国际社会难以了解以及受到挑战的内容，所以，如何进一步阐释中国的海洋政策与立场是一个重要的任务。为此，一个重要的路径选择是我国应积极参与国际海洋新规则的制定活动并发表自己的观点和立场，充实海洋治理体系。

当前，国际社会在国际海洋新规则上的立法主要为对国家管辖范围外区域海洋生物多样性的养护和可持续利用问题（以下简称"BBNJ问题"）制定具有法律拘束力的文件。核心标志为联合国大会于2015年6月9日通过了《根据〈联合国海洋法公约〉的规定就国家管辖范围外区域海洋生物多样性的养护和可持续利用问题拟订具有法律拘束力的国际文书的决议》（A/RES/69/292）。

依据该决议成立的筹备委员会，经多次审议后于2017年7月20日向联合国大会提交了《海洋生物多样性养护和可持续利用的具有法律拘束力的国际文书建议草案》（A/AC.287/2017/PC.4/2，2017年7月31日），同时建议在联合国的主持下尽快决定召开政府间会议。为此，2017年12月24日，联合国大会通过决议（A/RES/72/249），决定在2018年至2020年上半年召开四届会议。[1]

为顺利举行政府间会议，于2018年4月16—18日在纽约举行了为期三天的组织会议。在这次组织会议上，选举新加坡的海洋和海洋法大使兼外务大臣特使Rena Lee为议长。其中第一届会议已于2018年9月4—17日在联合国总部纽约召开。而第一届政府间会议讨论的基础性文件《主席对讨论的协助》（President's Aid to Discussions，A/CONF.232/2018/3）由议长提出。本文件的目的是引导会议转向编写文书预稿（A/CONF.232/2018/2）。[2]

在本次会议上，中国代表团团长、外交部条法司副司长马新民在会议一般性发言中提出了四点建议：（1）BBNJ国际文书谈判应以协商一致为原则，避免采取投票方式决定有关事项；（2）应以《公约》

---

〔1〕 参见金永明：《国家管辖范围外区域海洋生物多样性养护和可持续利用问题》，载《社会科学》2018年第9期，第12—13页。

〔2〕 参见［日］坂元茂树：《海洋秩序的再编》，载《国际问题》第674期（2018年9月），第4页。

为依据，不能偏离《公约》的原则和精神，不能破坏《公约》建立的制度框架，不能与现行国际法以及现有的全球、区域和部门的海洋机制相抵触；（3）应以维护共同利益为目标，既要维护各国的共同利益，特别是顾及广大发展中国家的利益，也要维护国际社会和全人类的整体利益，致力于实现互利共赢的目标；（4）BBNJ 国际文书制度设计应以合理平衡为导向，在各方和各种利益之间建立合理平衡，不能厚此薄彼。[1]

应该说，中国政府针对 BBNJ 问题的立场完全符合联合国大会通过的相关决议内容和精神，也符合《公约》所蕴含的原则和制度，更符合中国对待海洋事务的一贯立场，对于推动制定 BBNJ 问题国际法律文书工作进程有一定的促进作用。

三、中国在完善国内海洋规则上的若干建议

除积极参与制定国际和区域海洋规则以维护海洋秩序外，进一步完善我国国内海洋规则也十分必要。换言之，我国进一步完善国内海洋法制，是依法治海的重大任务。国家海洋局于 2015 年 7 月 20 日依据《中共中央关于全面推进依法治国若干重大问题的决定》发布了《中共国家海洋局党组关于全面推进依法行政 加快建设法治海洋的决定》，以在维护海洋权益、促进海洋经济发展中树立法治权威，在维护人民利益中彰显法治理念，在海洋管理中体现法治思维，在海洋领域改革中坚持法治底线。[2]

从我国国内海洋法制结构和内容看，如上所述，除因国家机构改革所涉及的海洋主管机构和职能需要作出必要的调整完善外，最需要制定和完善的法律为海洋法或海洋基本法，以及海洋的功能性法律。主要表现在以下方面：

第一，应确立"海洋"在国家法律体系中的地位。从我国的《宪

---

〔1〕 伊民：《凝聚保护公海生物遗传资源的共识》，载《中国海洋报》2018 年 9 月 11 日，第 4 版。

〔2〕《中共国家海洋局党组关于全面推进依法行政 加快建设法治海洋的决定》内容，参见国家海洋局官网，http://www.soa.gov.cn/zwgk/ga-gg/201508/t20150807_39403.html，最后访问日期：2015 年 8 月 19 日。

法》内容看，不存在"海洋"在国家法律体系中的地位的表述，所以为提升海洋的持续作用，有必要提升其地位。主要的做法为在《宪法》中增加"海洋"为自然资源组成部分并加以保护的内容，或者通过制定"海洋基本法"对"海洋"的地位作出界定和规范，从而确立和提升"海洋"的地位并明确涉海机构的职权。

第二，应重点研究国内海洋法中受到他国挑战的内容。如上所述，他国对于我国在西沙的直线基线制度、军舰在领海内实施无害通过的程序上的许可或通知制度，以及对专属经济区内的军事活动的许可制度等方面存在疑义，对此，我国应在继续借鉴其他国家实践的基础上，加强与他国在这些争议问题上的沟通和协调，并为进一步充实和丰富《公约》制度包括制定新的"执行协定"，适度调整国内相关法律制度做好各种准备工作，待条件成熟时予以修改。

第三，补充制定与海洋功能性事项有关的法规。为持续地开发和利用海洋的空间和资源，加强海洋科技的研发工作是十分重要的，这也是我国建设海洋强国的关键，因为海洋科技对于开发和利用海洋的空间和资源包括发展海洋经济具有重要的支撑作用，所以，对于海洋的功能性事项，我国应加快对诸如《涉外海洋科学研究管理规定》、"海洋科技法"、"海洋安全法"等进行调研、立法及修改工作。

第四，完善海洋体制机制以提供保障。为提升国家治理体系和治理能力现代化水平，我国对海洋机制机构进行了改革，以此为契机，协调和清晰涉海管理机构（国家海洋委员会、自然资源部、生态环境部、农业农村部、海关总署，以及中国海警局等）的职能，并在《关于中国海警局行使海上维权执法职权的决定》（2018 年 6 月 22 日通过，2018 年 7 月 1 日起施行）等现有法律制度的基础上，进一步制定和完善"海洋基本法"、"中国海警局组织法"等海洋法规，这对于建设海洋强国、综合性管理海洋事务有重要的保障作用[1]。

---

〔1〕 中共中央印发的《深化党和国家机构改革方案》（2018 年 3 月 21 日），参见新华网，http：//www.xinhuanet.com/politics/2018-03/21/c_1122570517.htm，最后访问日期：2018 年 3 月 21 日。第十三届全国人民代表大会常务委员会于 2018 年 6 月 22 日通过的《关于中国海警局行使海上维权执法职权的决定》，参见中国人大网，http：//www.npc.gov.cn/npc/xinwen/2018-06/22/content_2056585.htm，最后访问日期：2018 年 6 月 22 日。

结束语

在新中国 70 年的发展历程中，我国依据国际海洋规则尤其是现代海洋法体系不断地充实国内海洋法制，并在海洋政策的指引下，依循其原则和精神，不断地完善国内海洋法制，为中国海洋事业的发展作出了重要贡献，发挥了保障作用。但国际社会针对我国海洋法制中的制度和规范存在不同的态度和对立的实践，所以如何让国际社会进一步理解和认识我国的海洋政策和法律制度是我们的重要任务之一。换言之，我国需要在不同的场合包括国际性会议中阐释我们的海洋政策和立场，以求得理解和支持。同时，我国也应对国内海洋法制中存在的问题予以调整和完善，积极回应国际社会的合理呼声和要求，以使我国海洋法制建设更符合时代发展的需要及中国海洋强国战略目标进程，为实现依法治海作出贡献。

自党的十八大报告首次完整提出中国海洋强国战略目标以来，我国已逐渐完善了中国海洋强国战略治理体系。其内容包括"四个方面""四个转变"；基本路径是通过陆海统筹对内发展和壮大海洋经济，对外为推进"一带一路"尤其是 21 世纪海上丝绸之路；运用新发展观、新安全观、新开放观、新治理观，以及亲诚惠容理念和正确的义利观等新时代中国外交思想构筑新型国际关系，实现人类命运共同体视阈下的人类海洋命运共同体，以共享海洋的空间和资源利益，为提升人类福祉作出贡献。

为实现上述目标和理想，包括实现依法治海目标，我国应根据自身的地位和作用逐步地转换角色和定位，以在维系海洋秩序并完善海洋规则方面发挥作用，确保我国海洋强国战略实施的环境和条件。

中国在今后一段时间内，在海洋规则和制度方面的角色转换和定位主要包括以下方面：第一，从海洋规则的遵守者到制定者的转换；

第二，从海洋规则的"破坏者"到遵循者的转换；第三，从海洋规则的维护者到引导者的转换；第四，从海洋规则的模糊者到精确者的转换；第五，从海洋规则的实施者到监督者的转换；第六，从海洋规则的特色者到普通者的转换；第七，从海洋规则的承受者到供给者的转换。

当然，要实现这些角色和定位的成功转型并非易事，需要我们长期的研究和不断的实践，尤其需要对海洋实施综合性的管理，并在吸收其他国家的经验和启示基础上，进一步完善海洋规则和制度，实现海洋的功能性和规范性统一目标，为人类与海洋的和谐生存和利用提供保障。这是我们对待海洋事业发挥海洋作用的应有态度和责任。

参考文献

一、中文著作

1. 赵理海：《海洋法的新发展》，北京大学出版社 1984 年版。

2. 马英九：《从新海洋法论钓鱼台列屿与东海划界问题》，（台湾）正中书局 1985 年版。

3. 刘楠来、王可菊等：《国际海洋法》，海洋出版社 1986 年版。

4. 魏敏主编：《海洋法》，法律出版社 1987 年版。

5. 赵理海主编：《当代海洋法的理论与实践》，法律出版社 1987 年版。

6. 王铁崖主编：《国际法》，法律出版社 1995 年版。

7. 傅崐成：《南（中国）海法律地位之研究》，（台湾）123 资讯有限公司 1995 年版。

8. 鹿守本：《海洋管理通论》，海洋出版社 1997 年版。

9. 郑海麟：《钓鱼台列屿之历史与法理研究》（第二版），（香港）明报出版社 1998 年版。

10. 吴慧：《国际海洋法法庭研究》，海洋出版社 2002 年版。

11. 李浩培：《条约法概论》，法律出版社 2003 年版。

12. 李国强：《南中国海研究：历史与现状》，黑龙江教育出版社 2003 年版。

13. 郑海麟：《从历史与国际法看钓鱼台主权归属》，（台湾）海峡学术出版社 2003 年版。

14. 高健军：《中国与国际海洋法：纪念〈联合国海洋法公约〉生效 10 周年》，海洋出版社 2004 年版。

15. 萧建国：《国际海洋边界石油的共同开发》，海洋出版社 2006 年版。

16. 张良福：《中国与邻国海洋划界争端问题》，海洋出版社 2006 年版。

17. 鞠德源：《钓鱼岛正名》，昆仑出版社 2006 年版。

18. 郑海麟：《钓鱼岛列屿之历史与法理研究》（增订本），中华书局 2007 年版。

19. 鞠海龙：《亚洲海权地缘格局论》，中国社会科学出版社 2007 年版。

20. 高之国、张海文主编：《海洋国策研究文集》，海洋出版社 2007 年版。

21. 杨金森：《海洋强国兴衰史略》，海洋出版社 2007 年版。

22. 金永明：《东海问题解决路径研究》，法律出版社 2008 年版。

23. 陈德恭：《现代国际海洋法》，海洋出版社版 2009 年版。

24. 张文木：《论中国海权》（第二版），海洋出版社 2010 年版。

25. 万鄂湘主编：《国际法与国内法关系研究》，北京大学出版社 2011 年版。

26. 郑海麟：《钓鱼台列屿：历史与法理研究》（增订本），（香港）明报出版社 2011 年版。

27. 张新军：《权利对抗构造中的争端：东海大陆架法律问题研究》，法律出版社 2011 年版。

28. 吴士存：《南沙争端的起源与发展》（修订版），中国经济出版社 2013 年版。

29. 吴天颖：《甲午战前钓鱼列屿归属考》（增订版），中国民主法制出版社 2013 年版。

30. 杨金森：《海洋强国兴衰史略》（第二版），海洋出版社 2014 年版。

31. 李景光主编：《国外海洋管理与执法体制》，海洋出版社 2014 年版。

32. 高健军：《〈联合国海洋法公约〉争端解决机制研究》（修订版），中国政法大学出版社 2014 年版。

33. 金永明：《中国海洋法理论研究》，上海社会科学院出版社

2014 年版。

34. 高之国、贾兵兵：《论南海九段线的历史、地位和作用》，海洋出版社 2014 年版。

35. 郑海麟：《钓鱼岛列屿之历史与法理研究》（最新增订本），海洋出版社 2014 年版。

36. 王军敏：《聚焦钓鱼岛：钓鱼岛主权归属及争端解决》，中共中央党校出版社 2014 年版。

37. 杨翠柏：《南沙群岛主权法理研究》，商务印书馆 2015 年版。

38. 金永明：《海洋问题时评》（第一辑），中央编译出版社 2015 年版。

39. 刘江永：《钓鱼岛列岛归属考：事实与法理》，人民出版社 2016 年版。

40. 管建强：《中日战争历史遗留问题的国际法研究》，法律出版社 2016 年版。

41. 修斌：《日本海洋战略研究》，中国社会科学出版社 2016 年版。

42. 廉德瑰、金永明：《日本海洋战略研究》，时事出版社 2016 年版。

43. 金永明：《中国海洋法理论研究》（增订版），上海社会科学院出版社 2016 年版。

44. 杨泽伟主编：《海上共同开发国际法问题研究》，社会科学文献出版社 2016 年版。

45. 中国外交部边界与海洋事务司编：《中国应对南海仲裁案文件汇编》，世界知识出版社 2016 年版。

46. 中国国际法学会编：《中国国际法年刊：南海仲裁案管辖权问题专刊》，法律出版社 2016 年版。

47. 吴士存主编：《国际海洋法最新案例精选》，中国民主法制出版社 2016 年版。

48. 贾宇、高之国主编：《海洋国策研究文集（2017）》，海洋出版社 2017 年版。

49. 刘应本、冯梁：《中国特色海洋强国理论与实践研究》，南京大学出版社 2017 年版。

50. 何志鹏等：《国际法的中国理论》，法律出版社 2017 年版。

51. 胡波：《后马汉时代的中国海权》，海洋出版社 2018 年版。

52. 中国国际法学会：《南海仲裁案裁决之批判》，外文出版社 2018 年版。

53. 黄大慧等：《钓鱼岛争端的来龙去脉》，中国民主法制出版社 2018 年版。

54. 金永明：《海洋问题时评》（第二辑），中央编译出版社 2018 年版。

55. 陈岳、蒲俜：《构建人类命运共同体》（修订版），中国人民大学出版社 2018 年版。

56. 习近平：《论坚持推动构建人类命运共同体》，中央文献出版社 2018 年版。

57. 习近平：《习近平谈"一带一路"》，中央文献出版社 2018 年版。

58. 金永明：《新时代中国海洋强国战略研究》，海洋出版社 2018 年版。

59. 张战等：《构建人类命运共同体思想研究》，时事出版社 2019 年版。

60. ［荷］雨果·格劳秀斯：《论海洋自由或荷兰参与东印度贸易的权利》，马忠法译，张乃根校，上海人民出版社 2005 年版。

61. ［英］蒂莫西·希利尔：《国际公法原理》，曲波译，中国人民大学出版社 2005 年版。

62. ［澳］维克托·普雷斯科特、克莱夫·斯科菲尔德：《世界海洋政治边界》（第二版），吴继陆、张海文译，海洋出版社 2014 年版。

63. ［美］路易斯·B. 宋恩等：《海洋法精要》（第二版），傅崐成等译，上海交通大学出版社 2014 年版。

64. ［英］马尔科姆·N. 肖：《国际法（第六版）》（上、下），白桂梅、高健军、朱利江、李永胜、梁晓晖译，北京大学出版社 2011 年版。

65. ［斐济］萨切雅·南丹主编：《1982 年〈联合国海洋法公约〉评注》，焦永科等译，海洋出版社 2009 年版。

66. ［斐济］萨切雅·南丹、［以］沙卜泰·罗森主编，《1982 年

〈联合国海洋法公约〉评注》（第二卷），吕文正、毛彬译，海洋出版社 2014 年版。

67. ［斐济］萨切雅·南丹主编：《1982 年〈联合国海洋法公约〉评注》（第三卷），吕文正、毛彬译，海洋出版社 2016 年版。

68. ［美］迈伦·H. 诺德奎斯特主编：《1982 年〈联合国海洋法公约〉评注》（第四卷），吕文正、毛彬译，海洋出版社 2018 年版。

二、日文著作

1. 横田喜三郎：《国际海洋法》（上卷），有斐阁 1977 年版。

2. 小田滋：《国际海洋法》（下卷·增订版），有斐阁 1969 年版。

3. 高林秀雄：《领海制度研究》（第二版），有信堂 1979 年版。

4. 小田滋：《探究海洋法的渊源》，有信堂 1989 年版。

5. 小川芳彦：《条约法的理论》，东信堂 1989 年版。

6. 杉原高岭：《国际法院制度》，有斐阁 1996 年版。

7. 太寿堂鼎：《领土归属的国际法》，东信堂 1998 年版。

8. 芹田健太郎：《岛屿领有与专属经济区划界》，有信堂 1999 年版。

9. 山本草二：《海洋法》，三省堂 2001 年版。

10. 日本国际法学会编：《陆地、空间和宇宙（日本与国际法的 100 年）》（第 2 卷），三省堂 2001 年版。

11. 日本国际法学会编：《海洋（日本与国际法的 100 年）》（第 3 卷），三省堂 2001 年版。

12. 小田滋：《注解〈联合国海洋法公约〉》（上卷），有斐阁 2002 年版。

13. 栗林忠男：《注解〈联合国海洋法公约〉》（下卷），有斐阁 1994 年版。

14. 高林秀雄：《〈联合国海洋法公约〉的成果与课题》，东信堂 1996 年版。

15. 坂元茂树：《条约法的理论与实际》，东信堂 2004 年版。

16. 水上千之：《海洋法展开与现在》，有信堂 2005 年版。

17. 水上千之：《专属经济区》，有信堂 2006 年版。

18. 松井芳郎主编：《判例国际法》（第 2 版），东信堂 2006 年版。

19. 林司宣：《现代海洋法的成形与课题》，信山社 2008 年版。

20. 杉原高岭：《国际法学讲义》，有斐阁 2008 年版。

21. 村濑信也、江藤淳一主编：《海洋划界的国际法》，东信堂 2008 年版。

22. 山本草二主编：《海上保安法制：海洋法与国内法的交错》，三省堂 2009 年版。

23. 玉田大：《论国际判决的效力》，有斐阁 2012 年版。

24. 松井芳郎：《国际法学者评析尖阁问题：对争端解决的拓展》，日本评论社 2014 年版。

25. 柳井俊二、村濑信也编：《国际法的实践》，信山社 2015 年版。

26. 田中则夫：《国际海洋法的现代形成》，东信堂 2015 年版。

27. 坂元茂树编：《国际海峡》，东信堂 2015 年版。

28. 林司宣、岛田征夫、古贺卫：《国际海洋法》（第二版），有信堂 2016 年版。

29. 松井芳郎、富冈仁、坂元茂树等编：《21 世纪的国际法与海洋法的课题》，东信堂 2016 年版。

30. 坂元茂树：《日本的海洋政策与海洋法》，信山社 2018 年版。

三、英文著作

1. Ian Brownlie, *Principles of the Public International Law*, Fifth edition, Clarendon Press Oxford, 1998.

2. John Collier and Vaughan Lowe, *The Settlement of Disputes in International Law*, Oxford University Press, 1999.

3. R. R. Churchill and A. V. Lowe, *The Law of the Sea*, Third edition, Manchester University Press, 1999.

4. Zou Keyuan, *China's Marine Legal System and the Law of the Sea*, Martinus Nijhoff Publishers, 2005.

5. Zou Keyuan, *Law of the Sea in East Asia*, Routledge, 2005.

6. D. Freestone, R. Barnes and D. Ong (Editors), *The Law of the*

Sea: *Progress and Prospect*, Oxford: Oxford University Press, 2006.

7. Sir Robert Jennings and Sir Arthur Watts (Editors), *Oppenheim's International Law*, Ninth edition, Oxford University Press, 2008.

8. Olivier Corten and Pierre Klein (Editors), *The Vienna Conventions on the Law of Treaties: A Commentary*, Volume I, Volume II, Oxford University Press, 2011.

9. James Kraska, *Maritime Power and the Law of the Sea: Expeditionary Operations in World Politics*, Oxford University Press, 2011.

10. Bardo Fassbender and Anne Peters (Editors), *The Oxford Handbook of the History of International Law*, Oxford University Press, 2012.

11. George K. Walker (General Editor), *Definitions for the Law of the Sea: Terms Not Defined by the 1982 Convention*, Martinus Nijhoff Publishers, 2012.

12. Donald R. Rothwell, Alex G. Oude Elferink, Karen N. Scott and Tim Stephens (Editors), *The Oxford Handbook of The Law of the Sea*, Oxford University Press, 2015.

13. James C. Hsiung, *An Anatomy of Sino-Japanese Disputes and U. S. Involvement: History & International Law*, CN Times Books, 2015.

14. Alexander Proelss (Editor): *United Nations Convention on the Law of the Sea: A Commentary*, C. H. Beck, Hart, Nomos, 2017.

15. Gordon Houlden and Nong Hong (Editors), *Maritime Order and the Law in East Asia*, Routledge, 2018.

阅读延伸

为便于读者进一步理解海洋法理论和海洋问题内容，现将作者相关内容的论文一并分类列出，以供备查及参考。

1.《论领海无害通过制度》，载《国际法研究》2016 年第 2 期，人大复印资料《国际法学》2016 年第 8 期。

2.《专属经济区与大陆架制度比较研究》，载《社会科学》2008 年第 3 期。

3.《专属经济区内军事活动问题与国家实践》，载《法学》2008 年第 3 期。

4.《专属经济区内军事活动问题对策研究》，载《国际法研究》第 4 卷（2011 年 4 月）。

5.《中美专属经济区内军事活动争议的海洋法剖析》，载《太平洋学报》2011 年第 11 期；《香川法学》第 32 卷第 1 期（2012 年 6 月）。

6.《岛屿与岩礁的法律要件论析》，载《政治与法律》2010 年第 12 期，人大复印资料《国际法学》2011 年第 3 期。

7.《人类共同继承财产法律性质研究》，载《社会科学》2005 年第 3 期。

8.《国际海底资源开发制度研究》，载《社会科学》2006 年第 3 期，人大复印资料《世界经济导刊》2006 年第 5 期。

9.《国际海底制度评价》，载《中国国际法年刊（2005）》，世界知识出版社 2007 年版。

10.《国际海底区域的法律地位与资源开发制度（1）》，载《广岛法学》第 28 卷第 2 期（2004 年 11 月）。

11.《国际海底区域的法律地位与资源开发制度（2）》，载《广岛法学》第 29 卷第 4 期（2006 年 3 月）。

12. 《国际海洋法法庭与国际法院比较研究》，载《中国海洋法学评论》2005 年第 1 期；《国际法与比较法论丛》第 13 辑（2004）。

13. 《〈联合国海洋法公约〉组织机构特质研究》，载《东方法学》2011 年第 1 期。

14. 《论海洋法的发展与挑战》，载《南洋问题研究》2015 年第 3 期；《京都产业大学世界问题研究所纪要》第 31 卷（2016 年 3 月）。

15. 《国家管辖范围外区域海洋生物多样性的养护和可持续利用问题》，载《社会科学》2018 年第 9 期，人大复印资料《国际法学》2019 年第 2 期。

16. 《论东海大陆架划界争议与发展趋势》，载《政治与法律》2006 年第 1 期。

17. 《论东海问题与共同开发》，载《社会科学》2007 年第 6 期，人大复印资料《中国外交》2007 年第 10 期。

18. 《论东海资源问题与解决方法》，载《广岛法学》第 31 卷第 3 期（2008 年 1 月）。

19. 《日本的海洋立法新动向及对我国的启示》，载《法学》2007 年第 5 期。

20. 《中日东海问题原则共识内涵与发展趋势》，载《东方法学》2009 年第 2 期。

21. 《日本最新海洋法制与政策概论》，载《东方法学》2009 年第 6 期，人大复印资料《国际法学》2010 年第 5 期。

22. 《从国际法审视日本抓扣中国渔船与渔民事件的非法性》，载《东方法学》2010 年第 5 期。

23. 《论东海问题本质与解决思路》，载《太平洋学报》2010 年第 11 期。

24. 《批驳"日本关于钓鱼岛等岛屿领有权的基本见解"的错误性》，载《云南大学学报》（法学版）2011 年第 2 期，人大复印资料《国际法学》2011 年第 7 期。

25. 《再驳"日本关于钓鱼岛等岛屿领有权的基本见解"的错误性》，载《东方法学》2012 年第 5 期。

26. 《日本"国有化"钓鱼岛行为之要因：海洋战略与海洋法制概要》，载《东方法学》2012 年第 6 期。

27.《日本"国有化"钓鱼岛行为之原因及中国的应对》,载《太平洋学报》2012年第12期。

28.《批驳日本针对钓鱼岛列岛"三个真实"论据之错误性》,载《太平洋学报》2013年第7期。

29.《批驳日本"尖阁诸岛宣传资料"论据的错误性》,载《太平洋学报》2014年第4期,人大复印资料《国际法学》2015年第5期。

30.《日本积极和平主义政策研究》,载《国际观察》2015年第2期。

31.《中国拥有钓鱼岛主权的国际法分析》,载《中国法学》(英文版)2013年第2期(2013年5月);《当代法学》2013年第5期。

32.《钓鱼岛主权若干国际法问题研究》,载《中国边疆史地研究》2014年第2期。

33.《中国维护东海权益的国际法分析》,载《上海大学学报》(社会科学版)2016年第4期。

34.《中日海洋事务高级别磋商机制的由来与发展》,载《东亚展望》2018年第6期。

35.《论南海问题特质与海洋法制度》,载《东方法学》2011年第4期,人大复印资料《国际法学》2012年第1期。

36.《论南海问题法律争议与解决步骤》,载《云南大学学报》(法学版)2012年第1期。

37.《论南海资源开发的目标取向:功能性与规范性》,载《海南大学学报》(人文社会科学版)2013年第4期。

38.《南沙岛礁领土争议法律方法不适用性之实证研究》,载《太平洋学报》2012年第4期,人大复印资料《国际法学》2012年第9期。

39.《论海洋法解决南海争议的局限性》,载《国际观察》2013年第4期。

40.《中国南海断续线的性质及线内水域的法律地位》,载《中国法学》2012年第6期。

41.《南海问题的政策及国际法制度的演进》,载《当代法学》2014年第3期。

42.《海上丝路与南海问题》,载《南海学刊》2015年第4期;

《中国论坛季刊》2016 年春季（2016 年 3 月）。

43.《美国军舰进入南沙岛礁领海的可能影响及应对策略》，载《海南大学学报》（人文社会科学版）2015 年第 4 期。

44.《南海仲裁案对海洋法的冲击》，载《政治与法律》2017 年第 7 期，人大复印资料《国际法学》2017 年第 9 期；《中国法学》（英文版）2017 年第 4 期（2017 年 7 月）；《早稻田法学》第 94 卷第 1 期（2018 年 12 月）和第 94 卷第 2 期（2019 年 3 月）。

45.《南海航行自由与安全的海洋法分析》，载《中国国际法年刊（2018）》，法律出版社 2019 年版。

46.《论中国海洋政策与法律制度》，载《广岛法学》第 30 卷第 4 期（2007 年 3 月）。

47.《新中国在海洋政策与法律上的成就和贡献》，载《毛泽东邓小平理论研究》2009 年第 12 期。

48.《中国海洋安全问题与海洋法制完善研究》，载《香川法学》第 29 卷第 3—4 期（2010 年 3 月）。

49.《中国海洋问题现状与对策研究》，载《广岛法学》第 34 卷第 4 期（2011 年 3 月）。

50.《中国制定海洋基本法的若干思考》，载《探索与争鸣》2011 年第 10 期。

51.《中国海洋安全战略研究》，载《国际展望》2012 年第 4 期，人大复印资料《中国外交》2012 年第 10 期。

52.《中国制定海洋发展战略若干思考》，载《国际观察》2012 年第 4 期。

53.《中国建设海洋强国的路径及保障措施》，载《毛泽东邓小平理论研究》2013 年第 2 期。

54.《论中国海洋强国战略的内涵与法律制度》，载《南洋问题研究》2014 年第 1 期；《中国法学》（英文版）2015 年第 1 期（2015 年 1 月）；《京都产业大学世界问题研究所纪要》第 30 卷（2015 年 3 月）。

55.《中国海洋政策的文化之维》，载《亚太安全与海洋研究》2016 年第 5 期；《中国论坛季刊》2016 年秋季（2016 年 10 月）；《广岛法学》第 40 卷第 3 期（2017 年 1 月）。

56.《"一带一路"倡议之要义与上海》，载《中国论坛季刊》

2017 年秋季（2017 年 9 月）。

57.《海洋强国建设中的外交创新及话语权问题》，载《毛泽东邓小平理论研究》2018 年第 2 期；《中国论坛季刊》2018 年秋季（2018 年 10 月）；《广岛法学》第 42 卷第 2 期（2018 年 10 月）。

58.《现代海洋法体系与中国的实践》，载《国际法研究》2018 年第 6 期；《中国法学》（英文版）2018 年第 6 期（2018 年 11 月）。

59.《新中国在海洋政策与法制上的成就》，载《东亚展望》2019 年第 3 期。

60.《新时代中国海洋强国战略治理体系论纲》，载《中国海洋大学学报》（社会科学版）2019 年第 5 期。

后　记

本书是在作者主持的上海市哲学社会科学规划"三大系列"（改革开放 40 周年、新中国成立 70 周年、建党 100 周年）中的"新中国成立 70 周年"研究课题"新中国的海洋政策与法律制度：回顾与展望"（2017BHB005）成果基础上，结合作者关于海洋法的理论和海洋问题研究的部分成果的集成。

本书首先以现代国际海洋规则的形成为切入点，指出了狭义现代海洋法体系尤其是《联合国海洋法公约》体系的基本特征、主要内容、重要原则、存在问题和发展趋势。同时，对照《联合国海洋法公约》体系结构分析了新中国 70 年来海洋法制上的发展历程，将其分为四个阶段（海洋法制的萌芽阶段、发展阶段、成形阶段和充实阶段），并指出了其在各个阶段的作为和成就。

其次，分析了新中国在海洋政策上的成就，包括在制定综合海洋政策、全国性海洋开发规划、对外宣传海洋事业方面的具体措施。同时，阐述了新中国在海洋管理机构和改革方面的成就及任务，以强化综合海洋管理，提升海洋治理能力的要义。重点分析了新中国在海洋事业上的举措与效果，特别分析了和谐海洋理念、海洋强国战略体系、"一带一路"倡议的背景和效果。在该部分系统研究了中国海洋强国战略体系（包括发展过程、基本路径、核心指标、重要特征和目标定位），以及推进海洋强国建设的实践路径"一带一路"倡议内涵，包括"一带一路"倡议的性质和任务、空间范围、基本内容、目标与愿景、保障措施和效果评价。

再次，结合《联合国海洋法公约》的基本内容和结构以及习惯国际法规则，阐述了我国在国内海洋立法上的实践，分析了新中国在海洋法制上的问题和挑战，并提出了完善的具体建议。这些建议包括应确立"海洋"在国家法律体系中的地位，如制定海洋基本法；应重点研究国内海洋法中受到他国尤其是美国挑战的内容，如西沙的直线基线制度、军舰在领海内的无害通过制度、专属经济区内的军事活动问题等；应补充完善和制定与海洋功能性事项有关的法规，例如，修改《涉外海洋科学研究管理规定》，制定海洋科技法和海洋安全法等；应进一步完善海洋体制机制以提供保障，包括协调和清晰涉海管理机构的职权，如明确国家海洋委员会的职权，并用法律予以固化等。

为与上述问题相呼应，针对我国在推进海洋强国战略过程中遇到的问题及挑战，重点选择和分析了与南海有关的问题，包括领海内军舰的无害通过制度、南海断续线的性质及线内水域的法律地位、岛屿与岩礁的法律要件、南海仲裁案对海洋法的冲击，以及美国军舰在南海诸岛周边海域的航行自由行动。

最后，指出了中国维系和拓展海洋规则的必要性和合理性，以维护海洋秩序，确保海洋安全，以及合理利用海洋的空间和资源。同时，鉴于我国特殊的身份和地位，应在海洋规则的完善过程中实现角色和定位的转换，发挥中国的作用。这些角色和定位包括从海洋规则的遵守者到制定者的转换，从海洋规则的"破坏者"到遵循者的转换，从海洋规则的维护者到引导者的转换，从海洋规则的模糊者到精确者的转换，从海洋规则的实施者到监督者的转换，从海洋规则的特色者到普通者的转化，从海洋规则的承受者到供给者的转换。

而要现实这些角色和定位转换，应以习近平新时代中国特色社会主义思想所蕴含的原则和精神，尤其是新时代中国外交新思想指导海洋工作，包括运用新发展观、新安全观、新开放观、新治理观，以及包括亲诚惠容理念和正确的义利观等在内的外交理念，构筑新型国际关系，运用"一带一路"实践平台，为实现依法治海和综合管理海洋目标，并实现人类命运共同体视阈下的人类海洋命运共同体目标作出长期不懈的努力。这样才能实现中国海洋强国战略目标（阶段性目标和终极性目标），并呈现人海和谐、人海合一之愿景，为人类造福。

此外，应该强调指出的是，感谢在课题研究与写作过程中来自多方面和各阶层人士的指导及帮助，也感谢知识产权出版社薛迎春编辑的热诚协作，使本书能够尽早保质出版。本书的出版将进一步丰富和充实"筹海"（Ad Mare）论著。同时，本书的出版得到中国海洋发展研究会、中国海洋发展研究中心重大项目资金资助，特此鸣谢！

2019 年 4 月 28 日于上海逸思园